大清

紫禁城

THE FORBIDDEN CITY OF THE GREAT QING

從愛新覺羅稱霸華夏到王朝輓歌

翟晨旭 著

推薦序

紫禁城留下來的不只是歷史，還有演變與見證

江仲淵　「歷史說書人 History Storyteller」粉專創辦人

紫禁城做為曾是全中國最高權力核心的居住地，其歷史文化內涵之深厚，使我們在談論滿清皇朝時，絕對無法迴避其特有的價值與意義。紫禁城起始於大明永樂，終結於遜清溥儀，在六百年的歲月裡先後有二十四位皇帝在此居住執政。這裡是決策和發號施令的中樞系統，紅色的牆，黃色的瓦，即象徵封建王朝至高無上的權力。

這本書最有趣且驚豔的特色，在於以紫禁城的角度講述滿清王朝的興衰。許多人都有一個誤區，認為紫禁城的文化即為宮廷文化，是做為紫禁城皇宮內特有的傳統。紫禁城文化固然豐富多樣，宮殿建築、宮廷收藏和宮中的文化活動，都是歷朝歷代集大成者，代表著中國古代官式建築的最高水準。明、清匠人參考《周禮·考工記》建設「五門三朝」、「前朝後寢」、「左祖右社」等體現儒家的理想體制，使紫禁城蘊含著深度的政治、文化意義。

但是，紫禁城的文化與歷史遠不僅於此，它雖不是歷史的開始，卻是海納百川的承載體，不僅裝著中國史，本身也在中國史中沉浮，就拿太和殿旁隆宗門的匾額來說，它的左側插著一支箭，到現在都還留著，該箭起源於嘉慶十八年，天理教在京城發動叛變，民眾在宮廷內太監的幫助下順利攻入皇宮內院。雙方激戰中，一支箭就射在了匾額上。

嘉慶返回皇宮後，看到匾額上的這支箭，下令不允許拔出，要讓這支箭留在這裡，時刻警惕著自己和後世皇帝。這次起義讓嘉慶下了罪己詔，並稱其為「漢、唐、宋、明未有之事」。

宮殿不是一成不變，歷史在變，文化在變，紫禁城雖然佇立六百年，時間卻慢條斯理地改變著它的獨特風貌，所留下來的不只是歷史，還有演變與見證。

再舉一例，奉先殿內設有鐘錶館，專門陳列自康熙以來收藏的西洋鐘，它們就是交流的物證，西方的傳教士用這些新奇的玩意打開紫禁城厚厚的城門。康熙皇帝廣納這些傳教士，讓他們培養專業的測繪人員，並對世界開展座標測量，從而製作中國歷史上首部繪有經緯網的《皇輿全覽圖》。

當然，紫禁城的儀禮、制度不僅關乎於皇城之內，更會改變皇城之外，乃至於整個中國的歷史進程。拿最有名的一七九二年「叩頭之爭」做為例子，康熙以來，由於中國傳統禮儀無法與天主教義相容，雙方屢次在學術和政治上發生衝突，表面上來說，這是外國人無法適應紫禁城禮儀的簡單爭端，實際上，阿美士德使團與嘉慶皇帝的誤會，卻間接斷送滿清提前走向近代化的機會。

沒有明朝皇帝如此「個性突出」，大多勤儉治國，這與嚴謹的皇子教育密不可分。畢竟是在異族之地進行統治，統治者必須兢兢業業，康熙幼年學習漢學甚至「必以一百二十遍為率」，可謂勤懇至極。他們在紫禁城的生活是如何？為什麼擁有勤政作風的朝代會在近代化襲擊下無法站穩，最終走向衰落，本書將為你提供解答。

本書的作者是明、清古文物鑑定修復的一員，回首故宮過往的歷史時，在保持對中國史敘述的完整性下，對於宮內建築與其用處做了非常完整的詮釋，書內總能學到異於常規史書的精彩見解，使我們能更鉅細靡遺地了解隱藏在紫禁城中的帝王治術奧祕，進而掌握近六百年紫禁城對中國歷史的影響和未來。

讓我們翻開正文，一同揭開紫禁城的祕密。

自序
以小見大的史觀

壹

二〇二〇年六月二日八點十三分，我從南京南站出發，乘坐車次為G6的「復興號」列車來到北京，完成這本書的簽約。那時這本書還只是一個雛形，但這一路上，我聯想到自己所看過的史料，六百年前的人和物似乎一下子在腦海中鮮活了起來。

就在六百年前，浩浩蕩蕩的遷都也是從南京城出發，在當時太子朱高熾的帶領下，歷時三個月，來到北京，那時還叫北平。他將在這裡做為太子，見證一座新城的開始。

數年之後，已成為大明皇帝的朱高熾突然駕崩。他的兒子朱瞻基正在南京祭陵，得知消息後，冒著被二叔朱高煦中途截殺的風險，連夜趕路，拿命和國運賽跑，路上到底發生多少驚心動魄的故事，已然不為史家所知了。七天後，朱瞻基趕到北平，就此開闢「仁宣之治」。

而如今車輪滾滾，走的無非還是歷史的軌跡，只不過速度有所差別罷了。

從南京到北京，高鐵只需三個小時出頭的時間，而這條路，朱棣從登基到遷都，走了足足十八年，朱高熾用了幾個月，朱瞻基用了七天。因此難免令人心生感慨，假如明朝能有如今的運輸速度，是不是許多歷史可以就此改寫，許多驚心動魄的故事也許不會發生。

那我們是該遺憾，還是該慶幸？

這種感慨或許只是文科生一種不切實際的空想，但歷史的黃葉，往往不完全存在於輝煌的律令和浩瀚的史書中，而常常在斷壁殘垣、古道荒野的秋風中盤旋，並不為人所察知。

汗青正史固然令人心生嚮往，然閒暇之時，若能從歷史的微處，考證出一二細節，彌補前者的缺失，形成獨特的見解，進而賦予歷史最為立體化的視角，何嘗不是讀史之人的一大樂事呢？

這本《大清紫禁城》正是基於這樣「以小見大」的史觀而寫成。

貳

這種史觀的來源，大致可以追溯到王國維與陳寅恪兩位史家身上，巧的是，兩人都與「紫禁城」有著千絲萬縷的聯繫。王國維就是廢帝溥儀的南書房行走，死後亦自沉於昆明湖，我因此將他的人生看作紫禁城黃昏的剪影。陳寅恪的家族則是戊戌變法的親歷者，他也參與了北京故宮博物院文物的清點工作。

在這二者的觀點中，王國維所宣導的「取地下之實物與紙上之材料相對照」，與故宮史的構建不謀而合，在這座宮殿之中，明、清史書裡的種種記載，一下子變得鮮活起來；而陳寅恪所謂的「史詩互證」，講的正是於小處入手，挖掘歷史潛藏的必然。

我於治史一途，當然不能及二位先生之萬一，但若以這種「以小見大」的史觀去看，「北京故宮」或

「紫禁城」，實在不應該僅以建築物單純視之。專業的古建築知識生硬而陌生，可古建築群背後的歷史細節，大到磚瓦木石，小到器物擺設，往往都和歷史有千絲萬縷的關係。每當我們觸摸這些時代的遺存，總是能感受到那些獨屬於歷史細節處的小故事。

《漢書》曾說，天下安危，無非積漸之事。一個延續數百年的王朝，拋開成王敗寇，更多則是由日常的瑣碎與平庸構成，這一點，對於曾經在紫禁城內外生活過的大多數帝王將相都適用，這套書從忽必烈千里奔赴燕京城寫起，到王國維自沉昆明湖結束，其間無數有名無名之輩粉墨登場，實在別有一番故事。

當事人也許對一切並無察覺，但我們重新回溯歷史時，卻會驚訝地發現，風起於青萍之末，那些後世的波瀾壯闊，往往在紫禁城的細微之處早有體現。

不是嗎？闕左門等候上朝時，讓內閣和翰林院同處一室，已經為之後大學士晉升體系的固化埋下伏筆；正德皇帝朱厚照的「遠征」志向，很容易能從御窯生產的瓷器紋飾上得到驗證；而乾隆帝弘曆於寧壽宮區域另起中軸線，雖不能以「風水」曲解，但確實又與清朝的由盛轉衰有著千絲萬縷的聯繫……

這也是我在書中最想展現的東西，希望能把「北京故宮」的中軸線，寫成元、明、清三代的政治「大動脈」，以「診脈」的方式，給予讀者一種新的視角，重新看待元、明、清那些所謂的「宮闈祕事」。過程自然很難，但如果讀者在閱讀中，能產生一種「原來如此」的理解，那將是本書最大的幸運。

參

史料和建築本身是有趣的，但歷史有時並不那麼有趣，我想分享一點關於寫作過程中的故事。

大約在寫到萬貴妃無子那一段時，我很想擺脫傳統史料的桎梏，想從熟悉的考古學上挖掘一些內容，例如把家喻戶曉的「雞缸杯」與萬貴妃迫害後宮的行為聯繫起來。我為此查閱許多資料，但古籍資料中並無此說，而查到的相關論文中雖有此說法，但都是推測，無法提供出處。

這是一個非常矛盾的過程，從文學的角度來說，這是個極好的段子，通俗史學想寫得有意思，要像講相聲那樣，得不斷拋出包袱吸引讀者；但從史學的角度上，「史學就是史料學」，沒有出處的說法就是不能用，哪怕是通俗史學也是如此。

我在這種糾結的心理下，還是圍繞這個段子寫了約一、二千字，寫得當然很順暢，但寫完後就開始「不消化」。我無意用「備受良心譴責」這種矯情的詞彙，但那兩天我的狀態確實很差，幾乎無法把精力專注在後續的章節中。我覺得必須解決這個段子的真實性，不然我會持續受到它的折磨。

第二天晚上，我傳了一則訊息給老師、明清陶瓷史專家汪凌川先生，詢問他明代官窯製瓷是否會出現私人訂製，或者是否有相關的資料可以參考。

汪凌川先生從史料和學術的角度否定了這種可能，並提出宮廷之中並無此慣例，瓷器紋飾都有明確的規制，不會因一個貴妃輕易改變。這個結論讓我很惶恐，也很沮喪，和汪老師交流完的幾天裡，秉持著懷疑的態度，繼續瘋狂地蒐集相關資料，盼望著能發現些什麼。

但結果是確認無疑的——至少到目前為止，沒有任何明確的資料表明，「雞缸杯」的紋飾與萬貴妃有關，我們只能提出這種推測，而無法加以引申。

這個晚上，應該是這本書寫作的一個轉捩點，最後我刪除了這上千字的內容，過程當然很難受，如今回過頭來再想，其實是「以小見大」視角下不可避免的陣痛。

正如不是每一根微血管都連接著大動脈一樣，不是所有的細節都關乎歷史大背景。我們無法創造歷史，只能盡可能地追尋其中的真實。

肆

絮絮叨叨說了這麼多，最後想說的還是感謝和遺憾。

首先想感謝北京墨染九州文化傳媒有限公司推出的這套書系，能有這個得以合作的機會。其中特別要提到二十一世紀出版公司的王彥老師和我的策劃編輯安斯娜老師，我於出版書籍一途，實在是門外漢，諸多懵懂之處，多虧兩位老師的耐心指點。

寫作過程中，良師益友的幫助更是功不可沒。汪凌川老師慷慨作序，以及逐字逐句的辛勤批改，於本書裨益良多，汪老師在創作中的殷殷教誨，也讓我這個不成器的學生深感慚愧；而北京師範大學的陳殿教授和北京故宮博物院的冀洛源老師不吝提攜，為本書寄語推薦，更是令我這個後學感到驚喜。我想在這篇序裡向他們表示我真摯的謝意。

此外我的老同學司博、李曉爽、王瑞和學弟顏順德，都在文字和圖片資料上給我說明良多，他們大多是文物工作一線的從業者，他們的視角和經歷，讓我對「以小見大」的史觀有了更豐富的理解。我的好朋友孫家銳做為語文教師，在文字校對和一些措辭方面給予我指點，而我的母親做為這本書的第一位讀者，也提出非常多看法，並一直予以我鼓勵，很大程度上促使我寫完這本書。

最後就是在南京寫書的過程中，我的好兄弟兼室友何程，忍耐了我無數個敲擊鍵盤打字的夜晚，在這本書的序言中，我認為應該有他的名字。

創作中的點點滴滴，在此一併致謝。

感謝之餘，遺憾也兼而有之。

史書浩如煙海，明、清史的研習，其最大的難度莫過於在萬千史料中尋得只鱗半爪，史書中看盡許多風景，但受限於史觀和自己寫作筆力的不足，許多精彩之處不得不捨棄，堪稱本書的一大遺憾。

我無法肯定地說，那些我所以為的精彩史料若加入書中，能否讓書變得更好或更差，但也許就像錢鍾書說的那樣，對於吃不到的葡萄，我們不僅能想像它是酸的，也可以想像它是分外甜的。人有時需要「貴在不知足」，才能多多少少有些盼頭。

我希望這本書能帶給讀者一點「不知足」的想法，除了這本書之外，歷史還有更大、更廣闊的空間，等待著我們了解和探索，若此書能有一絲絲拋磚引玉之功，則是我寫作最大的動力所在。

以上種種，且為自序。

翟晨旭

目錄

第一章

關外疾風起

復仇者之火

一六四四年暮春四月，打進北京的起義軍領袖李自成在前皇宮——紫禁城裡燃起火焰，匆匆宣布稱帝。而就在第二天，這位號稱「大順皇帝」的男人倉促逃出京城，朝著陝西老家狂奔。

北京城的北方，一支來自東北的軍隊剛剛進入山海關的大門，這支軍隊面前是一望無垠的中原和即將由他們所締造的歷史。

對於掌控這支軍隊的政權「清國」而言，這片名為「中原」的土地，曾是他們過去十數年間不斷劫掠的「樂土」，但踏入山海關的一剎那間，史書的一頁已然翻過，他們將以統治者的目光重新打量這個熟悉而陌生的世界。

讓我們記住這個時間，這一年是一六四四年，在清國的年號裡，被叫做「順治元年」。

明成祖朱棣遷都北京的二百二十四年後，一個名叫「滿洲」的民族，裹挾著東北的寒風，光臨了紫禁城，並在之後近三百年間，給予持續地改變。

往後的歷史當然很精彩，但如果想細緻地把握這種民族差異所帶給紫禁城的變化，需要在這裡給歷史按下暫停鍵，並把時光回溯到半個多世紀之前乃至更久。

需要追溯一個民族的本源，才能看懂一個民族的文化。

壹

「滿洲」就是女真族，和被元朝滅掉的那個「金朝」同一回事。這個民族比較確切的記載，可以追溯到唐初在東北地區生活的黑水靺鞨（靺鞨族的一支）。後來黑水靺鞨因南北溫差比較大而分家，都叫女真。南邊的那一支編入遼籍，叫「熟女真」，後來被當時契丹所統治的遼朝同化。

北邊的那一支沒編入遼籍，叫「生女真」，就是我們熟悉的「女真」，金朝的建立者完顏阿骨打就是從這一支出來，後來打敗遼朝統一了整個北方。

若扯得遠一點，北京故宮最早的雛形，還是女真族搞出來的，忽必烈修元故宮的舊址，就是金朝時在太液池和萬歲山修的行宮。

這個地方最早是金朝著名的精神病患者——海陵王完顏亮一時興起建的，這哥們吃喝嫖賭樣樣精通，順便弄了個度假村出來，後續的金世宗覺得還行，就增加預算，最後被忽必烈看上這一片地方，才有了元宮城。

這種情況有點像秦、漢交際，漢高祖劉邦也是以咸陽東邊的秦朝行宮為中心修建皇宮。只不過劉邦那時是真窮，咸陽被項羽一把火點了，沒辦法。

而忽必烈比較大氣，看不上女真族這些瓶瓶罐罐，大家都是漢人眼裡的「蠻夷」，誰有錢誰是大爺，乾脆拆掉重建。

蒙古族連金朝鼎盛時建的房子都看不上，更看不上被滅國之後的女真人，元朝時，女真人非常老實，要他們做什麼就做什麼，有些領個編制，被打發到東北深山老林裡去看老家了。

後來，清太祖努爾哈赤的祖宗，終於第一次在史書上露面。那時還是元朝早期，奉元朝的命令，有一支女真部族被封為萬戶，奉命去牡丹江口，這個部落的來歷可以追溯到一個叫布庫里雍順的人身上，就是愛新覺羅氏最早的先祖，等於愛新覺羅氏和之前的完顏女真不是一支。

根據清朝後來編的《滿洲實錄》記載，這位布庫里雍順的來歷相當傳奇。說是在長白山東北邊的布庫里山裡有三個仙女，有一天在洗澡，其中一個仙女看見一支紅色的喜鵲，叼來一顆果子，嘴饞沒忍住，吃了，然後就意外懷孕。

好吧，不用猜也知道，這位仙女生下來的孩子就是這位布庫里雍順，隨後開始崛起，他的後世接受元朝冊封，成為「斡朵憐萬戶府」的萬戶，這個官職在蒙古的史料裡可以查到。

從這個神話故事裡，我們會發現關於愛新覺羅氏起源的說法，基本上能在大多數少數民族神話傳說裡找到無數類似的版本。不過滿族人倒是對這個神話深信不疑，很多滿族聚集地的房子後面都會有一根高桿，方便喜鵲停留，其源頭可能就是這個傳說。

無論傳說真假，至少能從這段傳說裡提取到兩個相對真實的資訊。

首先是滿族的祖先，就是女真族愛新覺羅氏確實是道道地地的「東北人」。第二，這個部族發展得比較晚，至少在金朝時期還沒什麼動靜。

成為萬戶後，這個部族幾經動亂，終於在元朝末年定居在圖們江附近，當時的帶頭人正是努爾哈赤的七世祖揮厚，朝鮮的《李朝實錄》記載了這位萬戶的姓氏——「童」，當然這是漢姓，但至少說明，滿族人的漢化歷程非常長，他們的漢化歷史很可能要長於他們的文字歷史。

布庫里雍順

貳

滿族的歷史轉機出現在揮厚的兒子身上，他的兒子猛哥帖木兒（又叫愛新覺羅．孟特穆）年紀輕輕成為斡朵里部落（之前的斡朵憐萬戶府）的首領。

這時猛哥帖木兒的官銜還是萬戶，但當時已經是元朝末年，天下大亂，他這個「萬戶」的編制，其實是高麗國的編制。這個情況很正常，等於軍隊、地盤和部落三位一體，接受哪國的編制，連帶著這個地方加上部落都屬於哪個國家。

如果歷史繼續這麼發展下去，斡朵里部落將會成為現在中國和北韓邊界附近少數民族的一支，甚至很有可能直接消逝在歷史中。這時猛哥帖木兒做了一個很神奇的決定，帶著部族南遷，並和鄰部的首領阿哈出結親，把妹妹嫁給阿哈出的兒子李顯忠。

歷史的巧合就在這裡，阿哈出不光有兒子，還有女兒，為了政治聯姻，把女兒做為妾室，嫁給當時剛建立的明王朝的一個王爺，就是朱元璋的兒子。

這次婚姻絕對是一次豪賭，一定程度上改變明代東北地區的歷史。就在阿哈出女兒和這位王爺結婚後沒多久，這位王爺看侄子不順眼，打著「靖難」的名頭造了反，四年後橫渡長江，在南京登基。

是的，你沒猜錯，這位阿哈出的寶貝女婿就是明成祖永樂帝朱棣，奪取天下後，他把阿哈出的女兒封為妃子，而沾親帶故的猛哥帖木兒地位自然就跟著水漲船高。朱棣親自說過：「猛哥帖木兒，皇后之親也。」這個「皇后」應該是歷史文獻的筆誤，指的就是阿哈出的女兒。

為了酬謝老泰山一家，當然也是為了聯合女真部族抗擊北元，朱棣大筆一揮，給了女真族兩個明朝的編制，阿哈出的部族被封為「建州衛」，不久之後，斡朵里部落被封為「建州左衛」，猛哥帖木兒就是首任建州左衛指揮使，成為正經八百的大明幹部。

因此考證滿族的漢化，或者說愛新覺羅氏家族的漢化，很大程度要回溯到永樂年間，追溯到猛哥帖木兒的身上。猛哥帖木兒後來死在宣德年間，在後世，被努爾哈赤追封為「肇祖原皇帝」，他這一步走得太對了，他的南遷和結親，直接奠定了愛新覺羅家族在東北的崛起。

參

現在來看，猛哥帖木兒無疑是帶領建州女真做了一場豪賭，這場賭局的關鍵就是大明朝的國運，大明如果一直保持著永樂宣德年間的擴張勢頭，建州女真就可以跟著吃肉喝湯，畢竟背靠大樹好乘涼。

沒想到就在猛哥帖木兒去世後沒多少年，明英宗朱祁鎮玩了一把大的，「土木堡之變」直接掏空明朝的文武家底，要不是于謙于少保來了個「京城保衛戰」，說不定明朝就是第二個南宋，跑回南京苟延殘喘了。

這件事為建州女真帶來的影響很大，從此以後，明朝對北方的政策就是防守為主，長城以外的地方基本上被放棄了。

「親戚」沒了，以前那些「小夥伴」們就開始對建州女真進行清算。你們當時不是很威風嗎？行啊，現在你家親戚怎麼不來了？

背著親戚們的冷嘲熱諷，猛哥帖木兒之後的幾代人，日子都過得很慘，必須不斷遊走在少數民族勢力和明朝官府之間，可實際上沒有哪方勢力真把他們當自己人，後來努爾哈赤的祖父覺昌安就是一個典型。

位於赫圖阿拉城的努爾哈赤出生地

覺昌安是猛哥帖木兒的重孫，繼承祖上傳下來的明朝官職。然而沒有什麼用，覺昌安主要做的事就是「投機倒把」，換句話說就是倒賣物資，帶著族人把族內生產的糧食之類的東西移轉到撫順的馬市上販賣。

這一年是明朝嘉靖三十六年（一五五七年），兩年後，女真後金政權的建立者努爾哈赤出生了。

如果把明朝和清朝兩個皇室家族的發家史對比一下，會發現思維方式這種東西，真的是以基因形式刻在一個家族的骨子裡。

朱元璋是道地的漢族農民

家庭，對他而言，經歷過亂世的傷痛，意識到土地和糧食是這個世界穩定的來源，老朱家的思維方式有一些保守和極端的東西在裡面。例如朱元璋修皇城和朱棣遷都，大多數人都覺得不合適，但他們執著於去做。再例如萬曆帝朱翊鈞，說不上朝乾脆連大臣都不見，直接把國家扔到一邊。

而愛新覺羅氏家族的基因其實不是能打，而是妥協和利益交換，這一點會在之後的敘述裡反覆提到。從猛哥帖木兒的聯姻，到覺昌安的馬市交易，一直到後續的清朝統一全國，這個家族憑藉的不是當年金朝完顏氏「女真不滿萬，滿萬則無敵」的武力，而是超脫於戰爭之外的交易。這種做買賣的天賦，很快被覺昌安用到政治方面。

肆

當時女真族中最大的部族叫「哈達」，建州女真歸這群人轄制，建州女真大權在一個叫王杲的人手裡，王杲是覺昌安的親家，這個人很強勢，時不時就和明朝硬碰硬。最狠的時候，大約是嘉靖四十一年（一五六二年）之後，王杲對遼東各種搶劫，連那時的遼陽副總兵都殺了。

覺昌安和兒子塔克世當時就在王杲帳下，算是半個合夥人加參謀，但覺昌安覺得這個親家明顯不可靠，就開始兩頭下注，一邊替親家打工，一邊偷偷送情報給明朝。

王杲的運氣不太好，或者說當時整個女真族的運氣都不太好，原本大明朝被嘉靖帝朱厚熜折騰得半死不活，結果後續有人，在高拱和張居正等人的帶領下，來了一場「隆萬大改革」，這幾位首輔重用總兵李成梁，在關外取得非常好的效果。

李成梁這個人有很多缺點，例如為人狂傲，對部下過於放縱等，但他的優點實在太突出，就是能打，無論是蒙古族的韃靼還是女真各部，李成梁大刀一揮直接帶著人就上了，當時的大明首輔張居正很信任他，曾經誇他「能勇能怯，見可知難」，打仗非常靈活。然而，李成梁在北京和關外幾乎不是同一個人。明朝重文輕武，李成梁到了朝堂上，見了張居正都得畢恭畢敬，首輔大人坐著他得跪著，張居正壓根不怕他翻天。

但到了關外就反過來了，李成梁往總兵府裡一坐，女真各個部落像拜祖宗一樣過來拜，像覺昌安這種雖然掛著官銜，論地位可能還不如李成梁手底下的低級軍官，帖子遞過去，人家讓不讓你進門還不好說，只能時不時送點小情報求關注。

萬曆三年，王杲被李成梁抓住，送到北京砍頭，之後覺昌安繼續跟著孫女婿，就是王杲的兒子阿臺，還是和以前一樣偷偷送情報給李成梁，但這個和稀泥的思想導致悲劇發生。

萬曆十一年（一五八三年），李成梁帶兵去打駐紮在古勒城的阿臺，覺昌安心疼孫女，決定帶著兒子塔克世去勸降，去之前發了封信給李成梁，意思是您老等等，我帶著孫女婿出來迎接您。

沒承想李成梁兵貴神速，直接攻破城門，帶兵進去屠殺，一時興起順便放把火，直接把城池燒了，覺昌安和塔克世父子倆，糊里糊塗死在屠殺和火災之中。

年僅二十五歲（虛歲）的努爾哈赤當時沒跟著爺爺和老爸，人在外面聽到這個消息氣瘋了，立刻上書問：「祖父無罪何故殺之？」我爺爺和爹爹做了什麼事，人家是去勸架，平時沒少給你們送情報，就算是無間道，這麼死也太離譜了吧。李成梁拿到情報後也傻住，一拍腦袋，草率了，沒想到這爺倆心疼孫女，把自己搭進去了，不好意思，本官下次一定注意。

事情鬧到最後，大明朝廷或李成梁的說法是「汝祖父實是誤殺」，接著多少意思了一下，賠給努爾哈赤三十匹馬，以及三十道敕令（空頭編制），外加一個雜牌將軍的官銜，就把他打發了。

努爾哈赤一肚子氣，三十匹馬就頂了我爺爺和爹爹兩條人命，你怎麼不說自罰三杯呢？但他無法和李成梁講理，只能暫時忍下這口氣，牽著三十匹馬回去。

回家的努爾哈赤收拾祖父和父親的遺產，找到十三副祖上遺留的鎧甲，開始做為復仇者的生涯，歷史在萬曆十一年發生一個極其微小的偏差，而在數十年後，這個偏差將使明朝走向一個完全不可預測的方向。至少在這一年，年輕的努爾哈赤慢慢明白，即使做個買賣人，也得有足夠的本錢才能和別人談生意，否則像三十匹馬換兩條人命這種虧本買賣就會持續發生。

就這樣，憑藉三十匹馬、十三副鎧甲和復仇的信念，努爾哈赤開啟「積攢本錢」的創業過程。

馳來北馬多驕氣

建州的崛起，成為當時中國北方大地上最大的變數。從十三副鎧甲起家，到建國定都，努爾哈赤用半輩子走完其他少數民族領袖一生都難以企及的路程。而在他身後，巍峨的瀋陽故宮之中，他的後代將面臨一個曾令忽必烈頭疼萬分的問題：如何與漢人相處？這個問題，愛新覺羅氏家族將用近三百年的政治命運給出答案。

壹

努爾哈赤的復仇，如果從大歷史的角度看，和之前的成吉思汗的路數很像。首先必須確立復仇目標，直接衝著李成梁叫罵肯定不行，家裡兩條人命換了三十匹馬，難不成還想再加十五匹？

努爾哈赤從小熟讀《三國演義》，很清楚自己現在的水準還不如劉皇叔，要想起家，必須團結能團結的人，幹掉能幹掉的人。於是乎，他把目標放在「尼堪外蘭」的身上。

尼堪外蘭是女真族的另一個部族，做的事和愛新覺羅家差不多，就是當李成梁的手下。只不過前者做得更徹底，當覺昌安父子倆還在糾結於勸降和送情報時，尼堪外蘭直接幫李成梁大軍帶路，去打古勒城，順便給李成梁賄賂了大批禮物。

這麼一看，尼堪外蘭確實是幫凶，要不是他帶路，說不定勸降就成功了。更氣人的是，尼堪外蘭因帶路的功勞，成為當時建州女真的「盟主」，就是明軍公認的狗腿子一號。

努爾哈赤不樂意了，心想你們什麼意思，殺父仇人居然成為我老大？就向明軍提出抗議，說這位子本來應該是我家的，爺爺他們死了應該是我來當。但明軍振振有詞，說你爹和爺爺是我們誤殺的，馬都賠給你了，和尼堪外蘭沒關係，人家帶路有功，就是他了。

這下努爾哈赤算是看明白了，什麼感情、世代友誼都是吹的，你得對人家有用，人家才把你當回事。基於這個想法，努爾哈赤做出和當年成吉思汗一樣的選擇：和周圍的部族聯姻，獲得支持，然後以復仇為名，逐漸擴充勢力。

他憑藉鎧甲、馬匹和聯姻得來的戰士，形成一種名為「牛錄額真」的單位，和現在軍隊的「班」差不多，十個人湊在一起，各出一支箭，其中的大箭叫做「牛錄」，就是後來「八旗制度」的雛形。最早的軍隊大概人比較少，可能只有幾百號人。

靠著這支軍隊，幾年後，努爾哈赤解決掉尼堪外蘭。他判斷得很準確，明朝沒有把已經成為喪家之犬的尼堪外蘭放在眼裡，而是轉頭把努爾哈赤封為「都指揮使」，等於承認愛新覺羅家在建州衛或鴨綠江附近的「老大」地位。

從這看出女真族那時戰鬥力確實不太強大，「盟主」被一個不到三十歲的年輕人，帶著幾百號戰士就解決掉了。從這個角度上說，明朝一開始沒有注重對女真族的統治似乎也很合理，漢族打仗動不動就是成千上萬，像努爾哈赤這種等級的戰鬥和村子裡打群架相同水準。

但對努爾哈赤來說，這是他真正意義上擁有自己的地盤，從「商人」變成「地主」，甚至是「軍閥」。而與此同時，明朝在後續的十幾年裡，因為「三大征」*和萬曆皇帝不上朝，對東北地區的控制逐漸減小，給了女真很大的發揮空間。

貳

如果把萬曆十一年後的皇帝朱翊鈞和努爾哈赤做個成長軌跡對比，會是一件很有意思的事情。我們總覺得萬曆皇帝朱翊鈞後面還有兩個皇帝，再往後才是清朝，而努爾哈赤則是清太祖，兩人應該不是相同時代。可實際上看年齡，努爾哈赤比朱翊鈞大三歲；輩分就不用看了，努爾哈赤的六世祖猛哥帖木兒和朱棣相同輩分，真要是一代代順下來，努爾哈赤和朱厚熜是一代人，得算朱翊鈞的爺爺輩。

估計很多人都沒想到，不過這個「爺爺」和「孫子」，對比差距有點大。

朱翊鈞生下來就是皇帝胚子，他爹一駕崩，十歲就當了皇上，接手的是號稱「隆萬大改革」時期的明朝，前十年間國家完全託管，和乾爹一樣的首輔張居正全權輔佐，連他的大婚都辦得風風光光，張居正死後，朝廷中文臣如申時行、王錫爵，武將如李成梁等，濟濟一堂，看上去是天胡開局。

沒承想朱翊鈞不思進取，非得做一個破壞者，先是「萬曆三大征」掏空家底，接著就是長年累月當宅男，和朝廷完全脫軌，硬生生把中興時代帶上亡國之路。而努爾哈赤做的則是「建設者」的工作，愛新覺羅氏家族近二百年的漢化之路告訴他，靠馬市上做買賣和替明朝人帶路，不可能讓女真族勢力強大起來，女真族需要學習漢族統治下的一些東西。

打敗尼堪外蘭後，努爾哈赤致力於建立自己的根據地，開始興建城寨，帶領族人們進行農耕，並讓「耕作」與「戰鬥」融為一體，形成一支強有力的軍隊，人數不多，約數千人，但對女真內部來說，是一支相當可怕的勢力。

那時的女真分為三部分，最靠南的是努爾哈赤手下的建州女真，但真正說了算的是「海西女真」，住在松花江一帶，裡面分為四個大部落，即「葉赫」、「哈達」、「烏拉」和「輝發」，這些姓氏在後續的清朝政治史裡會多次見到。除此之外還有「野人女真」，一聽名字就知道這部分比較靠北邊，都是原始社會狀態。

努爾哈赤強大後，很快就被海西女真盯上，雙方發生衝突。剩下的事情就不用講了，就是努爾哈赤個人軍事天賦的表演。衝突大約持續十年，到了萬曆二十七年（一五九九年），努爾哈赤消滅了「海西女真」最大的部落「哈達」，成為女真族的最強者，但他統一女真的道路，還將持續十數年之久。

部落大了，管理就是個問題，再用「班長」去管顯然不夠。萬曆二十九年（一六〇一年），努爾哈赤做了改革的舉動，即建立所謂的「八旗制度」，八旗一共四個顏色，紅黃藍白，鑲邊和不鑲邊的各四個。

現在看電視劇，總覺得「八旗制度」是一種軍事制度，其實不是，而是一種社會組織制度，不光管軍，而且管民。具體一點就是在之前的「班長」基礎上，加上各種建制，最高等級的叫「固山額真」，翻譯過來

＊編註：萬曆三大征是明神宗萬曆二十年至二十八年間，先後在中國西北、東北、西南邊疆展開的三次大規模軍事行動。分別為平定蒙古人哱拜的寧夏之役、平定日本豐臣秀吉入侵朝鮮的朝鮮之役，以及平定貴州土司楊應龍的播州之役。

就是「旗」。

八旗上面，努爾哈赤設置「貝勒」，主要由努爾哈赤的兒子們擔任，有點像最早期的分封制，透過這一制度，努爾哈赤迅速整合手下的人力、物力，改變女真族之前一盤散沙的情況。

這個制度到底怎麼來的已經不可查，根據學者研究，應該是女真族和蒙古族傳統相結合的產物。東北這個地區在明朝時期非常複雜，名義上是明朝管，但蒙古族時不時來打秋風，早期女真族統一的過程，其實是滿、蒙、漢三族文化融合的過程。

依靠著八旗制度的建立，建州女真的軍事實力和生產能力發展到前所未有的地步，對當時的其他女真各部簡直是降維打擊*。而與此同時，明朝經歷「三大征」後元氣大傷，當年縱橫遼東的總兵李成梁也早已老邁。

在努爾哈赤統一女真的道路上，放眼望去，一片坦途。

參

努爾哈赤的擴張最終還是引起明朝的警覺，只不過對後者而言，這個警覺實在太晚了一些。

到了萬曆四十四年（一六一六年），努爾哈赤已經統一女真各部。俗話說「名不正言不順」，建州女真想做女真的老大，得有個頭銜才行。努爾哈赤決定聽從手底下人的建議，打出女真族老祖宗的國號「金」，並自稱「天命汗」，在這一年正式建國。

單看這個建國行為就有點不倫不類。建國和「國號」應該是漢族專屬的文化，但沒有年號，也沒有「皇上」，努爾哈赤的「天命汗」很明顯具有蒙古族的文化色彩，大汗嘛，不是年號，現在很多歷史書的說法有問題，努爾哈赤時期不能叫「天命」多少年，就好像成吉思汗時期，紀年不能用「成吉思」一樣。

努爾哈赤不覺得這些繁文縟節有什麼，手底下的人也覺得很正常，此時的女真族還停留在整合的階段，無法按照正常中原文化的邏輯去想，反正軍隊和地盤是實打實的。

這邊都建國了，明朝上下都還不在意。最早報告這個消息的還是李氏朝鮮國，畢竟離得近，做為明朝手下的「藩屬國」，遞了一個摺子給北京，說女真族不得了，直接建國，這是赤裸裸地反中央、反政府呀。

明朝接到消息，看都沒看，都忙著「爭國本」，東北一個蠻子自娛自樂，京城的官老爺們誰都不放到眼裡。之前的遼東總兵熊廷弼曾經給朝廷發出警示，熊大人知道朝廷當時沒錢，提議說要不和他們談談條件，讓他們老實一點？摺子送上去，熊廷弼就被撤職了，明朝文臣都是屬鴨子，嘴硬，絕對不肯和女真族談條件。

在當時的明朝看來，女真人和蒙古人一路貨色，別看他蹦躂，連個鐵鍋都造不出來，教育這種「蠻子」最好的方式就是關閉貿易，就把撫順等地的馬市封了。

這種二百五式的自我陶醉很快遭到報應，本來努爾哈赤還對明朝裝孫子，圖什麼？不就是圖明朝地大物博嗎？現在你把貿易封了，那就沒得談，直接動手吧。

萬曆四十六年（一六一八年），努爾哈赤頒布所謂的「七大恨」（後來清朝皇帝喜歡列罪狀就是從這起源），從自己祖輩開始算，說明朝怎麼欺負我，然後表示「欺凌實甚，情所難堪，因此七恨之故，是以征

＊編註：出自中國科幻作家劉慈欣的《三體》，指外星人使用「二向箔」將太陽系由三維空間降至二維空間的一種攻擊方式。攻擊目標本身所處的空間維度使其降低，讓目標無法在低維度空間中生存，從而毀滅目標。

之」，等於就是個「獨立宣言」，正式對明朝動手。

這回萬曆皇帝終於坐不住了，和內閣商量，派了兵部侍郎楊鎬過來做遼東經略。這個任命相當離譜，楊鎬在「萬曆三大征」的朝鮮戰役中就以謊報軍情著稱，再加上明朝邊軍缺兵缺餉，相當於讓一頭豬帶著一群羊去狼窩圍剿。

這場仗從萬曆四十六年開始吆喝，從籌集軍餉到調集軍隊，陸陸續續拖了一年。第二年，楊鎬帶著二十萬部隊，加上前來幫忙的朝鮮國軍隊和女真葉赫部的軍隊，號稱四十七萬大軍，兵分四路，對後金大舉進攻。仗還沒打，明軍的軍事路線已經完全洩露，努爾哈赤憑藉《三國演義》的非正統兵法，採取「任爾幾路來，我只一路去」的方針，在薩爾滸（撫順附近）埋伏明軍，明軍損失四、五萬人，各類輜重丟失無數。薩爾滸之戰和土木堡之變一樣，算是明朝比較突出的國恥。這場仗打完，明朝再也沒有能力和後金在關外較勁了。之後的幾年裡，努爾哈赤和麾下的八旗軍四面出擊，接連攻克鐵嶺、錦州、遼陽、瀋陽等許多城市。

從統一女真到稱霸東北，努爾哈赤走過人生最輝煌的十年。而這十年間，新的問題在東北大地上不斷湧現出來，地盤一大，人就不好管。以前管女真族，按照女真族的規矩解決就可以。但現在，新生的後金政權則必須考慮到蒙古族和漢族的文化因素，尤其是漢人，在東北所占的人口比重遠超過女真人，不可能讓一群「趙錢孫李」天天跟著大汗的帳篷來回跑。

已經進入晚年的努爾哈赤做出決定，他將擺脫當年成吉思汗的影子，走上忽必烈的道路。在後金建立的第十個年頭，努爾哈赤宣布建都瀋陽，他將在這裡建立女真族的皇城。

肆

忽必烈定都燕京，有沒有首都是少數民族政權演變的分水嶺。在漫長的征戰過程中，努爾哈赤雖然短暫地定位過「都城」的概念，但這個「都城」更像是前線指揮部，例如薩爾滸就曾經短暫做過都城。這些都城都沒有經歷過像樣的建設，勉強算是青年住宅。而到了天啟五年（一六二五年），努爾哈赤在戰爭期間正式定都，並開始皇城的建設，就是瀋陽故宮最早的雛形。

然而非常可惜的是，已然老邁的努爾哈赤沒有看到新城落成的一刻，一年之後，在白山黑水之間玩了一輩子騎兵的他，倒在寧遠城的紅衣大炮之下，隨後不治身亡，享年六十七歲，被安葬在瀋陽城外的福陵。

這位出身於撫順馬市的少年，一生都在戰場上度過，在他的馬蹄翻飛間，女真族用一代人走完之前蒙古數代人的政治發展歷程，一個完善的少數民族政權，已然在東北巍峨而立。

努爾哈赤去世後，誰來繼承「汗位」變成一個大問題。

早期的女真族上層素有「八貝勒」的說法，不過努爾哈赤時期從來沒湊齊過。「貝勒」就是我們俗稱的王爺，不過和明朝的王爺一比，後金時代的「貝勒爺」太值錢了，八旗都是直接託管給幾個貝勒，等於後金整個都是家族式企業，中間沒有所謂的「官僚」。

更神奇的是，從寧遠城回來後，努爾哈赤不是不知道自己身體什麼狀態，眼看要龍馭賓天，但死活不立繼承人，反而下了不可思議的命令。

他在晚年的一次訓話裡告訴幾個貝勒說：「繼我而為君者，毋令強勢之人為之。此等人一為國君，恐倚強恃勢，獲罪於天也。且一人之識見能及眾人之智慮耶？爾八人可為八固山之王，如是同心干國，可無失矣。」大致意思是我的繼承人不能太強勢，萬一這種人上臺，很容易恃強淩弱。再說了，一個人的腦袋不能和大家群策群力去比，你們八個人可以做八旗旗主，一起治國，這樣比較穩當。這也是清朝初年政治的一大特色，各個王爺湊在一起商量，沒有特別強的統一聲音。

既然老爹沒有指定繼承人，那大家就選吧。女真族和漢族的文化明顯不一樣，漢族就不用來回折騰，從周朝開始就是嫡長子繼承制，誰老大誰去當，其他人不服氣也沒辦法，總不能和祖宗較勁。

一開始後金內部本來想讓大貝勒代善去當，代善當時的王位是和碩禮親王，手裡握著正紅旗，也是「四大貝勒」之首，在他之後才是二貝勒阿敏、三貝勒莽古爾泰和四貝勒皇太極。

本來代善的機會應該最大，但沒想到關鍵時刻爆出緋聞，據說和自己的「小媽」，就是努爾哈赤聯姻所娶的蒙古妃子阿巴亥有那麼點不清不楚。這消息太勁爆了，在當時女真族眼裡，女人和財產差不多，你覬覦老爹的女人，說明你早就惦記他的位子。這回代善就算跳進松花江都洗不清了，只能退出王位之爭。

老大不當，就變成誰有能力誰上。剛創業的團隊有個好處，就是相對公正公開，你行你就上，我覺得我不行就下來，女真族解決內部矛盾的速度非常快，手底下還有漢人、蒙古人盯著，關內還有明朝這個龐然大物，真要是三個和尚沒水喝，誰都討不了好。

最後在代善的帶領下一合計，覺得四貝勒皇太極「才德冠世，當速繼大位」，就將他推舉為大汗。

這位兄弟中為數不多的文武全才，在眾望所歸之下登上女真族領袖的位置。登基前，他像漢族的皇帝那樣再三推辭，最後才登上皇位。

皇太極的舉動是個信號，標誌著女真族的漢化將在他的統治下，達到一個新的高度。

伍

皇太極在瀋陽城皇宮的大政殿正式登基，這座在當時瀋陽故宮中具有中心地位的宮殿，在努爾哈赤逝世前後已經頗具規模，政權早期的皇宮都具有這種特點：修得快，但相對簡陋，朱元璋當年的吳王宮也差不多這種情況。

努爾哈赤時代的瀋陽故宮（包括未建成的部分）是一處非常典型的「女真式宮殿」，中間摻雜一部分蒙古族風格。

大政殿是努爾哈赤所定位的宮殿「中樞」，名字一聽就很粗糙，不過不要緊，一開始的名字更粗糙，叫「大衙門」。

整個宮殿按照現在的眼光來看就是一個大的八角亭，絕對和宮殿二字扯不上關係，在建築風格裡有個說法，叫做「亭帳式建築」，和草原上的帳篷或蒙古包相同風格。

宮殿不大，但細節之處很值得研究。大政殿的上面鋪滿黃色的琉璃瓦，這個顯然是漢族皇權文化的影響，但在黃瓦盡頭，還鑲嵌綠色的剪邊*。

這種風格明朝沒有，應該是游牧民族特有的顏色喜好，如果從藝術品發展史的角度去考慮，可以一直追溯到遼、金時期在北方流傳的紅綠彩瓷。有學者推斷這個綠色可能是對草原的一種懷念，好比農耕民族因為尊重土地，格外崇尚黃色一樣。

---

*編註：中國古代屋頂的屋脊和檐邊鋪瓦的做法，豐富了屋面的色彩。

瀋陽故宮大政殿

此外大政殿外的東、西兩側，沒有像紫禁城那樣設文樓、武樓，而是設置所謂的「十王亭」。這個設計很能體現努爾哈赤「同心干國」的思想，十座亭子形制相同，最前面兩座是左、右翼王廳，剩下的八座亭子呈雁翅形狀分布，分別對應著滿洲八旗。到了有事時，大家往這裡一坐，開始籌劃開會，即所謂的「議政王大臣會議」，皇太極就是透過這個會議被推舉出來。但皇太極上位後，開始看這堆亭子不順眼了。

《東華錄》關於皇太極即位的禮節，現在看來頗為不可思議，裡面說「三大貝勒，俱南面而坐」。

以前努爾哈赤在的時候，他和其他人都是父子關係，他坐著，別人在下面站著，沒什麼問題。但到了皇太極登基後，上朝時，他和其他三大貝勒並排朝南坐，等於其他人要朝拜，一個頭磕給四個人，顯然有點不像話。

再者說，那時後金政權正是發展的關鍵時期，對內收復大批的漢人和明朝將領，對外要與明朝、蒙古和朝鮮國三方有戰有和，一步都不能走錯，要是政令不統一，大家都在大政殿裡鬥嘴，就離解散不遠了。

這種潛在危機在之後的幾年一直存在，因此皇太極採取一系列措施，加強自己的集權，例如對阿敏這種不聽話的兄弟進行清算，將他手上的正藍旗拿過來。崇禎初年，皇太極剛登基的前幾年，皇太極對明朝持有議和態度，就是為了整合內部的軍政大權。

於是幾年後，在一次朝會上，皇太極正式對上朝禮儀進行調整。當時只有兩大貝勒，阿敏已經被皇太極收拾，代善人老成精，平時見了弟弟也是行臣子禮。

但三貝勒莽古爾泰對此毫無反應，這個人是真的魯莽，大搖大擺地往那裡一坐，非常不上道，還想著和前幾年一樣，與皇太極共同接受臣子們的朝拜。

有的話老大不開口，自會有小弟發話，有些貝勒察言觀色，開始對莽古爾泰開炮，說：「莽古爾泰不當與上並坐。」這話肯定是皇太極授意，不過他不能直接點頭，必須和繼位時一樣，假意推辭一番。代善這時也明白過來，自己現在的處境很危險，首鼠兩端要不得，必須有個態度，不然莽古爾泰完事以後就是他了。

俗話說「死道友不死貧道」，代善馬上表示：「我等奉上居大位，又與上並列而坐，甚非此心所安。」轉頭就把莽古爾泰賣了，提議說以後開會，由皇太極南面而坐，自己和莽古爾泰在側面東西相對而坐，其他貝勒以此往後。

此話一出，所有人贊同，規矩就這麼定了下來。

千萬別小看一個座位的變化，這可是清初政治史上的一件大事。就像明朝嘉靖時期的「大禮儀」之爭一樣，標誌著女真族從鬆散的部落正式向漢族文化傳統轉型，而這種集權的思路為後來女真族征服天下打下非常堅實的基礎，畢竟「攘外必先安內」在大多數時候都是真理。這一點明朝人到最後都沒弄明白，但皇太極洞若觀火，已然將本族內整合成鐵板一塊。

而與此同時，一座嶄新的宮殿也將在大政殿的西側建立，在這座宮殿中，皇太極將度過他人生中殫精竭慮卻光輝無限的十餘年。

第二章

遼東之虎

蒙古愛情故事

皇太極統治的頭幾年，對女真族內部的「八旗」進行整合，成功從「四大貝勒」並列的局面，混到集皇權於一身。這位少數民族的君主在新修建的宮闕中，開始思考一個超越時代的問題：少數民族如何在漢族文化植根的土地上做統治者？

這個問題，北魏孝文帝拓跋宏思考過，遼道宗耶律洪光思考過，元世祖忽必烈也思考過，現在輪到皇太極去頭疼，成為他政治生涯不可解脫的一大命題。而這段生涯背後，一朵絢爛的愛情之花將開放在初具規模的清朝後宮之中。

壹

如果明末清初的政治是「武林」，皇太極明顯就是內外兼修的高手，替兩個哥哥換「椅子」後，迅速打出一系列組合拳，在皇宮裡設立「內三院」和「六部」，做到對朝局的進一步把控。

一聽名字就懂了，這是很典型的漢人官制，目的就是要讓官僚機構在政治體系中獨立出來。「內三院」

是皇太極的幕僚團，打出來的名號是「翻譯漢家經典」，這都是用來糊弄的，誰家把商務印書館放在天安門邊上。其實「內三院」和明朝早期的內閣一樣，名義和實際職務完全不對。「六部」就更不用提了，名正言順地把「執行權」從各位貝勒爺手裡拿過來，很明顯就是衝著收權去的。

官制的改變和權力的再分配當然不是沒有阻力，但此時女真族的地盤和內部構成，早已不是幾年前的吳下阿蒙，皇太極在內部抓權的同時，沒有停下擴張的腳步。

雖然早期和明朝有過短暫的講和，但崇禎三年（一六三〇年）利用反間計解決袁崇煥後，在關外東北這片大地上，皇太極已經達到無敵的地步。

與此同時，他還三面開戰。之前欺負女真族的不光是明朝，朝鮮國和蒙古都有份，現在鹹魚翻身，你們全都給我連本帶利地還回來。在皇太極的征伐之下，蒙古和朝鮮紛紛表示臣服。

攤子一大，皇太極手底下的漢人開始急劇增多，大多是原本明朝駐守在遼東的將領。原本關外的將領就不太服明朝的管束，再加上崇禎一通瞎折騰，順勢投誠皇太極。

皇太極很大度地表現出「明君」風範，許多武將，例如尚可喜，皇太極都是出城三十里迎接，並誇耀他「知明運之傾危」，是個識時務的俊傑。雖然很明顯有作秀的成分，但還是把一群漢族降官感動得一塌糊塗，當時北京城的大臣都不見得能看見皇上，再看看人家這種待遇，皇上出城門把臂言歡，簡直無法比。

這些漢族降將有了相對比較高的政治待遇，接下來肯定是要求配套的政治訴求，何況當時女真族內部各種規矩確實不成體統，因此聯合許多漢族官員紛紛建議，要依照明朝的規矩對女真進行改制。

貳

要改制，首先要緊的就是「政」和「權」得分開，「議政王大臣會議」就算再統一，難免效率低下，所有事要是都拿到會議上討論，皇太極什麼都不用做了，天天開會就行，所以「權」在名義上還是大家的，但普通政務必須交給「內三院」和「六部」，兩組人肯定不能坐在一起開會，會打起來，於是就有新修「辦公室」的需要。

新修的辦公室叫做「崇政殿」，一聽就比大政殿可靠。關於這個宮殿到底何時開始修建，由於清初史料的缺乏，已經不太能確定，皇太極建的不光是一間「辦公室」這麼簡單，還有一系列的配套設施。

《清太宗文皇帝實錄》的說法比較可靠，天聰十年（一六三六年，即明崇禎九年）四月，皇太極替各宮殿定名，即議定「中宮為清寧宮，東宮為關雎宮，西宮為麟趾宮，次東宮為衍慶宮，次西宮為永福宮。臺東樓為翔鳳樓，臺西樓為飛龍閣。正殿為崇政殿。大門為大清門……」

從這不難推斷出，這批宮殿的正式建成時間，最晚不會晚於天聰十年，就是皇太極即位的第十年，這些建築就是後來瀋陽故宮中路的建築，和東路的大政殿等建築差異比較大。

如果只看「崇政殿」看不出什麼意味，結合其他名字來看就不一樣了。像「清寧宮」這類名字，完全就是「山寨」的北京紫禁城，不過地位不一樣，清寧宮是太子宮，到了皇太極手上直接自用。此外，「大清門」也明顯是根據「大明門」而來。

我們看皇太極時期興建的瀋陽故宮建築，說明皇太極這時已經很認可漢族文化和政治制度的優勢，至少和之前努爾哈赤時期在「亭子」裡大鍋炒相比，皇太極的安排就很合理。有專門的「辦公室（崇政殿）」，有「主臥（清寧宮）」和若干「次臥（麟趾宮、永福宮等）」。

歷史相隔數百載，我們已經很難像追溯明朝史料那樣，去追溯瀋陽故宮從開始建設到建成再到起名的種種細節，不過從大方向上說，這種創業初期的宮殿建制，必然存在種種人性化的設計和偶然性的因素，不像後世來得那麼死板。

像皇太極的「主臥」清寧宮，乍看是個漢家宮闕，但進去一看，「口袋房」加「萬字炕」，完全是老東北的建築布局，現在很多滿洲民居，和清寧宮裡的布置完全一樣。皇太極經常在清寧宮招待客人，場景估計和《鄉村愛情》差不多，大家往炕上一坐，拿著瓜子、花生開始閒聊。

清代和明代皇上很大的區別就是住所和辦公室的關係。明朝分得很清楚，乾清宮就是臥室，太和殿或前三殿就是辦公室。萬曆皇帝這種宅男很「守規矩」，幾十年不上朝，連乾清門都沒過去，前三殿連看都不看一眼（其實也沒得看，被一把火燒了）。而到了清代，做皇帝的都是辦公家居一體化，追尋此類習慣的源頭，很可能就是從瀋陽故宮的皇太極時代開始奠定。

我們可以為皇太極的這種構想或思路取個比較形象的名字，叫做「漢皮滿骨」，表面上是漢家文化的內容，內核部分還具有相當大的女真族（滿族）特色。「漢皮滿骨」的說法看似是說宮殿，但深究起來，可能也是皇太極頭疼許多年的問題。

不可能不漢化，但怎麼漢化，民族內部能不能保持自己的獨立性，就必須落實到一個個看得見、摸得著的政策上，從這個角度看，包括崇政殿和清寧宮在內的瀋陽故宮中路建築，何嘗不是當時皇太極思想的縮影。而無論皇太極怎麼頭疼，歷史總是不等人。宮殿正式落成的同時，皇太極在新修建好的崇政殿中，邁出女真族漢化最關鍵的一步。

清寧宮薩滿祭堂

參

這一年四月，皇太極發布詔書，接受群臣所上的「寬溫仁聖皇帝」尊號，決定改國名為「大清」，同時改族名為「滿洲」，定年號為「崇德」，正經八百地說，這是清朝第一個年號，之前的「天命」和「天聰」都不能算。

詔書算是「安內」，「安內」結束，剩下的就是「攘外」。這段歷史在《大明紫禁城》中已有記述，只不過是站在明朝的角度看，其實劇情差不多，就是年富力強的清朝CEO皇太極單方面暴打間歇性精神病患者崇禎帝朱由檢。

產生這種一面倒形勢的原因，一方面是當時明朝太窮，一沒錢、二沒兵，連個李自成都收拾不了。另一方面則是，本來清軍唯一的進攻方向變得不「唯一」了，因為皇太極已經擺平蒙古人。

蒙古的地盤可大了，我們一說到明長城，都是叫「萬里長城」，「萬里」全是防著蒙古人進攻。現在皇太極接收蒙古的地盤，戰略選擇的空間就很大，直接多路突破，只要你的回防速度追不上我的騎兵，北京城就是一座孤城，完全不具備首都的戰略意義。

皇太極手底下那些王爺們都急瘋了，為了搶軍功，最遠的軍隊打到今天的連雲港一帶，連人帶財一起搶，整個北方被打得山河破碎。就是朱由檢這種死鴨子嘴硬，非得來個「天子守國門」，最後國門沒守住，連天子都守沒了。

當然，客觀上講，皇太極擺平蒙古沒那麼容易，蒙古不是統一的政權，和女真族一樣，有很多部落。皇太極沒有強悍到從東北拿把菜刀一路砍到甘肅和新疆，他採用的路數和老爹努爾哈赤一樣，胡蘿蔔加棍棒*，透過聯姻的方式，團結能團結的，再去解決掉那些不能團結的人。

皇室婚姻的政治性是明朝和清朝高層政治的一大區別，假如深入思考明、清紫禁城的細微差別，這個因素必須考慮到。

清朝和明朝從建國的源頭上講不一樣，清朝從建國初期就面臨所謂的「民族問題」，問題的來源和政治沒什麼關係，純粹是人口基數導致。

當年女真族號稱「女真不滿萬，滿萬則無敵」，一個部落萬兒八千人，而蒙古雖不統一，可好歹祖上厲

＊編註：Carrot and Stick，是美國總統西奧多·羅斯福（Theodore Roosevelt，老羅斯福）的觀點。是一種以「獎勵」（胡蘿蔔）與「懲罰」（棍棒政策），賞罰併進的兩手策略，亦稱「獨裁者的恩威並用」。

害過，加上地盤大，怎麼都比女真族人多。漢族就更別提了，即使年年戰亂加饑荒，到最後每年的人口淨增長數都比滿族全員多，畢竟基數太大了。

為了維繫各方關係，增加安全感，皇太極和後世子孫們就把自己的婚姻做為解決問題的方法考慮進去。明朝皇帝從來不會考慮這種問題，文武百官包括皇帝對後宮佳麗唯一的要求就是傳宗接代，甚至會刻意找一些小門小戶出身的女子。

萬曆皇帝的老媽李太后，家裡就是泥瓦匠出身，當時完全沒人介意，同樣的條件若放到清朝的後宮劇裡連一集可能都活不下去，選妃的人要是敢把泥瓦匠家的閨女送進來，基本上離死不遠了，請問您是想讓皇上玩泥巴嗎？

清朝的後宮都有名額，皇上選妃子，首先得琢磨漢族幾個，滿族幾個，蒙古族幾個，而且配置還不固定，根據政治形勢走。

皇太極的妃子們就很典型。按照宮殿的分布，應該是後宮五位娘娘，清宮劇說的那些後宮等級當時還沒確立，相對籠統一點。皇太極的五位後宮佳麗中，皇后叫「哲哲」，來自蒙古科爾沁部落的博爾濟吉特氏，典型的滿蒙一家親，這樁婚姻是努爾哈赤安排的，那時皇太極是貝勒爺，娶進門的哲哲不叫「皇后」，得叫「福晉」。

但就詭異在其他四個宮的主人，麟趾宮、永福宮、關雎宮和衍慶宮都是博爾濟吉特氏的女人，以至於許多讀清史的人讀到這段不禁驚呼，到底是個什麼家族，皇太極犯得著拿全部的後宮名額去搞政治聯姻嗎？

是不是政治聯姻，這個兩說，但說起這個家族，配當時的皇太極還真的是綽綽有餘。「博爾濟吉特氏」只是歷史音譯，它的另一個音譯在歷史上如雷貫耳，即大名鼎鼎的「孛兒只斤氏」，締造元朝的「黃金家族」，皇太極再厲害，那時也就在東北晃晃，人家祖上曾經打到多瑙河。

估計很多人就明白為什麼皇太極要瘋狂聯姻博爾濟吉特氏了，這名字在蒙古草原上簡直就是無敵的存在，能讓他名正言順地接受蒙古的效忠。

更何況誰說政治聯姻就不能有愛情，皇太極就為了愛情奮不顧身一把。

肆

這個愛情故事的開始，得從「哲哲」說起。

「哲哲」嫁給皇太極時有點找潛力股的意思，那時「後金」還沒建立，而皇太極也不算皇位最有力的爭奪者，不過兩口子一直很恩愛。

等皇太極當貝勒爺後，麻煩來了，大福晉哲哲一直沒生出兒子，連續幾個都是女兒。這就很頭疼了，因為聯姻最後還是得看繼承權的問題，古代女子本身不具備締結親屬的功能。

在努爾哈赤去世的前一年，哲哲把侄女「布木布泰」也嫁給皇太極，就是後來的「孝莊太后」，等於姑、侄兩代共嫁一人，看上去比較狗血，不過按照草原規矩也沒什麼，最亂的時候一個女性能連著嫁三代人，因為草原上生育能力比較低，孩子容易夭折，這種現象就見怪不怪了。

很遺憾的是，之後的幾年裡，「布木布泰」也沒生出兒子。天聰八年（一六三三年），皇太極遇到生命中最心愛的女子，即「布木布泰」的親姐姐——海蘭珠。

關於皇太極究竟怎麼認識海蘭珠，這是個很大的歷史謎團，清初史料本來就缺乏，這個叫「海蘭珠」的女人，嫁給皇太極時已然二十六歲，比她的妹妹「布木布泰」整整大了四歲，放到今天也絕對是晚婚一族。

更奇怪的是，這個女子就像憑空出現一樣，二十六歲之前的記載完全空白，第一次出現在史書的記載就是她結婚的那天，《滿文老檔》的說法是「天聰八年十月十六日，科爾沁部烏克善洪臺吉率諸臣送妹至，汗偕諸福晉迎至，設大宴納之為福晉」。

剩下的故事就有點老套，海蘭珠進宮後，很快就「後宮佳麗三千人，三千寵愛在一身」，和皇太極愛得如膠似漆。

從表面來看，一個女子嫁給皇太極，受到寵愛似乎沒什麼不正常，但裡面許多細節很值得推敲。

第一，博爾濟吉特氏中科爾沁部落這一支已經有兩個女子嫁給皇太極，一個還是皇后，從政治聯姻的角度來說，海蘭珠嫁過來的必要性不是特別大。如果從生兒育女的角度上說，「布木布泰」那時已經進宮九年，真要是子嗣危機也不至於拖這麼久。

第二，海蘭珠是哲哲的親侄女，為什麼當初要接一個侄女入宮，找的是年僅十三歲的「布木布泰」，而不是當時正好適婚年齡的海蘭珠，邏輯也不通。

比較可靠、符合正常思路的是一種野史的說法。認為海蘭珠應該早就許配他人，最早她和皇太極沒什麼見面的機會，科爾沁和東北還是有一段距離。

然而某一年某一天，皇太極去看望老丈人，意外碰到剛好在家的海蘭珠，當時也許她是寡居，也許是省親，總之兩人一見鍾情，不可避免地相愛。

既然愛情產生，後續很多問題就不是問題了。那時蒙古族敢對皇太極說「不」的人都被埋在草皮下面了，誰敢阻攔他抱得美人歸？再者說了，草原上原本就有「搶親」的說法，無論海蘭珠有沒有「前科」，都架不住皇太極喜歡。

皇太極對海蘭珠的寵愛，在崇德元年（一六三六年）的冊封大典上表現得淋漓盡致。《清史稿》中說：「崇德元年，封關雎宮宸妃。」看來皇太極比明朝皇帝大方，冊封妃子順便把房子也給分配了。這次分配中，最晚入宮的海蘭珠，被封到「東宮」，在後宮中排名第二，一舉超過包括親妹妹在內的諸多「前輩」。

「宸妃」這個名字非常講究，「宸」的意思是北極星，什麼人能叫「北極星」，只有皇上可以，畢竟孔老夫子說：「北辰居其所而眾星拱之。」等於海蘭珠往後宮裡一戳，其他人連帶著皇太極本人都算陪襯。

拋開那些追授的「宸妃」，上一個敢打「宸妃」稱號主意的是武則天，最後還沒成，被大臣們堵回去。這個稱號在明朝就沒有列入過討論範圍，妃子買個首飾都被大臣們嘮叨半年，要是皇上敢封「宸妃」，內閣隔天就能帶著百官把文淵閣給拆了。皇太極那些妃子幸虧不是漢族人，不懂四書五經和「宸妃」背後的含義，不然肯定暴怒。

況且從「關雎宮」這個名字就不難看出，皇太極走的果然是豪放派，直接從《詩經》第一首「關關雎鳩，在河之洲」取材，毫不掩飾自己對海蘭珠的愛意。這種楞頭青的宮殿名絕對不可能是皇太極的漢人幕僚團取的，太赤裸裸了，以至於後來清朝入主紫禁城都不好意思沿用。

伍

俗話說「情深不壽，強極則辱」，皇太極和海蘭珠的這段愛情，最終也沒能擺脫「羅密歐和茱麗葉」的劇本，走上悲劇的道路。

海蘭珠嫁給皇太極四年後，誕下一個孩子。從科學角度上說，這是一件很危險的事情，那時她已經三十歲，是標準的高齡產婦，加上滿族當時的醫學水準整體不高，導致她留下病根。

皇太極非常重視這個孩子，他可是「皇八子」，不是長子，長子豪格在努爾哈赤時代就立下軍功被封為貝勒。滿族人雖然不像漢族一樣奉行「嫡長子繼承」，但皇太極愛屋及烏得太明顯，乾脆來個大赦天下，並把這個孩子立為「皇太子」。

立太子這種事在後宮和前朝肯定出現諸多糾紛，很多妃子包括皇后和皇太極都是名副其實的患難夫妻，眼看日子好了，孩子長起來了，本指望享幾天清福，沒想到被橫空出世的海蘭珠摘了桃子。可以想像，明面上不能和海蘭珠較量的各位娘娘，私底下肯定沒少擺臉色。

不過啃桃子的海蘭珠好景不長，不到一年，即崇德三年（一六三八年），未滿周歲的皇太子夭折於關睢宮，對皇太極和海蘭珠的打擊都很巨大，從此，盛京城裡再也聽不到關睢宮的歡快樂曲，取而代之的則是杜鵑啼血般的哀鳴。

後宮的暗箭加上喪子之痛，三十多歲的海蘭珠終於在幾年後一病不起，那時皇太極正在前線主持松錦大戰。這場仗在皇太極的時代是堪比薩爾滸之戰的存在，為了這場仗，皇太極籌劃足足數年之久，打贏了，明朝的北方邊防力量會直接喪失殆盡，北京城徹底變為砧上魚肉，活活等死。這一仗，皇太極勢在必得，連明朝的紅衣大炮都學了過來，就等著一舉定乾坤。

打到崇德六年（崇禎十四年，一六四一年）九月，眼看要解決掉明軍主力洪承疇的部隊，盛京突然來消息，說宸妃病重，皇太極二話不說，稍微對戰事做了點安排，馬不停蹄地趕往盛京。

現在看這段歷史會感覺有點魔幻。皇太極文治武功一代雄主，在關係到國運的一場戰爭中，居然幹出這麼兒女情長的事情，一般狗血的言情小說都不敢這麼寫，但皇太極就做了，連猶豫都沒有。

很可惜，皇太極的馬再神駿，都沒能跑過時間，還沒等他踏入盛京城中，海蘭珠香消玉殞的消息就已經傳了過來，去世時年僅三十三歲。《清太宗實錄》說皇太極當時的反應是「至宸妃柩前，悲涕不止」，哭得稀里嘩啦，完全止不住。

一群漢族文臣看傻了，從來沒見過這架勢，皇帝為了一個妃子哭成這樣。沒過幾天，「內三院」的文臣們就上書勸諫，說：「今者皇上過於悲痛，大小臣工不能自安。」接著表示：「皇上一身關係重大，今天威所臨，功成大捷。松山錦州克取在指，顧問此正我國興隆明國敗壞之時也。上宜仰體天意，自保聖躬。可為情牽而不自愛乎？」簡單翻譯過來就是松山和錦州正在打仗，您老哭也得看時間，趕緊回去打仗吧，打贏大清就發達了。

這話皇太極勉強聽進去了，他替海蘭珠舉行堪比國葬等級的葬禮，並親自帶著文武百官和各大貝勒扶棺，一直送出瀋陽城五里之外。

可能很多人不明白這個距離是什麼概念，這麼說吧，明朝皇上替自己老爹送葬一般都不出城。後來皇太極都覺得不好意思，說對海蘭珠去世的悲痛，「太祖崩時，未嘗有此」，不知道努爾哈赤要是知道這事會怎麼想。

化悲憤為戰鬥力的皇太極，很快就把怒氣發洩在松錦戰場的前線上，在他的統籌之下，次年三月，松山防線告破，明軍副將祖大壽變節，和皇太極裡應外合，拿下錦州城，主將洪承疇被俘虜，後被招降。

至此，明朝最後一支可以倚仗的機動部隊也沒了，皇太極入主紫禁城，似乎只是時間問題。

但戰場上的得意，無法掩蓋皇太極情場上的神傷。之後的兩年裡，他的身體因思念海蘭珠變得每況愈下。他反省說：「天之生朕，豈為一婦人哉。」我天之驕子，天天為了一個妹子死去活來，實在不太合適，男子漢應該事業為重。

很多話說出來，通常代表做不到，皇太極還是沒走出來。皇太極那些兄弟們也急了，說皇上天天鬧抑鬱症，別回頭有個三長兩短就麻煩了。清朝早年王室中的感情還算不錯，幾個哥開始想辦法逗皇太極開心。滿族是游牧民族，能怎麼找樂子呀？幾個貝勒爺就提議：「哥，我們去打獵吧。」

打獵不要緊，你得規劃好路線。好死不死，一群人出城打獵，回來時正好經過海蘭珠的墓，皇太極大感悲痛，又來一場悼念儀式，整個人精神更差了。

悲傷的情緒加上繁重的政務，讓皇太極的身體已然不堪重負。

一年後，崇德八年（一六四三年）八月九日的夜裡，皇太極在清寧宮的南炕上溘然長逝，這位在滿族漢化之路上邁出至關重要一步的君主，最終還是沒能看破「情」字。或許在滿族的歷史上，再也不會出現皇太極這樣，能夠同時將滿族的野性與漢族的謙和完美融合於一身的政治人物了。

永福宮的幸運兒

皇太極留下的是一個龐大而欣欣向榮的政權。而皇太極去世時年僅五十一歲，再加上皇八子逝世帶來的心痛，讓他沒有留下明確的繼承人。而新上任的繼承者將帶領這個歷時數十載披荊斬棘的民族，走進近在咫尺的紫禁皇城。

壹

別管是為情所傷還是心神交瘁，從死亡時間上來說，皇太極屬於不折不扣的「猝死」。

歷朝歷代，家大業大，最怕的就是這一手，要不然為何明朝那些大臣們連衙門都懶得去，但一聽說「爭國本」三個字，各個像打了興奮劑一樣，實在是久病成良醫，對皇帝猝死這件事太有心得了。

清朝和明朝完全不一樣，不光沒這種經驗，政治體制那時也不固定，雖說努爾哈赤當年算是死得比較倉促，但和崇德八年時的清政權相比，時代已經發生翻天覆地的變化。

這個變化主要分成兩方面去看。

首先，努爾哈赤時代的諸臣還停留在部落的思想階段，大家手裡的實力差不多，要不然皇太極不至於和代善他們一起接受朝拜。而經過皇太極十幾年的收權，中央集權（尤其是皇室集權）的趨勢，無論是思想上還是實力分配上都是加強的，實力不均衡讓大家很難坐下來一團和氣地談。

其次，努爾哈赤晚年，已經流露出傳位給皇太極的意思，再加上代善做為老大哥有緋聞，莽古爾泰雖然沒什麼緋聞，但也沒什麼腦子，皇太極在兄弟幾個裡面實在太突出，才毫無爭議地登上寶座。

可到了崇德八年就不一樣了，那時滿族沒有宗法制的概念，這位子給了你，並非以後一定得是你這一支血脈來繼承，只要是愛新覺羅家族的人都行。這樣一來，等於皇太極的兄弟和兒子同時具有繼承權，人選很多，四個親王加上三個郡王，差不多八旗的旗主，就是之前坐在亭子裡的那些貝勒爺都有機會。

例如禮親王代善手裡握著正紅旗和鑲紅旗，輩分最長，理論上可以爭一爭，再例如豫郡王多鐸，當時才不到三十歲，帶兵攻陷過松山，軍功卓著，也想摻和一手。

不過七個人範圍太廣，到最後吵來吵去，分成兩組人，一組人支持皇長子，即肅親王豪格，另一組人支持皇太極的小兄弟，就是睿親王多爾袞。

我們稍微介紹這兩位繼承人，接下來的皇位爭奪戰，主要圍繞這兩位主角展開。

豪格是皇太極的長子，老媽是皇太極第二任「大福晉」（哲哲是第三任），根紅苗正的滿族血統，從小就被皇太極扔到軍隊，從滅蒙古到打錦州都有參與。他的支持者主要就是皇太極手裡握著的「兩黃旗」，這群人是堅定不移的保皇派，說得乾脆點，就是皇太極的「家臣」。

清初的政治其實很實在，誰手裡的牌多，誰就能贏，不存在作弊、出老千的情況。兩黃旗效忠的就是皇太極這一支，如果換成其他人，就變成後娘的孩子，人家說不定會收拾兩黃旗呢。

皇太極當時收權時，把正藍旗握在自己手上，這樣一來，豪格至少手裡有三張牌，即兩黃旗加正藍旗。那時八旗之間的發展水準有差距，兩黃旗實力在八旗中處於領先地位，差不多相當於王牌再帶上正藍旗這個「二」。

而男二號多爾袞也有自己的牌，就是他和弟弟多鐸手裡的「兩白旗」，即正白旗和鑲白旗。這哥倆是親兄弟，和另一位郡王阿濟格，親媽都是努爾哈赤的妃子阿巴亥（和代善有緋聞的那位）。阿巴亥在努爾哈赤死後殉葬，當時三人還小，早早投身軍伍。

多爾袞的軍功不用特別贅述，他和豪格一向是並肩作戰，無論是滅蒙古領袖林丹汗，還是松錦之戰都是如此，等於兩人履歷相等。

其實叔侄倆年紀差不多，雖然看著是兩代人，但多爾袞只比豪格大三歲，豪格也沒想著尊老愛幼，開玩笑，我爹的東西憑什麼給你。

這樣一來，奪位的牌局漸漸明朗。

帳面上，豪格占據主動權，手裡三張大牌，其中兩張是大小王。更何況，那時不光是滿洲八旗，漢族謀士范文程等人雖然沒有坐在牌桌上的資格，但也是一股不可忽視的力量，這些人和兩黃旗是捆綁的，屬於「父死子繼」的絕對支持者。

而多爾袞的優勢則在於他的兄弟們都很有能力，加上他的性格確實比豪格更加強勢（豪格曾被評價為「性弱」），因此看好他的人也很多。

兩位把手裡的牌攥好，熱熱身準備要上牌桌了。

牌局由代善出來主持，他在清朝初年的歷史裡真是一個神奇的存在，平時不聲不響，關鍵時刻被拉出來當裁判。不過他不組織也不行了，那時的盛京城，尤其是皇宮內外，已經變成巨大的火藥桶，稍不留神就有可能擦槍走火。

貳

最早動手的就是兩黃旗的人，那時兩黃旗是沒了娘的孩子，心裡慌，豪格手底下只有正藍旗是自己人，兩黃旗本來是皇太極親自掌控，等於無主之物。

皇太極去世五天後，八月十四日下午，多爾袞找到兩黃旗當時的負責人之一索尼，和這位老哥聊起繼承人的問題，畢竟索尼名義上負責正黃旗，屬於皇宮裡的「內部人士」。

索尼一聽就明白這小子什麼意思，大家都是從太祖爺（努爾哈赤）時代混過來的，誰不知道誰，馬上表示：「先帝有皇子在，必立其一。他非所知也。」先皇不是沒孩子，肯定是其中一個，其他無可奉告。潛臺詞就是你小子沒戲，別打歪主意，輪到誰都輪不到你頭上。

回去後，索尼把這話對兩黃旗的其他哥一說，大家急了，不怕賊偷就怕賊惦記，先皇屍骨未寒，就有人打主意，我們不能不防著。說幹就幹，第二天一早，兩黃旗的士兵弓在手，箭上弦，圍滿皇宮內外，旗幟鮮明地表明態度。代善坐不住了，馬上在崇政殿兩側的東西廡廊上開會，商量到底誰來坐這把椅子。

會議還沒開始，索尼和兩黃旗軍官們去崇政殿先打個招呼，也不怕別人知道，直接說：「若不立先帝之子，則寧死從帝於地下而已。」不是我們老大的孩子繼任，我們就陪著先帝去死。言下之意，死都不怕，還怕和你們其他王爺幹一架嗎？你們看著辦吧！

瀋陽故宮崇政殿，清入關前在此議事和處理政務

多爾袞臉都黑了，擺出愛新覺羅主人公的身分，讓這幫軍官們先出去，沒看見大老們在開會嗎？

但事情到了這一步，大家都明白無論誰想繼位，首先必須考慮兩黃旗的態度。換句話說，這已經不再是「家庭內部矛盾」，那些沒有繼承權的人，同樣對皇位的歸屬具有影響。

索尼一出去，大會就算正式開始。

英郡王阿濟格和豫親王多鐸「內舉不避親」，當著大家的面，對多爾袞說我們都覺得你挺合適，就你來做吧。多爾袞倒是想點頭，但兩黃旗還在外面站著，誰敢直接往椅子上坐，就在那猶豫。

多鐸傻不愣登，可能不知道昨晚索尼已經提點過自己哥哥，大大咧咧地說：「若不允，當立我。我名在太祖遺詔。」你幹不幹，不幹我自己來，當年爹爹的遺詔裡也有我。

多鐸的意思是討論繼承權的問題，既然哥

哥皇太極沒留下遺詔，就按太祖努爾哈赤的遺詔來，詔書裡讓大家一起「監國」，只要榜上有名的都有資格繼承。

多爾袞一看，心想果然豬隊友還是靠不住，趕緊提醒傻弟弟，說肅親王（豪格）也在裡頭，意思是詔書上的人可多了，真要是把那份詔書當回事，就不用搶位子，來個「四大貝勒」主政多舒服。多鐸也反應過來，開始將功補過，說：「不立我，論長當立禮親王。」想著把水攪渾。

禮親王代善一把年紀躺著也中槍，心想你們神仙打架，怎麼把裁判也拉下來，趕緊表示：「我老矣，能勝此耶？」我年紀大了，你們看著辦吧。

所以說要讓皇太極集權，真正的大事如果按照開會的規矩辦肯定耽誤時辰。這幾組人會開了半天，也沒商量出個所以然來，到最後成為一個死結。

這個癥結在於，不讓皇長子豪格繼位，兩黃旗肯定不答應，但如果讓豪格繼位，先不說多爾袞怎麼想，多鐸和阿濟格首先就不能同意。兩邊互不相讓，這時，誰如果能打出一張關鍵的底牌，可能改變場上的局勢。

很幸運的是，多爾袞手裡剛好有這張牌，牌的名字叫做「科爾沁」，這是原本不該出現在牌桌上的一股勢力。

參

一開始多爾袞沒有機會打出這張牌，從明面上的牌局來看，豪格占據優勢。

豪格手裡有三張牌，此外鑲藍旗的濟爾哈朗也對豪格繼位表示支持，後者是努爾哈赤的侄子，勞苦功高，被封為「鄭親王」，這種中立者的態度在政治的角力場上，往往能起到舉足輕重甚至一錘定音的作用。

這時裁判已經可以進場宣布這次比賽的獲勝者，代善提出豪格「帝之長子，當承大統」，等於代表兩紅旗開口，票數來到六：二，多爾袞看似已經無力回天，只能目視著侄子登基。

然而誰都沒想到，關鍵時刻，豪格沒有皇太極的命，卻得了皇太極的病。當大多數人都推舉豪格登基時，豪格覺得大局已定，非得致敬老爹，自稱「德小福薄」，想來個三辭三讓，表現謙虛和眾望所歸。

這種行為放到今天來看，簡直就是找死。當年皇太極敢這麼玩，是最大的繼承者代善已經明確退出，等於沒有競爭對手，隨便你怎麼搞。

但豪格明明是險勝，居然敢在一群滿族老頑固之間裝漢族文化人。這一謙讓，連代善和殿外的索尼等人都傻了，沒見過這種蠢貨，相當於跑步比賽裡，稍有領先的選手還沒到終點，就開始擺勝利姿勢，看傻了一票觀眾和裁判。

最先反應過來的是多爾袞，豪格近乎腦癱的操作終於給了他一次出牌的機會。他馬上表示，既然侄子不想做，大家就不要勉強嘛，強扭的瓜不甜。兩黃旗軍官和原本中立的鄭親王濟爾哈朗頓時覺得無比失望，這時按理說應該當仁不讓才對，沒想到忙了一波，被豪格這小子自己給攪和了。

緊接著，多爾袞天馬行空般拋出底牌：他提議讓皇八子福臨繼承皇位。此言一出，全場皆驚，但冷靜下來一想，所有人開始沉默，人們意識到，「立不立先帝之子」的政治死結，被多爾袞解開了。

福臨是誰？他是皇太極的第九子，當時年僅六歲，生母為「布木布泰」，被封為「永福宮的莊妃」。而這個六歲的孩子卻成為當時破解繼承人困局的唯一鑰匙，能讓互不相讓的兩大政治勢力同時閉嘴，甚至協力的中立勢力濟爾哈朗等人也予以支持。

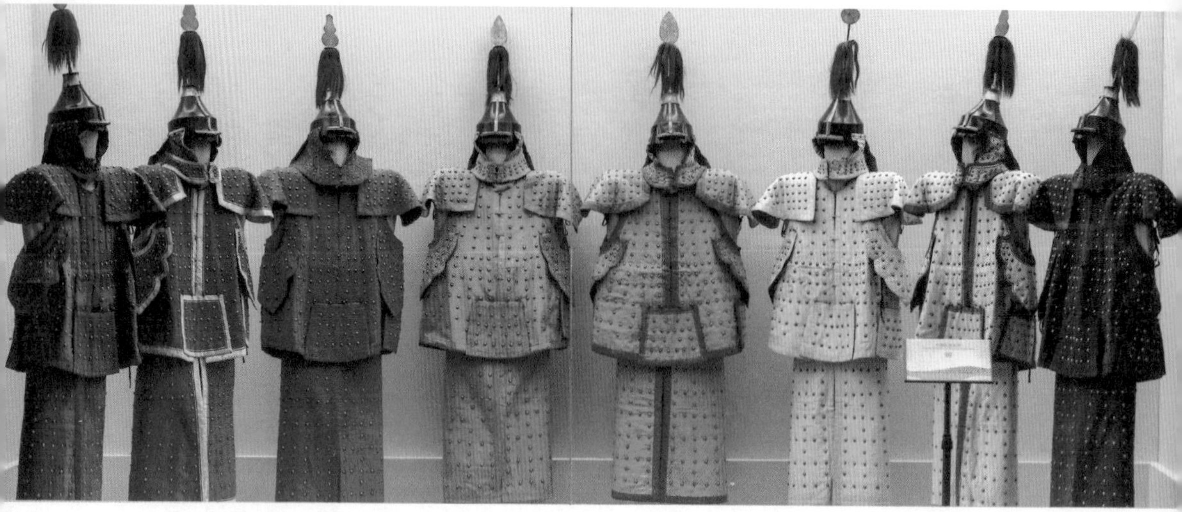

清八旗軍服

我們分析一下多爾袞的這個選擇到底神奇在什麼地方。

首先，福臨再小，他都是皇子，那時滿族不存在嫡長子繼承的說法，皇太極也不是嫡長子，兩黃旗說得很明白，「先帝有皇子在，必立其一」，沒說非得豪格不行，你不是說自己「德小福薄」，那就一邊待著，等於兩黃旗絕對支持福臨。

讓人不理解的是為什麼多爾袞會選擇支持福臨？這就要說到莊妃所在的科爾沁部落。

科爾沁部落有三位女子嫁給皇太極，即哲哲（皇后）、海蘭珠（宸妃）與布木布泰（莊妃），但誕下皇子的只有莊妃，這樣算下來，等於福臨是科爾沁部落和清朝的唯一結晶。既然是政治婚姻，科爾沁部落不可能全押寶在當時只是貝勒的皇太極身上，再說了，當時的大清擺明蒸蒸日上，多結幾門親戚總是不錯。多爾袞的福晉和多鐸的福晉都是科爾沁部落出身，兩白旗勢力和皇太極之間不光是兄弟，而且是「連襟」。

等於在兩大勢力之下，還依靠「夫人路線」，存在以「科爾沁」為紐帶的小聯盟。有了這個聯盟，多爾袞才敢大方地提出讓侄子繼位，因為他有把握讓皇后（當時應該叫太后）和莊妃傾向自己，而不是豪格。而對中立者而言，福臨比豪格來得更有誘惑力一點。

代善和濟爾哈朗都不傻，知道一朝天子一朝臣，無論是多爾袞還是豪格上去，只要大統的地位確立，他們這些投票者的勢力都免不了要被傷筋動骨一番，只有福臨年幼，大家還能保持一團和氣，相當於成立一間股份公司，不至於讓大清國呈現一家獨大的局面。

當然，這個股份公司的時間有限制，一共十年，在福臨親政時得解散，但十年時間，已經夠大家賺得缽滿盆滿。

三方全贏，豪格就此出局，他到最後都沒想明白，自己坐擁長子身分，軍功無數，怎麼就糊里糊塗輸給一個孩子，我們很少能在宮廷政治史上看到這麼戲劇化的一幕，各方利益都能協調好，順便還讓最大熱門直接爆冷。

新組建的公司框架順便敲定好，由中立的鄭親王擔任第一攝政王，多爾袞擔任第二攝政王，兩個王爺總攬國家大事，而小皇帝內有莊妃從中協調，外有兩黃旗誓死效忠，皇位坐得也是穩穩當當。

大局既定，群臣才將子嗣繼位之期祭告給皇太極，讓先帝爺走得安心一點，緊接著就是登基大典。開會討論可以在崇政殿裡嚷嚷，但登基大典不可能在「辦公室」舉行，得去大政殿，不過那時改名為「篤恭殿」，大家還是該坐亭子坐亭子，然後去永福宮把這位「天命之子」請出來。

永福宮到篤恭殿的路上，還有一個小插曲。那時已經是農曆八月二十六日，再加上明末清初時的小冰河期，室外比較冷，六歲的孩子穿著貂皮大衣，還是覺得冷，當時乳母想上玉輦抱著他，卻被小孩子一本正經地回嘴，說：「此非汝所宜乘，不許上升輦。」這是皇帝坐的，妳上來幹嘛？

這個細節不知道是否是有意安排，不過至少能看出，莊妃雖然是蒙古人，但教育上可能是受皇太極影響，應該是偏漢家思想多一些，帝王的規矩往往是從許多細節處體現。這一點，清代宮廷中後續很多近乎苛刻的細節，應該要追溯到福臨的時代。

到了篤恭殿，年幼的福臨沒有失禮，和幾個叔叔、伯伯的對答都非常有度。隨後就是順理成章地昭告天地，宣布新皇正式登基，年號「順治」。同時大赦天下，為先皇舉行國葬，而兩位攝政王也和其他文武百官一樣，宣布效忠於新君。

從八月初九下午皇太極突然逝世，到八月二十六日順治帝福臨於篤恭殿登基，共歷時十七天，清朝高層內部以一種不可思議的速度，處理一場可能讓政權分崩離析甚至完全顛覆的災難。

而在災難過後，一份更大的幸運即將砸到福臨的頭上。

第三章

入關？入關！

城頭變幻大王旗

大清政權頭疼了半個多月，把上層問題解決了，剩下的事就該輪到明朝頭痛。只是讓人意想不到的是，這個屹立於中華大地三百年的巨人，倒下得如此之快，而位於帝國心臟卻飽受戰火的紫禁城，也將在幾個月的時間裡數易其主。

一六四四年春夏之際，一股凜冽的北風即將從山海關吹來，穿過紫禁城的中軸線，進而席捲全中國，改變歷史上的氣候和走向。

壹

「順治」這家聯合公司一開張，大清開始回歸到皇太極生前的狀態，積極擴張，玩命備戰，整個東北就剩下寧遠城還在明朝手裡，想什麼時候吃就什麼時候吃，大家也可以趁著這個時間喘口氣，琢磨下一步怎麼走。

清廷內部有兩種聲音，一種是打破山海關，定鼎中原，我也風光一回，天天在東北吃燉菜沒有意思；另一種聲音則認為鐵鍋亂燉挺好，沒事去中原打秋風就夠了，沒必要急急忙忙去和明朝作對，百足之蟲死而不僵嘛。

兩種看法都很有道理，搞得兩位攝政王頭大無比，畢竟路線上的選擇可能會決定大清未來十幾年的發展方向，總不能找枚銅錢扔扔看吧。多爾袞和濟爾哈朗在文韜武略上無疑都是聰明人，但歷史往往不完全被聰明人掌握。就在他們為路線選擇殫精竭慮時，兩個決策者的巔峰對決，讓他們著實吃了一驚。

這兩位，一個叫朱由檢，一個叫李自成。

崇禎帝朱由檢在皇位上折騰十幾年，對官員的態度上，一直在無條件信任和轉眼砍頭之間來回切換，搞到最後，李自成帶著隊伍都快殺到北京城下了，朱由檢還沒收到前線的情報。

按理說兵臨城下，又湊不出軍隊抵抗，要嘛直接跑路，反正天下雖大，都是你老朱家的地盤，到時振臂一呼又是一條好漢；要嘛和李自成談，他當時也沒想著進城，就想弄個西北王過過癮。

沒想到朱由檢神經病發作，堅持「天子守國門，君王死社稷」，結果一聲令下，文武百官連個上朝的都沒有。最後太監們把「國門」一開，李自成糊里糊塗殺進來，朱由檢連跑都沒得跑，直接在煤山上自縊而死。死了還不安生，屍體被李自成扔在東華門外做標本展覽，供來來往往的官員免費參觀。

以上所說的一切發生得太快，只有短短幾天時間，連當事人李自成和朱由檢都沒反應過來。

不過這不要緊，朱由檢不用反應，他已經死了；李自成也不用反應，他不是來北京坐江山，他的目的就是撈一筆。進了北京城後，李自成在紫禁城簡單地搞了一個登基儀式，定國號為「大順」，過了一把皇帝癮，之後立刻帶著手底下的人去大臣家敲詐、勒索，思想非常務實。

李自成的農民軍攻破北京城的消息，迅速傳到山海關總兵吳三桂的耳裡，當然也傳到遠在盛京的兩個攝政王耳裡。但其中有資訊差，就是「北京城被攻破」和「崇禎已死」不是同一個消息，前者很容易知道，城頭變幻大王旗，後面那個得親自去東華門參觀才知道，這兩個消息前腳後腳之間，各方的反應就不一樣了。

吳三桂的態度是搞曖昧，不見兔子不撒鷹，說話的本錢還是很足夠，手裡握著山海關這座天下第一雄關，可以坐等清廷和李自成兩方報價。清軍被他卡著山海關進不來，或者說想進來比較難；而李自成那邊都是烏合之眾，號稱幾十萬大軍，大多是老弱病殘，真要打起硬仗來滿打滿算也就幾萬人，肯定還得用吳三桂守關。

多爾袞拿到消息後，手底下的漢人謀士坐不住了，天賜良機呀，皇太極的舊臣、清廷漢臣中舉足輕重的謀士范文程就力勸多爾袞出兵，並給出後續計畫：「此行或直趨燕京，或相機進取，要於入邊後山海、長城以西，擇一堅城，頓兵而守……」那時范文程還不知道崇禎已經死了，不然不會說出「相機進取」的說法，直接上就可以。

另一名降將洪承疇是吳三桂之前的老上司，說得更貼心了，他對於明軍、清軍和李自成的「大順軍」都有作戰經驗，很有先見之明地提出：「遇弱則戰，遇強則遁，今得京城，財足志驕，已無固志，一聞我軍至，必焚宮殿府庫西遁。」意思是李自成這些兵都是欺軟怕硬的貨色，現在拿下北京城估計忙著搶劫，我們一去，他們把宮殿燒了就往西邊老家跑。

多爾袞從善如流，馬上表示接受兩位謀士的諫言，開始籌劃。此時清軍內部沒有別的聲音，計畫趕不上變化，誰都看得出這筆生意穩賺不賠，最差都能去關內撈幾個大城市，不幹才是傻子。

四月中旬，順治帝福臨走了個儀式，在篤恭殿封多爾袞為大將軍，大軍躊躇滿志地南下。

與此同時，多爾袞還和吳三桂保持通信，吳三桂那時對清廷並不看好，但畢竟也是漢族人，很難接受清軍入關這種事實，他更樂意接受李自成給出的冊封。然而，事實證明，吳三桂和多爾袞這兩個生意人的思路，永遠不能趕上李自成的變化速度。

貳

李自成的部隊和明軍、清軍最大的不一樣，就是無法做到令行禁止。大家是為了過好日子才湊在一起，你帶著兄弟們改善生活，兄弟們當然擁護你，要是把大家弄成士兵一樣吃苦耐勞，我憑什麼跟著你。

自從打進了北京城，李自成手下就開始撒歡，想盡各種辦法從大臣手裡抄家摟錢。不過為數不多腦袋還算清醒的謀士，例如牛金星等人，還是給了李自成中肯的建議，讓他寫封信招安吳三桂。

那時李自成手裡握著招安吳三桂最大的一張底牌，就是吳三桂的親屬家眷都在北京，之前李自成的那封信也是以吳三桂老爹的名義寄過去。意思很明確，小子，老實點，跑得了和尚跑不了廟，老老實實投降大順朝廷，否則後果自負。

現在的說法是，李自成手裡還有吳三桂最心愛的小妾陳圓圓，吳三桂愛美人不愛江山，投鼠忌器，不敢和李自成齜牙，嘴上說：「父既不能為忠臣，兒焉能為孝子乎？」但行動上卻很誠實，召集了手下士兵，說：「闖王勢大……我孤軍不能夠自立。」翻譯過來就是我們打不過，跟著李自成就好了。

手底下的人一看老大認輸了，都沒什麼意見，何況吳三桂說得確實有道理，山海關這個位置，說得好聽點是進可攻、退可守，但說得難聽點就是前不著村、後不著店，沒有人給糧餉，過陣子一定玩完。

意見統一了，吳三桂開始打點軍隊，從山海關往北京疾馳，準備參拜新老闆，順便和家人團聚。人還沒到，最狗血的事來了。吳三桂帶著大軍走在路上，突然碰到老爸的小妾和僕人，他們告訴老吳，不用回去探親了，直接準備黃裱紙，你老爹連帶著家裡幾十口人，都被李自成砍了腦袋，就掛在北京城牆上晃呀晃。

吳三桂整個人傻住，官場、戰場縱橫幾十年，沒見過李自成這種行為，一言不合就把人家腦袋做標本展覽，馬上調轉馬頭，回山海關，準備車馬要和李自成打一仗。

而關於李自成為什麼殺掉吳三桂全家這件事，歷史學家爭議許多年都沒有一個非常可信的說法，因為實在太反常了，完全不能用正常人的邏輯推理，一般來說，不管吳三桂投不投降，都不能拿人家家屬開刀，留著還能當一張牌，砍了一點好處都沒有。

彭孫貽《平寇志》的解釋相對可靠點，作者參考李自成幕僚的說法，說吳三桂拖的時間有點久，李自成等得不耐煩了，加上手底下的人暴躁了點，順手就把吳三桂一家給宰了。

這段歷史到了後世變成一樁桃色新聞，這個傳聞相當有市場，明末清初「江左三大家」之一的吳梅村甚至給這段愛情故事寫了長詩，名字就叫〈圓圓曲〉，前四句是：

鼎湖當日棄人間，破敵收京下玉關。
慟哭六軍俱縞素，衝冠一怒為紅顏。

乍一聽，「衝冠一怒為紅顏」很帶感情，知道的說是紅顏禍水，不知道還以為吳三桂在拍霸道總裁的言情偶像劇呢。不過這橋段明顯站不住腳，只不過文人們好這一口，總喜歡把亡國和美女扯到一起，就好比紂王和妲己、唐玄宗與楊貴妃一樣。和「衝冠一怒為紅顏」相比，李自成馭下不嚴外加煩躁狂妄的可能性實在是更高一點。

無論怎麼說，李自成這邊就算告吹，吳三桂回到山海關後，李自成的兵馬後腳就追上來，吳三桂沒轍，寫了封信給清朝皇帝說撐不住了。

當然這封信沒到福臨手裡，甚至可能連盛京都沒到，畢竟吉祥物用不著看這個，十四叔多爾袞直接代閱了。多爾袞的大隊軍馬四月七日出征，十三日接到信，在關外閒晃了一個星期，馬上回覆說：「聞流賊陷京都，崇禎帝慘亡，不勝髮指，用率仁義之師，沉舟破釜，誓必滅賊，出民水火！」

事實上，多爾袞接到信後，才明白崇禎皇帝已經死了，從這封回信來看，他的戰略方向調整得很快。以前打什麼口號都無所謂，現在要接手這一大攤子了，那得挑好聽的說。

於是多爾袞在信件裡，直接把李自成定義為「流賊」，就是非法政權，擺明自己的態度，說白了就是替自己的軍隊入關找個藉口，我們是來替明朝皇帝報仇，屬於「仁義之師」。

這話假得不能再假，不過近代史學家孟森《清史講義》說了一句很精闢的話：「霸者假借仁義，亦可以與王者同功。」言下之意，清政權這個「霸者」在實力上是夠了，不過要想當「王者」，就必須順著中原一直以來的「仁義之道」，別管這套有沒有人信，但沒有絕對不行。

後來范文程張貼的告示也是這麼一個說法：「義兵之來，為爾等復君父仇，非敵百姓也，今所誅者，惟闖賊。」只和李自成打，其他無關。

四月二十三日是個足以載入史冊的日子。這天清晨，清軍在吳三桂的帶領下，大舉入關，迎擊李自成軍。這場仗完全無法打，李自成手底下那群人看見清軍的辮子就開始四散而逃。

李自成逃回北京城，在武英殿裡再次舉行一個很不正經的登基儀式，帶著金銀財寶乾淨俐落地跑路。可見李自成與朱由檢之間也有差距，李自成沒學會朱由檢那套「天子守國門」，皇宮有什麼意思，還是陝西黃土高原的窯洞住得舒服。

「大順皇帝」對紫禁城毫無主人翁的意識，一共待了四十二天，最後還放了一把火，意味著清廷必然要對紫禁城進行一定的重修和改動，在這期間，新的文化元素將會融入這座純粹的「漢家宮闕」中。

參

李自成倉皇西去的兩天後，五月初二，多爾袞從北京城的南面入城而來。接管了這座歷時數百年的國都。多爾袞當然不是悄悄地進來，《清史稿》對這段歷史記載的原話是「大軍抵燕京，故明文武諸臣士庶郊迎五里外」，北京城那些被李自成蹂躪已久的「大人們」，迫不及待地來到郊外高喊「大清萬歲」。與之形成鮮明對比的是，《明史》寫得很明白：「（三月）十九日天未明，（崇禎）鳴鐘集百官，無至者，復登煤山，書衣襟為遺詔，以帛自縊於山亭。」

由此可見，魯迅說得頗有幾分道理，你要開一扇窗子，大家都不同意，但你要說拆房子，大家都會贊成開窗。經歷過李自成的洗劫後，京城的老少爺們對坐龍椅的人無限寬容，只要你不砍頭抄家，要什麼我給什麼。而多爾袞也很霸氣，一見面就放話：「我攝政王也，太子隨後至，爾輩許我為主否？」所有人都傻了，沒見過這麼敞亮的老大，不過大家對這句話都沒什麼異議，畢竟跪都跪了。

不過多爾袞沒有真的敢坐龍椅，叔侄和父子還不能算一回事。多爾袞沿著北京城的中軸線從南郊進城，一路向北來到紫禁城後，還是注意了細節，不敢大大咧咧地直接從午門直接進，而是在明朝官員的引導下，從東華門進紫禁城，表示「為臣之道」。

其實他就是直接進來也沒什麼，但侄子也要面子。比較尷尬的是，那時東華門應該被李自成燒光了，多爾袞很會玩，用軍隊擺個儀仗隊，一舉兩得，既氣派又鎮場子。

現在關於李自成放的那把火到底燒得多厲害，史書上交代得有些不清楚。正史的說法是就剩下武英殿，其他宮殿全沒了。而武英殿沒燒也不是運氣好，而是李自成的「登基大典」就是在這裡舉辦，還不至於往自己身上澆汽油。

不過史料記載和考古發現相左的地方在於，現在在紫禁城中和殿（即明朝的華蓋殿，後改名為中極殿）的大梁上，還能找到天啟七年所留下的「中極殿」字樣。說明李自成確實不夠專業，放火這種事都不俐落，很多建築應該沒有完全燒毀，只是有所損壞而已。

再換個角度講，重建三大殿的天啟皇帝朱由校真不愧是木匠出身，嘉靖、萬曆年間意外失火把紫禁城的主體建築燒成一片白地，反倒是李自成的惡意縱火都沒把木匠的作品全都化為灰燼。後來的三大殿，即使經歷過重建，基本上保持了天啟時期的樣貌，按照當時的圖紙修出來，說明木匠功夫還是很到位，除了治國不行其他都沒得說。

扯遠了，還是說回多爾袞。

多爾袞進了武英殿，乾脆住宿辦公一體化，直接住在裡面。倒是沒有人說他僭越，因為武英殿在熙和門西邊（即之前的右順門，嘉靖時期改為歸極門），明朝時有「畫侍詔（宮廷畫師）」在這裡待過，理論上攝政王也能住。

多爾袞往武英殿裡一坐，馬上進入工作狀態，第一要務安撫人心，先以國葬的禮儀把崇禎皇帝的葬禮辦好，總不能一直當標本暴晒（三月後崇禎梓宮被放在昌平，一直沒有按照禮節安葬）。無論是不是假仁假義，這件事多爾袞做得確實厚道，明朝一群「忠君愛國」的士大夫，接近兩個月都沒做的事，多爾袞做為

武英殿

一個敵人辦妥了，還讓「京城官民等哭臨」，心胸確實不是一般人。

緊接著，就是讓侄子歸位了。

多爾袞和身邊的貝勒開會，宣布遷都北京。和永樂年間的遷都壓力完全不一樣，清廷上下一致表示贊同，畢竟市中心買了新房，沒必要在郊區外的老破小房繼續住下去。

皇帝的車駕和多爾袞的騎兵不是相同速度，六月孝莊太后（即莊妃）帶著順治帝福臨動身，一直磨蹭到九月才正式到達北京郊外，多爾袞帶著文武百官來到通州，迎接侄子。

皇上的待遇肯定和攝政王不一樣，年幼的福臨懵懵懂懂地坐在玉輦裡，在叔叔、伯伯和文武百官的簇擁下，從正陽門沿著中軸線長驅直入，來到紫禁城中，並在次月重新舉行登基大典。

對紫禁城而言，一六四四年無疑是歷史上最難以忘記的一年，從三月崇禎帝身死，到九月順治入城，短短半年間，這座皇城歷經三次登基大典，兩次烽火狼煙，成為那段特殊歷史的最好見證者。

對福臨而言，能步入眼前這座略顯殘破卻無比宏偉的皇城，也許是他一生中最大的幸運。他的祖父曾對此頂禮膜拜，他的父親曾對此心嚮往之，大清數十年心血的經營，都是為了讓小皇帝跨過紫禁城的門檻時，可以走得安穩一點。

福臨踏入紫禁城的那一刻，一種新的文化力量將以不可阻擋的姿態融入愛新覺羅氏的血統之中，並在之後的二百六十七年裡，成為紫禁城裡餘音繞梁的旋律。

普渡寺的陰影

順治元年（一六四四年）十月初一，在文武百官與明朝群臣的勸進下，年僅九歲的福臨於皇極門前正式登基為帝。這是他人生中第二次登基典禮，但與之前不同的是，這一次，他將成為整個中原王朝的皇帝，代表著「正統」和「法理」。

無論福臨在登基大典上如何風光無限，眾人站在漢白玉的石階下，總是不自覺地將目光投在臺階下的多爾袞身上。所有人都明白，這個年僅三十二歲的男子才是整個紫禁城中至高無上的象徵。此時的多爾袞，目光沒有停留在小侄子身上，他的思緒已然越過紫禁城的重重宮牆，看向黃瓦上的天空。

壹

孝莊太后（「孝莊」是諡號，但那時姑姑皇太后哲哲還在，為了區分，姑且這麼稱之）和福臨來到北京後，多爾袞立即退出紫禁城，孤身一人住到過去的「南內」。

看得出來多爾袞是個不太講究的人，南內就是明英宗朱祁鎮被囚禁的地方，明朝的皇帝打死都不肯住，當年嚴嵩*老眼昏花地出了這麼個主意，鼓搗著嘉靖皇帝過去暫住，馬上被暴怒的道君皇帝朱厚照一腳踹回江西老家。

推測也有明朝降臣勸過攝政王，說這裡不吉利，給您換一座宅子。多爾袞明確拒絕，不在乎這些不實際的東西，就是圖這裡和皇宮近，辦事方便。

雖然多爾袞住得比較馬虎，不過涉及皇宮，就不能再這麼馬虎了。

早在嫂子和侄子到達前，多爾袞就著手讓人翻新乾清宮，乾清宮損毀得相對嚴重一些，因為《清史稿》的說法是「建」，看起來工程量不小，從順治元年一直修到順治三年（一六四六年）。

這還是清朝開國初期國力強盛，做起事情來雷厲風行，外加一些細節不仔細推敲，才有這個速度，否則換成萬曆時期，斷斷續續地弄了快三十年也沒修完整。

乾清宮的速度慢一點，這不要緊，反正清朝那時不太講究，在武英殿裡湊合一下也不是不行。清朝皇帝和明朝皇帝在紫禁城裡最大的區別，就是不把乾清宮當正常臥室。皇太極在瀋陽時就這麼做，本來進了紫禁城應該按這裡的規矩走，沒承想李自成一把火，福臨被迫因陋就簡，從此之後規矩就沒確立。因此整個清朝都沒有非常完整的殿寢規制，怎麼舒服怎麼做。

即使拋開當時紫禁城被焚的現狀，清朝在紫禁城裡「沒規矩」也是必然的，其中有個深層次的原因，就是建築理念和建築本身何者為先的問題。

打個通俗的比方，和現在買房子、裝修差不多。當初建紫禁城的永樂帝朱棣，是拿著鉅款買的新房，

*編註：明代嘉靖年間權臣，官至內閣首輔、吏部尚書、謹身殿大學士。

順治初年的睿親王府，後改名為普渡寺

或者乾脆說是農村自建房，一家老小整整齊齊，在有房子之前，哪裡是臥室，哪裡是客廳都已經安排好，按照這個居住理念去建房子，肯定合心意。

最典型的例子就是多爾袞所住的南內，正常皇宮配置裡絕對沒有「皇太孫宮」的說法，只是朱棣心疼大孫子朱瞻基，非得整一個南內出來給孫子住，只是沒想到後來被朱祁鎮搞成不祥之地。但不管怎麼說，朱棣建紫禁城有錢任性的風格在這裡原形畢露，相對的，規矩在前幾代立起來，後續自然無人改變。

而清朝更像是窮人買二手房，而且還是明朝已經裝修

三百年的「二手房」。有經驗的朋友對這種房子一定深惡痛絕，那些前任房主留下的裝修，有時怎麼看都不順眼，但不能無緣無故拆了，只能將就著過，但肯定得在力所能及的範圍內調整，這種調整往往細碎、無規律，後期肯定沒有規制可言。

乾清宮建得粗糙點還好，有個地方住就行，況且皇上住哪裡這種事讓刺客頭疼就夠了，大臣們犯不著頭疼，起碼乾清門這道「君臣生死線」還在，也沒什麼人瞎打聽。大臣們更關心的是前面三大殿的情況，即「前朝後宮」裡的「前朝」。

滿族人也不傻，知道這玩意是臉面，必須得修，修不好還不行。皇上的臥室可以修得隨意一點，反正孩子還小，在武英殿湊合一下不是不行，可朝政禮節不能拖。紫禁城的功能性都是安排好的，武英殿不可能真代替三大殿存在。

這就是紫禁城的神奇之處，當初建的時候，「禮法」做為一種建築理念，已經貫徹到紫禁城的每一座建築裡，好比一輛汽車，各種零部件缺一不可，除非把紫禁城整個推平蓋足球場，否則必須得按照紫禁城原始的布局去復原，不然就走不了「禮」的程序。

貳

順治二年（一六四五年）正月，福臨接受朝賀大禮，這下尷尬了，武英殿太小，擺不下。怎麼辦呢？愛新覺羅家族身上不愧流著成吉思汗的血，靈機一動，改為在「皇極殿舊址張御幄」，即在皇極殿（後來的太和殿）搭個帳篷，舉行朝賀的典禮。

那時清朝的外交比起明朝，絕對算得上有聲有色，蒙古各個部落加上朝鮮等幾個小弟時不時就過來拜碼頭。這一看老大哥直接在廢墟上搭帳篷、搞新年茶話會，就算嘴上迫於壓力高喊吾皇萬歲萬萬歲，心裡說不定怎麼嘀咕，沒想到清朝從瀋陽搬到北京，愈搬愈回去，直接改成游牧民族了。

清朝上下不樂意，我們大清國在東北那旮旯都沒丟這個臉，到了京城更得講究面子。

順治二年五月建好乾清宮後，多爾袞馬上下令開始進行三大殿的修復工作，既然是新殿，肯定要有一番新氣象，不太可能重新設計一種風格，總不能把皇極殿建得像靈堂一樣，人家紅牆黃瓦，你來個黑白配，只能在名字上做文章，於是把「皇極殿」更名為「太和殿」；「中極殿」更名為「中和殿」；「建極殿」改名為「保和殿」。

這些名字比起「關睢宮」和「大政殿」這類可靠多了，一看就是正宗的儒家經典。

其中，太和殿的「太」是指太極，泛指天地萬象，「和」則是傳統中庸文化的以和為貴，不管是誰，既然在太和殿辦儀式，大家就來個一團和氣。與之前嘉靖時期的「皇極」之名出入比較大，嘉靖是一人說了算，其他人得圍著皇上轉。清朝剛入關不敢喊這麼沒皮沒臉的口號，何況那時皇上的叔叔多爾袞才是老大，要是來個「皇極」，就成為「兩極格局」，攝政王肯定不樂意。

所謂臥榻之側，豈容他人酣睡，誰都不可能真把「以和為貴」當回事，尤其是腰桿子硬了以後。後世乾隆帝就看著太和殿的名字不順眼，雖然不好意思把前輩們定的名字改掉，但太和殿裡的匾額還是掛上「建極綏猷」四個字，建極就包含「皇建其有極」的意思，說白了還是明朝嘉靖那一套。

中和殿的名字則出自於《禮記．中庸》所說的「中也者，天下之本也；和也者，天下之道也」，後來愛題字的乾隆爺也在這裡掛上「允執厥中」的匾，字面意思是行為不偏不倚，才能保持中正之道，不過《論語》表示，當年堯、舜禪讓時，前輩囑咐晚輩才這麼說，等於只有皇上才能「允執厥中」，因此理論上只有皇上能待，其他人不行。

中和殿是紫禁城裡為數不多在明朝和清朝作用保持一致的地方，主要有兩個：第一是祭天地的前一天晚上，皇上得在這裡獨居一晚。第二是如果皇上要查閱家譜（即「玉牒」），也是在這裡查。再講得直白一點，中和殿和現在男人的愛車差不多，算是一個私密空間，處理家事、國事時，皇帝都可以一個人在裡面靜靜。

最後是保和殿，名字從《周易》裡「志不外馳，恬神守志」化用出來，意為君主要專一守神。這個殿在清朝紫禁城裡是個非常複雜的存在，功能多變，尤其是順治朝時，被當作寢宮來使用。

根據《清實錄》的說法，順治二年修好乾清宮後，福臨沒有去住，一是太小了，需要和母親同住，但太后肯定不能住乾清宮，這裡只能給皇上住。再者可能是多爾袞趕工程趕得太急，乾清宮只稍微修了個樣子，細節不太講究，很可能不能住人，《清史稿》在順治十三年（一六五六年）的記載裡有「乾清宮成」的說法，說明之後又出現大規模的二次工程。在此之前，福臨一直住在保和殿，因此當時保和殿又被稱為「位育宮」。

福臨在位育宮裡待到順治十三年，他自己都說：「朕自即位以來、思物力之艱難、罔敢過用……暫改保和殿為位育宮，已經十載。」翻譯過來就是他心疼錢，捨不得重修乾清宮，才把保和殿叫做位育宮，在裡面住了十年之久。

要是換成明朝，大臣們早就不能忍了，明朝文臣們雖然經常不把皇上當回事，但對皇上的面子看得比什麼都重，堂堂天子不住乾清宮，十年間在保和殿裡窩著，太有失體統。

不過清朝臣子沒人管這個閒事，大家都覺得沒什麼，你叔叔連南內那種地方都能住，你做侄子

北京故宮保和殿殿內陳設，乾隆五十四年（一七八九年）後，保和殿變為殿試場所

的，住個保和殿有什麼了不起。

福臨不敢提這件事，事實上他可能也是這麼覺得，在他看來，住在南內的那位「十四叔」，就像一朵烏雲，籠罩在少年天子的頭上。

參

春去秋來，福臨在紫禁城裡以帝王的標準成長著，不過多爾袞顯然沒有足夠的時間琢磨小侄子的內心世界。做為龐大帝國的掌權者，在奪取天下的路上，他還有太多事情要做。

這位年少得意且一直得意到而立之年的攝政王，此時身上背負著巨大的壓力，這股壓力一部分來自於外部，另一部分則來自於他身後的紫禁城中。

外部壓力很好理解，打下北京城，不代表擺平全中國。李自成的「流寇」只是跑路，主要勢力還在，而且是流竄作案，這比較難辦。

此外，崇禎帝朱由檢雖然吊死在歪脖子樹上，但他手底下的大臣可不陪著這位神經玩命，很多人在南方擁立「福王」朱由崧當皇帝，政權史稱「南明」，年號「弘光」，因此朱由崧又被叫做「弘光帝」。

兩手都要抓，多爾袞在對李自成和南明兩方勢力權衡後，決定先解決李自成，南明從表面來看確實太弱了，一群連北京城都守不住的貨色能守住半壁江山嗎？況且清廷的口號就是替崇禎帝朱由檢報仇，滅李自成更容易得民心。

事實證明，多爾袞的戰略目光很正確，順治二年開春，李自成的隊伍被清軍打得潰不成軍。關於李自成的死有幾種說法，其中一說認為李自成在湖北九宮山被圍困最終自盡，走上了「老朋友」朱由檢的老路。

這時，還沒等多爾袞進軍江南，南明內部就打了起來，劇本《桃花扇》把這段故事寫得很真實，南明政權裡除了爭權奪利，就是貪汙受賄，亂成一鍋粥，為數不多的抵抗者是揚州守將史可法，明確表示「身死封疆，實有餘恨，得以骸骨，歸鐘山之側」，意思是要和清朝玩命到底，不然沒臉去見太祖皇帝朱元璋。

不過玩命顯然是門學問，當時揚州除了史可法想打，其他人都已經無心戀戰，再加上兵馬器械全面落後於清軍，揚州沒撐幾天就被攻破，史可法本來想自殺，被手下人攔住，高呼「我史督師也」，昂然走下城來。

正常來說，當時的清朝應該以收服人心為緊要，對於史可法這種人才即使不能勸降，也應該送到京城，交給多爾袞處理。可好死不死，多爾袞把弟弟多鐸派過來負責江南戰事。

多鐸雖然號稱「開國諸王戰功之最」，但在福臨登基前的那場會議就領教過，他是個只會打仗、腦袋一根筋的傢伙，見面不問青紅皂白就動手，史可法因此壯烈殉國。

這一切發生時，隔著一條長江，南明小朝廷還處在醉生夢死的混亂中。不到一個月，多鐸就跨過長江防線，這回南明學聰明了，弘光帝帶頭獻南京城投降，不過只被判個延緩死刑，這個等級的俘虜多鐸不敢下手，送到北京處死，算是落葉歸根。

至此，清政府基本解決了外部的兩大敵對勢力，之後雖然南明殘餘勢力又擁立「桂王」、「唐王」等明朝宗室，但在多爾袞看來基本上屬於「宜將剩勇追窮寇」的範疇，平定只是時間問題。

硬骨頭啃完，剩下的就是怎樣處理消化不良的問題。

肆

對少數民族統治中原而言，外部的壓力和內部的壓力往往成反比。當年成吉思汗手下謀士耶律楚才曾教育老闆：「天下雖得之馬上，不可以馬上治。」打天下的事可以依靠快馬長刀解決，可治理天下不能這麼做。

這裡面深層次的原因與皇太極選擇漢化的理由一樣——人口基數問題，少數民族不可能重新搭建一個全新的政治體系，必須對前朝政治體系「接盤」後，才能進行調整。不然控制不了，要是還拿「固山額真」那套上馬管軍、下馬管民，老百姓肯定不樂意。

說得再直接一點，清朝入關後的政治體制就像紫禁城一樣，只能是「二手房」，而且隨著明朝降臣的增多，這套「房子」就愈像之前主人居住過的樣子，要嘛你不住，要嘛你接盤，沒有第三條路可走。

多爾袞很鬱悶，紫禁城那套「二手房」還可以靠人工翻修來調整，但到了國家政治體系的層面上，已經不是砸錢或靠武力能夠解決，得戰戰兢兢、如臨深淵地平衡著各方勢力。

現在回過頭來看，明朝政治這個大爛攤子，最大的特徵是什麼呢？

黨爭和閹禍。

閹禍本身不用操心，只要皇帝好好做，太監就上不了天。但黨爭不一樣，官員們都是自下而上起來，誰都不服誰，明朝後期，就形成所謂的「北方黨」和「南方黨」，有點美國南北戰爭的意思，只不過武器是嘴炮和奏摺而已。

清軍入關後，尤其是打下江南後，這種南北分化的趨勢更加明顯，以前在大明朝堂上，大家還沒有把地域歧視擺在檯面上，可這時就有先後投降的問題在裡面，加上東南地區文臣抱團上百年的歷史慣性，構成清初政治的基本盤。

而事實上是一直到清末，這個基本盤長期有效地存在，唯一能把控這個基本盤的只有滿族。清軍雖然一進關就喊出「滿漢一家」的口號，但大家都明白，滿族和漢族不是一條心，滿族內部也是眾口難調，政治上的事，沒有絕對的非黑即白。

多爾袞感到很痛苦，這是一個比「先救媽還是先救女朋友」更要命的問題，關鍵是他還不能說自己不會游泳，必須拿一個態度出來，不然整個政府機構就會陷入明朝晚期的困局，大家一整天什麼都不用做，光嘴炮彈劾的奏摺疊起來就能比太和殿的門都高。很快多爾袞就透過順治二年的「馮銓案」，旗幟鮮明地表達自己的態度。

馮銓是河北人，最早在明朝時跟著魏忠賢魏公公混，是東林黨的死對頭。崇禎帝上位後，他就被掃地出門，順治元年沒什麼壓力就降於清朝，屬於元老級降臣，並在順治二年時提出「昭一代之制」擔任禮部尚書兼內院大學士。

他的敵人則是當時擔任吏部尚書的陳名夏，當年東林黨核心組織「復社」的成員之一，江蘇溧陽人。本來沒想著降清，之前降的是「大順」政權，李自成跑路後，他想回江南回不了，被南明定為「從賊」，沒辦法，只能降清。這麼一來，陳名夏就比老馮晚了一步，但畢竟身分擺在那裡，很快就爬到吏部侍郎的位置。

率先動手的是陳名夏，陳大老可是見識過馮銓給魏公公磕頭的樣子，相當不齒與之為伍，更看不慣馮銓壓在自己頭上，就找個御史小弟李森先彈劾馮銓。

李森先摺子裡說：「明二百餘年國祚，壞於忠賢，而忠賢……通賄謀逆，皆成於銓。」說白了還是翻舊帳，說明朝就是亡在魏公公和馮銓這群貨色手裡。

多爾袞聽了這道奏摺後火都上來了，心想在我們清朝都是後金年間的事，都什麼時候了你們還在這兒瞎扯，必須遏制這種勢頭，不然這群南方文臣們能在奏摺裡寫出一部《明史》。於是嚴厲斥責李森先，並以「語過當（說話不合適）」將之罷官。

這一手「語過當」玩得非常漂亮，表面上是維護「北黨」馮銓，提醒「南黨」陳名夏，實際上卻是高高舉起輕輕落下，只是犧牲了一個小小的御史，而這件事的始作俑者陳名夏，幾年後則晉升為吏部尚書，等同於多爾袞把自己的官僚團隊完全向「南黨」開放。

親近「北黨」，警惕地利用「南黨」，這是多爾袞對明朝留下的這套「二手房」給出的裝修意見。毫無疑問，但凡有得選，多爾袞都會盡量用「北黨」，但北方文教不興的說法從元朝就開始，朱元璋都無法解決的問題，多爾袞就更別提了，所以他選擇妥協。

好在入關初期，兵強馬壯的八旗兵給了多爾袞拍板的底氣，在他的乾綱獨斷下，無論是紫禁城內的建築，還是紫禁城外的秩序，都在以一種飛快的速度建設著。當然，還有紫禁城裡的那個少年，也以同樣的速度成長著。

新人新房新氣象

清軍入關的頭幾年，睿親王多爾袞用盡渾身解數，連修帶補，不光把紫禁城的規模修復了七、八成，連帶著把清廷內外的政治框架也搭建起來。朝內朝外，多爾袞的風頭一時無二，睿親王府前車水馬龍，彷彿宣示「水不在深，有龍則靈」的真諦。

然而，真龍總會成長，烏雲終將散盡，在多爾袞日漸不可一世的身影背後，年輕天子也逐漸展開屬於自己的鋒芒和人生，創造新的格局和時代。

壹

戰場上節節勝利，官場上治國安邦，多爾袞的地位跟著水漲船高。

早在進關前，同為攝政王的濟爾哈朗就表示自己年紀大，更適合打仗，在政務上全權放手給多爾袞。當然，其中到底有沒有退避三舍的意思就不清楚了，濟爾哈朗再厲害也就是努爾哈赤的侄子，不屬於嫡系。都是皇上的叔叔，表叔叔和親叔叔肯定不能相同待遇。

進關後，多爾袞居功至偉，福臨在詔書裡提出多爾袞「輔朕登極，佐理朕躬，歷思功德，高於周公」，意思是叔叔幫我登基，加上幫我打理日常事務，比周公還厲害，將他加封為「叔父攝政王」。等於正式確立多爾袞一人之下，萬人之上的地位。

這麼寡廉鮮恥且有點押韻的詔書肯定不是福臨親自撰寫，那時小皇帝還不一定知道周公是誰。再說了，周公是什麼人呀？儒家公認的聖人，當年諸葛亮多麼風光，也只敢「每自比於管仲、樂毅」，多爾袞剛進北京城就超過周公。

詔書很明顯是多爾袞的幕僚團隊，例如范文程等人在那裡自娛自樂。這群人還順便把濟爾哈朗「貶職」成「輔政叔王」，多爾袞重用漢人不是沒有道理，光這些頭銜就能把大多數滿族人繞暈了。

再往後就是多爾袞叔叔的開掛時間，隨著戰場上的節節勝利，多爾袞的頭銜從「叔父攝政王」，幾個月後就變成「皇叔父攝政王」，多了一個字，裡面附加的東西就太多了。

《清世祖實錄》記載，頭銜改了以後，「遇元旦及慶賀禮，滿漢文武諸臣朝賀皇上畢。即往賀皇叔父王」，同時，除了極少數的王爺外，其他人需要「叩頭坐皇叔父王」，說白了就是大清朝有兩個皇帝，先給這個磕頭，磕完還有下一家。從禮節上說，多爾袞確實「高於周公」，畢竟真沒聽說過年時文武百官排隊給周公磕頭。

而且上朝時也不一樣，清朝可能是在東北待的時間比較久，知道老同事們來上朝都不容易，允許貝勒們坐轎子坐到午門外，但多爾袞的轎子卻可以長驅直入，直接從午門進去。也就是說，別人的車都得停在停車場，只有「皇叔父攝政王」的座駕能開到辦公樓門口，還沒人收停車費。

「皇叔父攝政王」這個稱號既然被寫進「朝儀」，等於「官方稱呼」，象徵著不可逾越的等級。順治二年，河南有個負責科舉考試的官員叫歐陽烝，往上遞摺子手滑了，把「皇叔父」寫成「王叔父」，這下事情大了，上面馬上批評他「無人臣禮」，隨後的結果可想而知，在公司裡得罪CEO一般沒什麼好下場。

幾年之後，連「皇叔父」的說法都不能滿足多爾袞叔叔對侄子的拳拳關愛，順治五年（一六四八年）冬至日，多爾袞正式加封為「皇父攝政王」，你把我當叔叔，可我想當你爸爸，禮儀自然水漲船高。

朝鮮《李朝實錄》記載，朝鮮國當時的使者來到北京，傻不愣登地問，你們兩個皇帝怎麼算呀？別回頭搞錯了，得到的官方回答是「朝賀之事，與皇帝一體云」，意思是拜誰都一樣，「皇父」和「皇上」一回事，錯不了。

這麼不倫不類的稱呼不知道多爾袞的幕僚團隊怎麼想出來的，把國外的人都繞進去了。正常講皇上他爹就算活著也應該是「太上皇」，你弄個「皇父」，還「攝政」，很容易引起其他人遐想。

當時有個明朝遺老叫張煌言，職業是「反清復明專家」，順便寫寫詩文，在他的《張蒼水集》裡爆出一個「太后下嫁」的緋聞：

上壽觴為合巹尊，慈寧宮裡爛盈門。
春宮昨進新儀注，大禮恭逢太后婚。

意思是孝莊太后來個二婚，和誰呢？「皇父」都有了，你還問誰。後來這首詩就成為「太后下嫁」說法的來源。

這個緋聞在清代轟動一時，直到現在還很有市場，許多電視劇是根據這個橋段拍攝，算是清朝皇室為數不多的頂級八卦，後來成為「清朝三大疑案」之一。

只不過八卦雖然熱鬧，但歷史還是得推敲一下。民國時期孟森先生特意對這個問題做了考證，「太后下嫁」應該屬於子虛烏有。

首先，那時說「太后」不是特別指稱誰，兩個太后都在，一個是「孝端太后」，就是哲哲，另一位「孝莊太后」才是福臨的生母布木布泰。要說這個太后是哲哲，誰都不信，哲哲那時眼看都五十歲了。而要說是孝莊太后，年齡也過了三十，不說是人老珠黃，至少也是徐娘半老，況且多爾袞娶的就是科爾沁女子，再和孝莊太后發生點什麼，在政治上沒有什麼額外的好處。

再有，我們從紫禁城的建設上來說，張煌言所說的「慈寧宮裡爛盈門」也不具備操作性。清朝入關後，慈寧宮雖然也有，但和之前說的乾清宮一樣，壓根無法住人，我們翻看《清世祖實錄》，後續對慈寧宮進行了重建，一直到順治十年（一六五三年）六月才建好，那時多爾袞已經去世，除非兩人辦的是冥婚，不然不可能在慈寧宮裡拜堂成親。

「皇父」這個稱呼，看上去駭人聽聞，其實最具有內涵的是「皇」字，「父」本身不值得大驚小怪，周武王曾經稱姜子牙為「仲父」，項羽也稱范增叫「亞父」。即使是從中國傳統的家族宗法中來說，叔伯輩的以同宗子弟為子也並不稀奇。

「皇父攝政王」這個稱呼背後所反映的，應該是多爾袞的權勢熏天和不可一世，而並非魯迅所說的「宮闈祕事」。

貳

常言道「花無百日紅」，多爾袞都給皇上當爹了，看他不順眼的肯定大有人在。

首先就是他手底下的基本盤，一母同胞的兩個兄弟——阿濟格和多鐸出了問題。二愣子多鐸在順治六年（一六四九年）四月染上天花（水痘）去世，而他的哥哥英親王阿濟格也開始看兄弟不順眼。

阿濟格想在多鐸去世後讓多爾袞把自己晉升為「叔王」，畢竟一共三兄弟，多鐸死了，就該更加倚重他，同時還想在北京城裡建一所大宅子，多爾袞有「南內」，但其他王爺住得比較湊合，北京城那時不大，阿濟格一張口就是二環以內的大別墅。

沒想到，兩個請求都被多爾袞駁回。拒絕前者的理由很簡單，因為「叔王」要輔政，多爾袞不想讓其他的滿族高層和漢族官僚集團建立聯繫，不然他所搭建的政治格局就不可控了。拒絕後者，純粹是害怕破壞風氣，古代修王府很燒錢，紫禁城裡面還有一堆建築沒修，總不能侄子還在保和殿裡湊合著，你這個叔叔就開始大興土木吧。

這麼一來，阿濟格就不滿了，心想你都給皇上當「爹」了，我這個名正言順的叔叔連個「叔王」都混不上，太欺負人了。再者說，你多爾袞住的是南內，站著說話不腰疼，其他地方還有若干別墅，我蓋間二環以內的房子你都不讓。

雖然多爾袞用強權壓制了阿濟格，但滿族內部已經有諸多人對他不滿了。

更關鍵的是，小皇帝福臨當年登基時就八歲了，當多爾袞從「叔父」到「皇叔父」再到「皇父」三級跳時，福臨正值青春期，逆反心理正強，糊里糊塗就多出一個爹，心裡肯定不樂意。

某種角度上，多爾袞和明朝的張居正頗有相似之處——都是主幼臣強，後宮有穩定的政治同盟，都在朝堂上說一不二。但張居正把「吾非相，乃攝也」吼得再響，說破大天也是個打工仔，這件事不光小皇帝清楚，滿朝文武加上後宮那位也清楚，因此大家「只把冷眼看螃蟹，看你橫行到幾時」，反正皇帝將來得親政。

而多爾袞直接給皇上當爹，有一層孝道在裡面，除非福臨想學李世民，不然這輩子不用想親政了，多爾袞那時還不到四十歲，正當壯年，真要是撐起來能把福臨熬到退休。

況且多爾袞和張居正比，最大的權力就是他手裡有「槍桿子」，順治五年，多爾袞收拾豪格後，把正藍旗拿到手裡，加上原本就有的兩白旗，勢力已經超過拱衛皇室的兩黃旗。

假如不出意外，多爾袞這個「皇父」就是穩如泰山，只是誰都沒想到，天有不測風雲，就在多鐸死後沒多久，順治七年（一六五〇年）十二月，多爾袞在一次出獵中，意外墜馬而死，這下子，清朝算是天塌下來了。

消息傳回北京，一時間，所有人都傻住了，這時多爾袞餘威猶在，喪葬待遇還是有的。根據《清實錄》載，當時福臨帶著文武百官在東直門五里外大哭著迎接多爾袞的靈柩，當夜，所有王爺和官員都參加守靈，其實就是按照皇帝的標準來走。

關於多爾袞到底算不算皇帝，歷史上向來有爭議，多爾袞的靈柩進紫禁城時，走的是東直門，說明還是按「臣」的身分歸葬。

多爾袞的意外身亡，讓他身後的「攝政王黨」很快樹倒猢猻散，沒過幾天，對多爾袞的清算就開始了。壓抑已久的兩黃旗大臣們可算是守得雲開見月明，之前索尼之類的兩黃旗骨幹都被打發到昭陵（皇太極之墓）守陵，現在風水輪流轉，像阿濟格這種自然會被清算。

阿濟格的罪名特別扯，多爾袞剛死時，他不知道是腦子壞了還是怎麼樣，第一反應居然是多爾袞沒了，該輪到我給皇上當「爹」了，開始琢磨著舉行兵變，隨後就被濟爾哈朗等老臣給做掉了。只不過謀反這種事無法直接拿出來說，所以給的罪名是「張蓋坐午門，坐以應得之罪」，意思是阿濟格在午門外搭「華蓋」休息，屬於僭越，畢竟只有皇上才能在紫禁城裡有「華蓋」。這種事估計不算冤枉，阿濟格都敢明目張膽向多爾袞要房子，做出這種二百五的事也不奇怪，拿這種人開刀實在太正常了。

處理完阿濟格後，清算工作陸陸續續進行了兩個月，新的議政大臣不斷補充進來。到了順治八年（一六五一年）初，在濟爾哈朗的帶領下，開始最後的決戰，即議定多爾袞的身後事。

多爾袞剛去世時，當時連諡號都定好了，叫「懋德修道廣業定功安民立政誠敬義皇帝」，廟號則是「成宗」，正經八百說，清朝應該是十三個皇帝，多爾袞有點像明朝的景泰帝朱祁鈺一樣。

只不過多爾袞正好和朱祁鈺反過來，朱祁鈺是死前就被哥哥奪權，下葬時沒有按照皇帝之禮，一直到南明時期才算被承認，因此《明史》按皇帝替他算上。而多爾袞則是死前大家都承認的皇帝，下葬時也是皇帝的名義，但很快這個名號就被福臨廢了。

順治八年二月二十一日，福臨以詔書形式頒布多爾袞的罪狀，內容很多，反正皇帝想整一個人，這個人必然是惡貫滿盈，多爾袞被剝奪生前的一切榮光，包括愛新覺羅氏子孫的身分，甚至遭到開棺暴屍的下場。

這倒不見得是福臨對「皇父」多麼深仇大恨，只不過兩黃旗的官員包括其他八旗高層執意如此，他們之中很多人過去幾年被多爾袞踢回東北，此時巴不得有機會報復回來，而福臨在之後的統治歲月中必須倚重他們，只好聽之任之。

一百多年後，乾隆帝弘曆把這事翻出來，感覺當時確實做過頭，替多爾袞進行平反，才把多爾袞的身分補在皇家族譜「玉牒」中，只不過皇帝的名號沒有予以恢復。

參

多爾袞死時，福臨已經十四歲。正常來說，古代男子有兩個成熟的標誌，一是成婚，二是戴上帽子行冠禮，前者往往早於後者。普通人行冠禮應該是二十歲，所以男子二十歲以前又叫「弱冠」，沒有加冠時，男子不具備作戰、參政和主導祭祀的權力。不過皇家一般默認是偏早，皇子到十六歲（虛歲）可以加冠，漢武帝就是這樣，先金屋藏嬌結婚，十五歲接漢景帝的班。

多爾袞被清算後，誰都不敢提「攝政」這件事，濟爾哈朗都沒放話，其他人肯定更不敢有意見，於是，福臨以十四歲的年齡正式親政，並開始學著處理政務，首先，就是得弄明白叔叔留下什麼給他。別管你是把「皇父」刨墳還是鞭屍，最起碼這個攤子你得接下。

人事上的問題，相對比較簡單一點。清朝前期政治比起明朝中後期來說，突出一個「快」字，如果看順治八年前兩個月的《清實錄》，感受會格外明顯，全都是誰被議罪，誰被晉升。

例如索尼就很典型，之前在東北為皇太極守陵，清理完多爾袞後直接被無罪召還，且官復原職，之後很快被晉升為「一等伯世襲，擢內大臣，兼議政大臣、總管內務府」，接近掌權者的等級。

這個過程中，福臨表明自己的態度，即使拋開私怨，他對多爾袞留下的這套政治體制也是不甚滿意。多爾袞說破大天也是「攝政」，需要讓滿、漢之間甚至滿、漢內部之間互不統屬，直接對他負責，這樣「皇父」的椅子才能坐得穩當。但福臨沒必要擔心這個，都是朕的人，怎麼高效怎麼來。

處理完人事問題後，福臨開始致力於政治運行體制的重修規劃。他直接問漢族臣子：「明時票本之制如何？」想琢磨一下明朝政務處理的流程。

太和門附近的廡房

明朝這套我們太熟了，一般是大臣們先遞摺子，給到會極門（後來的協和門，當時沒改名），會極門外頭就是內閣，內閣「票擬」後，由太監們送到宮裡，皇帝一般會親自批閱，合適就「批紅」發出（碰到不可靠的皇帝，這事一般是太監來看），不合適就寫出改正意見，拉回去重做。

福臨當即對這個流程提出看法，認為：「今各部奏疏，但面承朕諭，回署錄出，方送內院，其中或有差訛，殊屬未便。」現在我們的規矩是，各部門和我交流完了，回去擬成草案，再給到內院，其中很容易出現誤差。就好比我們用翻譯軟體一樣，把一段中文弄成英文，再把這段英文翻譯回中文，兩

段中文的意思可能有偏差。

其實福臨深層的擔憂是：這個規矩剛開始可能不要緊，但時間久了，會讓皇帝和執行者之間出現隔閡，難保不被「內院」這個中間商賺差價。再加上議政王大臣會議這樣的龐然大物在一旁盯著，皇帝的處境很尷尬，大事容易被反駁，小事則容易被欺上瞞下。

沒有內院行不行呢？也不行，皇上日理萬機，需要這麼一幫祕書。

思來想去，福臨想到一個辦法，就是中間商該賣還是得賣，但「廠家」和「顧客」之間必須常聯繫，這樣既能了解市場（實際情況），又能讓實際執行者感受到來自皇帝的關注。

基於這種思想，福臨在順治八年頒布命令：

「定王公朝集例。王以下、輔國公以上、一月三次大朝、照常集午門內諸王朝房。其五日朝期集太和門。」

什麼意思呢？簡單概括就是「大事大辦，小事小辦」。高級官員沒什麼事別天天過來早請示、晚彙報，你不嫌煩皇上還嫌呢。現在規定，一個月三次大朝，在太和殿集合，有什麼大事想和大家討論，在這裡說。正常情況下，大家就在午門內的朝房裡集合商量就好，沒必要麻煩皇上。

如果商量出個一二三來，每間隔五天，皇上會出太和門，你們從朝房裡出來，大家在太和門也可以說，這就是清朝「御門聽政」這一規則的最早雛形。

而且逢五朝會這個說法，其實不是福臨腦子一熱想出來的，而是參考漢族傳統的政治制度。早在唐朝就有，晚清學者震鈞考證，說這屬於「唐代之常朝也」，唐代的日常朝會就是五天舉行一次，清朝這個御門聽政基本上相當於唐代的「常朝」，也可以看作是清朝政治體制的一種「漢化」。

只不過唐朝走的是「三省六部制」，皇上還有「三省」制衡，到了福臨這裡乾脆「取其精華去其糟粕」，把適合皇帝專權的一部分拿過來，而捨棄其中的中庸制衡之道。

年僅十四歲的福臨，展現出遠超同齡人的政治智慧，在清掃完來自南內的陰雲後，太陽又重新高懸在紫禁城上空。掌控權力的福臨，做為清朝第一個在紫禁城中成長並執政的皇帝，將在這座皇城裡，上演獨屬於自己的悲歡離合。

一樹梨花的凋謝

經歷過幼年喪父、叔父攝政等一系列童年陰影後，親政的福臨以一套迅雷不及掩耳的政治組合拳，成功把握這個龐大帝國的核心權力。在某些方面，他與其父皇太極頗有相似之處——仁慈、堅定、富有創造力，在滿族人的長刀甲冑之下隱藏著一種漢族文人的情懷。

而冥冥之中，彷彿命運的輪回，福臨也將走上父親的老路，面臨類似的糾結：一面是未竟的事業，一面是逝去的愛情。

壹

順治八年，對福臨而言，絕對是他人生中最重要的一個年分，這一年中，他同時完成「成家立業」兩件大事，既親政乾綱獨斷，又在八月完成婚禮。

早在二月時，大臣們就張羅著想替皇上安排親事，畢竟一個連家都沒成的皇上直接親政，傳出去不好聽。但福臨很看重儀式感，心想真讓這群跟著我爺爺打過天下的老東西安排，說不定就搞成篝火晚會，就以

「大婚吉禮，此時未可遽議」為理由拒絕，拿了半年時間去籌劃準備。

當然，半年之內新蓋一座宮殿肯定不夠，這場大婚其實相當「湊合」。原本的設計可能是想按照明朝的規矩走（畢竟禮部的官都是明朝留下來的），可看了一圈才發現，巧媳婦難為無米之炊，不好意思，臣做不到。

正常來說，如果按明朝禮節走，皇帝的大婚會涉及紫禁城「前朝後殿」中的所有功能性建築（請參考《大明紫禁城》中明英宗朱祁鎮的婚禮），尤其是中軸線附近的乾清宮、坤寧宮等，但那時紫禁城的「後殿」部分壓根沒修繕好，只能把所有的儀式改在前朝舉行。

此外，要考慮到皇后的問題，福臨的親媽——孝莊老太太發揮博爾濟吉特氏一貫的傳統，在科爾沁部落中為孩子找了個侄女做兒媳婦，就是之前給海蘭珠迎親的吳克善的親閨女，福臨當了一回賈寶玉，要和表妹成親。

既然是自家侄女，孝莊太后肯定要出來撐場子，就要在婚禮中突出「皇太后」的戲分，既能體現皇上的「孝道」，也能讓未來的皇后在後宮裡有面子。

把建築和老太太的想法考慮進去後，已經快腦溢血的禮部官員最後給出皇帝大婚的最終流程。前面和明朝很像，皇后也得符合「臣道」，必須由皇帝先派人去冊封，冊封完後，皇后的儀仗隊才從皇后的家中出發。

差別從這裡開始，皇太后得先乘輦出宮，再從中道回保和殿。從後院到前面的保和殿，抬抬腿就到了，老太太幹嘛折騰呀，其中就是嚴苛的皇家規矩。

皇太后進前朝不能從後門進，這是鐵律。前朝後殿只有皇上能來回進出，後宮女性不能入前朝，就像前朝的官員不能去乾清門以內串門子一樣。皇太后若直接進保和殿，表示保和殿的功能從「前朝」變成「後宮」，這是性質上的轉變。

婆婆到位了，接下來該去接兒媳婦了。

如果按照正常禮儀，皇后的儀仗隊會一直到乾清門，禮部會在午門外再設一道禮儀〔午門於順治四年（一六四七年）修建完工〕，共同迎接皇后，從午門進太和門再轉西邊走，直接繞過「前朝」的三大殿，一直到乾清門。

到了福臨這裡，乾脆打個五折。儀仗隊到午門口就沒了，而且還不是正門口，得往邊上靠，停在協和門門口，皇后再從中門進。進來後，不用往後走，直接到太和殿，福臨就在太和殿的臺階上等著，本來應該是在乾清門門口等。

接著，大臣要在太和殿等著，皇上帶著新媳婦和一些王爺去後面向老媽磕頭，磕完頭皇太后就得出去，房子太少，保和殿還必須做新房。皇上必須再把老媽送出去，但不能出太和門，就送到這，之後不能再往前，皇太后得繞個圈，再從西側回後宮之中。

整個禮節比起後來清朝皇帝的大婚禮來說，簡單到簡直不像話，很多本來應該有的禮節都少了。例如大婚中原本應該有的「共牢而食，合巹而酳」，這裡就缺了；中原本來還有跨馬鞍的活動，這裡也沒有。總之一句話，這個婚禮受限於硬體問題，辦得非常「不合禮」。

婚禮結束後不久，福臨忍不住了，保和殿做為書房都不太合適，何況要拿來做主臥，自然是多有不便。鑑於此，年輕的天子理直氣壯地提出：朕要換房子。

貳

在清朝浩如煙海的史料裡，已經很難找到這次修建的開始時間，但可以零星地找到「以監修宮殿議敘」的字眼，說明這項工作早在順治八年就已經開始。

福臨很節儉，不像明朝後面幾位，修個房子最後把國庫修空，福臨「念財用而惜民力。特出內帑、無累百姓」，全是用自己的小金庫修，錢少就修得慢一點。不過即使這樣，還是有大臣說最近發大水，皇上你這邊動土，「考五行之數、土不能制水，則水濫」，所以皇上您這邊不能做了，得停一年。

這事要是換成朱元璋這種性格的皇帝，估計這位大臣就被誅九族填進地基裡去。不過福臨真的是好脾氣，你說不能做，那就算了吧，停一年，大不了再住一年保和殿。一拖再拖之下，整個工程斷斷續續，一直拖到好幾年後。

何況小金庫和國庫肯定不能比，原本福臨打算按照明朝的舊制，按理說已經算寒酸了。明朝的乾清宮部分都是萬曆之後修的，比起當年初建時規制用料上已經是有所不如，後期還受限於資金問題，削減規制。明朝的乾清宮和坤寧宮兩側都有三間石房，但順治時期因「銅鐵亦難採辦」，乾脆就取消了。

不得不說，苦難真是鍛煉一個人，打小受過苦的福臨很懂得勤儉持家，能幹就幹，不能幹也不硬來。

關於乾清門後的東、西六宮到底之前有多少建築，現在沒有統計，《清史稿》對現存的景仁、承乾、永壽等宮殿用的是「起造」這樣的字眼，說明是重建的狀態。之後也有「乾清宮、交泰殿、坤寧宮、乾清門、坤寧門立柱」的說法，看來李自成當年那把火非常狠，整個乾清門後面全都燒成白地。

修建工程一直到順治十三年閏五月，修完後的完工儀式能看成福臨的搬家典禮。特別是「後三宮」（乾清宮、交泰殿、坤寧宮）的交泰殿正式建成那天，文官三品以上、武官四品以上（從這能看得出來順治時期還是「武強文弱」）得在乾清門前集合，尚書要分別去祭祀東華門之神、乾清之神等神祇，以示尊重。

之後還要安置「江山社稷神位」在乾清宮前，也是由官員負責祭祀。這兩個神位現在在北京故宮乾清宮兩側的石階旁還可以看到，不是牌坊，而是兩座銅製的小亭子，一．三公尺高，一邊是「江山」，一邊是「社稷」。

兩個亭子的建立也是清朝的創舉，明朝沒有，屬於「前後不分」的例子。雖然皇帝最重視「江山」、「社稷」，但明朝「江山社稷」的事都不會涉及乾清門內的世界。維護江山社稷是皇帝的工作，工作就該在前朝談，不能放到後殿。福臨是把在保和殿的習慣帶到乾清宮，和他老爹皇太極在瀋陽時相同套路，工作、生活不分家。

宮殿建成時，福臨沒有馬上住進去。皇帝也要矜持一下，別搞得好像沒見過豪宅一樣，現代人裝修完還得去除甲醛*。再者說，光乾清宮建好還沒完，後宮要一起建成才算，像現在看到的鍾粹、景仁、永壽、承乾、翊坤等後宮建築，都是在這個時間完成的。

房子建好了，皇太后孝莊老太太第一個等不及。以前大家都湊合著睡，現在有了房子，肯定得把後宮的規矩建起來。就和幾個滿族老臣子商量，提出「宮殿不應久虛，妃嬪禮宜冊立」，琢磨著對各位妃子重新冊

* 編註：甲醛是一種無色，但具刺激性氣味的化學物質，因為黏合性高，可以達到防腐、保存等功效，被廣泛使用在夾板、塑化產品中。但由於對人體可能會誘發呼吸道方面的疾病，所以房屋裝修後，需要進行去除甲醛的程序。

江山社稷亭

封。

值得一提的是，這時福臨雖然年紀不大，皇后卻已經換過了。最早的皇后在順治十年就被廢掉了，而且是無故被廢，當時鬧得動靜很大，群臣上書勸阻。只是平時看上去好好先生的福臨這次一反常態，理由就是「無能」，屬於無故廢后，和明朝朱見深廢吳皇后的套路差不多。

福臨在數年後給出理由，認為皇后「雖朕舉動，靡不猜防」，天天疑神疑鬼，而且「朕素慕簡樸，廢后則癖嗜奢侈」，意思是這皇后太敗家了，不知道勤儉持家。理由都很充分，只不過那時福臨懶得說，就是不順眼，你們看著吧。

福臨在感情上和朝政上簡直判若兩人，百官面前是唐僧，一遇到愛情就是孫猴子，使勁往外掙扎。幸虧後宮裡還有孝莊太后這尊如來佛坐鎮，你不是要換嗎？可以，再給你換個博爾濟吉特氏，還是科爾沁，只不過升級了，上回那個算是太后的侄女，這個算侄孫女。

福臨一看沒轍了，他敢對大臣們齜牙咧嘴，卻沒膽子對老媽說科爾沁的我不要，否則腿立刻就被打斷。皇后的位子不能動，就在妃子身上想辦法，娶科爾沁部落不是滿、蒙一家親嗎？福臨乾脆玩把大的，來了個「滿、漢一家親」，納了一位漢族女子為妃。

參

很多人對福臨的愛情故事津津樂道，尤其是他和董鄂妃的故事，與皇太極和海蘭珠的愛情一樣，在清朝冰冷的政治史上是極富溫情的一筆。

只不過很遺憾，這個被納入後宮的女子並非董鄂妃，而是另一個女子石氏，石氏進宮，比董鄂妃來得早一點。我們現在無從考證石氏和福臨的感情到底怎麼樣，從當時朝局來看，石氏的父親石申是順治朝的吏部侍郎——這個位置在當時南北黨爭的氛圍下格外敏感，因為石申是河北人，北方漢人的領袖，做的又是銓敘部次長的工作。

如此說來，福臨娶石氏，其中政治色彩比較濃厚。《清史稿》幾乎沒有石氏的記載，唯一能知道的是她嫁給福臨後，被分配住在永福宮。但始終沒有正式封號，她和福臨之間也沒有什麼故事記載。

清朝的後宮中，這樣的女子永遠占大多數，進宮前或許帶著歲月裡的風情萬種，但進來後陪伴她們的只有各種制式的規矩和精美而冰冷的宮殿。和她們一比，董鄂妃就顯得非常可貴。

董鄂妃不姓董，也不是漢族人，而是道地的滿族人。「董鄂」或「佟鄂」是滿族裡的一個大姓。

清朝在努爾哈赤創業的過程中，許多大部族隨之融合進八旗之中，像兩黃旗大臣索尼所屬的「赫舍里氏」，以及董鄂妃所屬的「董鄂氏」都在其中，清朝皇帝的各個妃子乃至皇后，大部分是從這些部族裡選出來，算是一種清朝特色的貴族政治，一直到清朝滅亡，這種滿族內部大姓氏之間的通婚始終存在。

董鄂妃就是這種貴族政治下的產物，她是內大臣鄂碩的女兒，在清朝後宮中絕對算是「家世清白」。

野史中有人將之和明末名妓——「秦淮八豔」之一的董小宛混為一談，壓根不是那麼回事。董小宛是漢族名妓，比福臨大十四歲，除非他想跳過孝莊太后認乾媽，不然兩人沒有任何接觸的機會，他這輩子很可能還沒聽說過董小宛這個人，因為她很早就去世了。

此董非彼董，董鄂妃和漢族中的姓氏不存在任何關係，當時福臨的後宮裡不只一個「董鄂妃」，有三個妃子都是「董鄂氏」出身。而之所以會流出後續的傳聞，大概是專指的那位董鄂妃實在太過受寵。

董鄂妃進宮時，年紀才十八歲，被封為「賢妃」。《清史稿》的說法是她「能謹侍皇太后，獨為帝所寵」，不但把老太太伺候得很舒服，而且特別受皇帝寵愛。寵到什麼程度呢？就是做為「賢妃」的冊立詔書還沒頒發下來，福臨已經改主意了，又把她冊立為皇貴妃，並將她安置在東邊的「承乾宮」。

承乾殿這個名字和規制在明朝時就有，之前沒什麼特別出名的后妃在此居住過。清朝重修後，保留這座宮殿的名字，並在其牆外栽種漂亮的梨花，這一景色至今仍吸引無數遊人參觀。

梨花在春天開放，開得雪白而燦爛。對福臨來說，人生最熱烈的季節開始於順治十三年八月。就像父親皇太極與海蘭珠的愛情，他和董鄂妃也在嶄新的後宮中度過青春年少，且過著只羨鴛鴦不羨仙的生活。

後來回憶這段時光時，福臨每每想起自己和大臣爭吵後，董鄂妃總是勸他「諸大臣弗服，即何以服天下之心乎」；而在他懶於上朝時，董鄂妃也說：「願陛下毋以倦勤罷。」極盡賢內助的本分。更難得的是在孝莊太后生病期間，董鄂妃「伺顏色如子女，左右趨走，無異女侍」，簡直比保姆做得還細緻。在董鄂妃的打理下，紫禁城中難得出現「家」的感覺。

然而，天有不測風雲，再美好的梨花也經不起風雨的吹打。

唯一的兒子夭折後，董鄂妃在打擊之下一病不起。最終，順治十七年（一六六〇年）八月十九日，年僅二十二歲的董鄂妃香消玉殞，病逝於承乾宮中。

福臨珍愛的那朵梨花，只在他人生中開了短短一瞬，就隨著春天一同凋謝，隨之而來的將是徹底的黑暗。

承乾宮的梨花

肆

精神上的痛苦往往無法以物質滿足，福臨在董鄂妃去世後，變得鬱鬱寡歡，只能在佛教的宗教信仰之中尋得一絲解脫，進而麻痹自己。

滿族的宗教信仰在很長一段時間裡處在懵懂時期，和成吉思汗或忽必烈時代的蒙古族頗有相似之處。一場戰爭可以用一、兩年時間結束；一座宮殿或一座皇城也可以用十幾年的時間修建；可唯獨一個民族的精神信仰，無法用速成法建立，這也是游牧民族被迅速「漢化」的重要原因。

滿族最早的精神信仰，叫做「薩滿教」，起源很早，和蒙古人的「長生天」差不多，都屬於原始宗教。「薩滿教」是一種地緣宗教，和民族沒關係，東北地區很多民族都信這個，現在保存得比較好的是韓國，我們早些年看一些韓國小眾的電視劇，會涉及一些類似「跳大神」之類的場景，大多是薩滿教的儀式。

薩滿教做為原始社會宗教，幾乎不涉及哲學領域，在滿族內部，很快就淪為一種儀式感。這種無聊的儀式感在紫禁城中頗有體現，後面再評敘，不過無論如何，人很難透過儀式感慰藉心靈。這意味著滿族的上層階級需要一種新的宗教哲學去填補這個空白，這期間，做為皇帝的福臨選擇了佛教。

福臨信佛，不是從董鄂妃逝世開始，早在和兩人舉案齊眉時，福臨已經開始勸董鄂妃信佛，只是在董鄂妃逝世後，這種信仰上的寄託達到極致。

但還是像皇太極當年希望以事業麻痺自我一樣，「情」之一字，即使是人到中年的皇太極都看不開，何況正當青春年少的福臨，因此不到半年，順治帝福臨就一病不起，病逝於養心殿內。

就此，引發一個野史大案，即「順治出家」案。

福臨去世得太突然，而且太年輕，二十四歲，加上福臨素有信佛的習慣，當時就有人傳說，福臨是心灰意冷，假託去世之名，實則遁入空門，而且出家的地方都有了，就在五臺山清涼寺。

這個說法相當有市場，後來金庸小說《鹿鼎記》就採用這個傳聞。而炮製這個傳聞的，一個是福臨生前所信服的僧人「玉林」，在他的《玉林年譜》提到福臨在董鄂妃去世後有過出家的想法；而另一個則是之前提到的，明末清初的大詩人吳梅村。

吳梅村簡直是明末清初歷史傳說的頂級狗仔隊員，當年一首〈圓圓曲〉，算是把吳三桂賣國求榮的軍國博弈寫成好萊塢式盪氣迴腸的愛情史詩。而根據吳大記者最新的力作〈清涼山贊佛〉說：「可憐千里草，萎落無顏色」，千里草就是「董」，暗示董鄂妃之死，之後又寫「縱灑蒼梧淚，莫賣西陵履。持此禮覺王，賢聖總一軌」，暗示福臨為情所傷，出家了。

有頭有尾有邏輯，乍看似乎很有道理，但仔細一想，實際上經不起推敲。

首先從法理上就說不通，福臨一輩子最大的特點就是「孝」，捨棄皇位出家這種事，孝莊太后第一個不同意，再說了，就算真出家，也瞞不住消息，大臣絕對不同意。當年梁武帝就做過這種事，出家後大臣們不幹了，去寺廟裡把皇帝贖了出來，成為歷史笑談，清朝皇帝要是敢做這種事，大臣們能把寺廟直接炸掉。

再一個，史料上「順治出家」也站不住腳，拋開正史的記載不談，當時的翰林院學士兼禮部侍郎王熙，做為替福臨撰寫遺詔的親歷者，記載遺詔的內容十分清楚裡面福臨說了：「朕患痘，勢將不起，爾可詳聽朕言，速撰詔書，即就榻前書寫。」意思是福臨清楚，自己是患水痘而死，就是所謂的「天花」，那時沒有疫苗，這個病屬於絕症，沒得治，清朝皇室中很多人都因此得病。

漢族很少出現這個病，明朝時皇帝不怕，因為這個病和游牧民族的畜牧業有關，明朝皇帝裡，除了朱祁鎮，想和游牧民族見面都比較困難。而滿族雖然是游獵民族，但和蒙古族關係比較好，除了大舅哥就是小叔子，年年湊在一起，很容易被傳染，福臨很不幸，也中招了，至於這件事是不是和他本人精神恍惚、免疫力低有關，就不得而知了。

做為一個滿族人，福臨在出痘的那一刻，就已經知道宿命。這種心理上的恐懼，在一個二十多歲年輕人的身上，無疑非常大，在生命的最後時間，福臨卻表現出驚人的理智和勇氣，有條不紊地安排繼承人玄燁，並定了四位老臣做為輔政大臣，穩定朝局。

順治十八年（一六六一年）正月初七，這位沖齡即位，卻在壯年崩殂的皇帝，度過他人生中最後一個夜晚。他的存在像是那個時代的一顆流星，在瀋陽故宮的大政殿冉冉升空，劃過天塹一般的山海關，在紫禁城裡綻放出絢爛的光芒。在這個時代裡，清廷變成整個帝國的主宰，明末清初飽受戰火摧殘的時局，如中軸線上的紫禁城一樣，得到修復和重建。在福臨的身後，他的繼承者們將沿著這一格局繼續完善，建立起一套君王心目中真正理想的法度和朝堂。

第四章 盛世之基

皇帝成長日記

福臨走上父親皇太極的老路：在政治紛爭中脫穎而出，卻免不了壯年逝世的遺憾；而他的另一半命運則將被兒子玄燁繼承，這個八歲的孩子將接過父輩留下的龐大基業，在紫禁城中確立嚴格的規則，並建立起整整一甲子的統治。

壹

福臨的得病和去世實在太突然，最受打擊的就是孝莊太后，人生三大痛之一就是老來喪子，好不容易在多爾袞死後，娘倆過了幾年安生日子，沒想到噩夢來得這麼突然。皇帝就是紫禁城的天，福臨這一倒下，老太后就得像十幾年前那樣把國家扛起來，第一要考量的就是繼承人問題。

順治朝沒有太子這一說法，本來這個位子應該留給董鄂妃之子，沒想到夭折了（後追贈為榮親王）。臨終時，福臨想把皇位留給皇次子福全（皇長子早夭）。但這時，宮裡的西洋學者湯若望提出意見，建議把皇三子玄燁定為太子。

那時宮裡都被天花嚇怕了，玄燁小時候曾在皇宮外面的福佑寺裡「避痘」，小孩子免疫力低，沒承想怕什麼來什麼，小時候就被感染，只是幸運地活下來。一個人一輩子只會感染一次天花，之後就有抗體，等於小玄燁天生自帶金鐘罩、鐵布衫。

換皇上這種事不能賭，真要換個皇上，沒幾天再來個天花駕崩，估計清朝就離崩盤不遠，萬事得以穩妥為上，最後福臨和母親意見一致，定玄燁為皇太子，繼承大統。

這件事非常倉促，「玄燁」這個名字都是臨時賜予，懵懵懂懂之間，這個八歲的孩子成為大清國的主宰，與他父親當年的情況頗為類似，只不過經過福臨十年間的經營，清朝的政治格局已經明朗化。

福臨在走前，留下兩大政治遺產給兒子。

第一就是「上三旗」的設立和內政大臣的設置，當年清算完多爾袞後，為了限制八旗勢力，福臨把八旗分為「上三旗」和「下五旗」。皇上親自把握的兩黃旗，加上為了安撫多爾袞殘餘勢力的正白旗，組成所謂的「上三旗」，剩下五個就是「下五旗」，平時想調個兵都得聽上面的，喪失自主權。

槍桿子裡出政權，後面五個沒了槍桿子，政治權力自然就不存在保障，兩黃旗占了絕對多數，由此把原本的議政王會議變成所謂的「議政大臣會議」。看似只差幾個字，實則大不相同，議政王的意思是一個老闆帶著一群小老闆，本質上是公司裡的董事會。進了董事會的全是大爺，人家不是來幫你辦事，是來教你做事。

但議政大臣性質就變了，議政大臣本身門檻低，是替皇上辦事，資歷夠就可以進，不用非得是皇上的什麼親戚，順治朝後期，議政大臣會議非常活躍，算是國家的中樞機構。

在這個基礎上，福臨替兒子玄燁留下第二份政治遺產，即四位輔政大臣：索尼、蘇克薩哈、鰲拜和遏必隆。

這裡必須搞清楚，「輔政」和「攝政」是兩回事。順治朝時，多爾袞和濟爾哈朗叫攝政，什麼概念？就是政權從法律上和皇上沒有關係，和君主立憲制差不多，攝政王把文件遞上來，皇上只有蓋章的分，說得再過分一點，有時印章都不在皇帝手裡，摺子直接就進了攝政王府。

「輔政」就不一樣了，只能輔佐，皇帝就算真是個擺設，也不能把這個擺設搬開。而且輔政的大臣是四個，避免一家獨大，看來福臨也是對多爾袞有童年陰影，不希望自己孩子多個「皇父」。

這四個人裡面，索尼不用說，正黃旗的保皇派，鰲拜是鑲黃旗，在皇太極時代就出生入死，當年和索尼一起被多爾袞折騰得死去活來，絕對信得過。遏必隆也是鑲黃旗出身，等於四個人裡面，皇帝的「自己人」占了三個。

剩下一個蘇克薩哈比較複雜，正白旗出身，本來是多爾袞手底下的主力大將，在多爾袞被清算時反叛，福臨琢磨著千金買馬骨，就把他提到輔政大臣的序列裡，目的就是為了穩住正白旗。

福臨還是看得很明白，政治這種事，雖然號稱要把自己人搞得愈多愈好，但如果一眼望去全是「自己人」，肯定出問題，蘇克薩哈擺在那裡，就是當個兩黃旗的「敵人」，但又不至於威脅皇權。

這麼一看，小皇帝玄燁的皇位還是非常穩，沒必要像他父親那樣從小戰戰兢兢，而小皇帝的成長過程也將完整的在紫禁城中平穩地進行著。

貳

康熙帝玄燁的成長過程和所受教育，可以看成是中國封建時代帝王教育的典範。

一般的帝王教育得在兩個問題之間糾結：你想幹什麼，和你能幹什麼，如果出現偏差，就容易出問題。

明朝朱厚照就是一個例子，老爹朱祐樘一代賢君，就這麼一個寶貝，肯定是按帝王的標準去要求，劉健、謝遷、李東陽等幾個內閣大學士手把手地教著「四書五經」，奈何人家就是喜歡打仗，非得當「大將軍」，最後把自己玩進去。

這種事情在玄燁的奶奶（晉升為太皇太后的孝莊太后）看來，絕對不允許發生，從小在宮裡，玄燁就受到嚴格的教育。

電視劇《康熙王朝》裡，一上來演的就是玄燁在皇子時期，天還黑著，就乘著步輦到宮裡來學習，不說電視劇和歷史是否有出入，不過就這一段而言，大致上是可靠的。

清朝順治十年，玄燁剛出生時，福臨在宮裡設置「宗學」，就是愛新覺羅家族的內部學校，親王、貝勒等只要滿十歲都可以進來讀，滿漢教育都有，滿族教的是「滿術」，估計就是滿文加騎射這些東西，六年學制，畢業考試就包含這些東西；漢族講的就是「經史」，和明朝的「經筵」差不多。

設立這個學校的目的，很大程度是福臨鑑於當年教育缺失，最起碼在漢文化上沒有受到系統的教育，深感有彌補的必要。他曾沉痛地回憶說：「朕極不幸，無人教訓，坐此失學。年至十四，九王薨，方始觀政。閱諸臣奏章，茫然不解。」不知道當初多爾袞是不是別有用心，死活不讓侄子學漢家經典。福臨親政後，就把這塊補上，不能讓孩子們輸在起跑線上。

電視劇裡拍的是一個老師帶著幾個孩子學，這個有點假。「宗學」的待遇比這高太多了，規定是一個學生配兩個老師，滿、漢進士各一個，專屬的那種，不存在攀比現象。

不過當時玄燁還沒出生，之後在宮外避痘，應該七歲時才開始上學，畢竟《聖祖仁皇帝庭訓格言》裡，玄燁都說：「朕七、八歲讀之經書，至今五、六十年猶不忘。」這種誇耀自己記憶力的事肯定會提早說，可以推斷玄燁入學的時間和現在義務教育的入學時間差不多。

但論到學習的努力程度，普通人和玄燁接受的皇家教育相比就差太多了。

首先漢族文化得學，經史子集加起來，就是非常龐大的課程量。古代讀書和現在不一樣，現在孩子們文言文學習都是「反推」，理解後再背，背得容易忘得也快。古代都是熟讀成誦，純粹「死記硬背」，大量朗讀後才能說到背的問題，康熙二十六年的《起居注》裡，玄燁曾回憶「朕幼年讀書，必以一百二十遍為率，蓋不如此則義理不能淹通」，每本書起碼得讀一百二十遍，才能明白其中的意思。

清朝從順治、康熙兩朝開始，隨著打天下的任務完成，皇帝對治理天下，尤其是治理漢人這個問題的危機感很深。明朝為何能折騰將近三百年，不就是「四書五經」這套玩得很順手嗎？想明白這個體系，皇帝就得先弄懂，不然就和福臨剛親政時一樣，成了睜眼瞎子。

漢家的文化要有，滿族的騎射也不能落下。當年福臨在教育子孫時，沒有走全盤漢化的路數，而是主張「我朝原以武功開國，歷年征討不臣，所至克捷，皆資騎射……雖天下一統，勿一太平而忘武備，尚其益習弓馬，務選精良」，翻譯過來就是我們大清是馬上得天下，雖然現在用不著，但老本不能丟，別回頭看太平盛世，就忘了當初在深山老林裡打獵的本事，該練還是得練。

除了上面說的滿、漢兩族文化之外，玄燁還替自己加擔子，表現出對西學的濃厚興趣。

參

玄燁登基的過程比較「科學」，登基後，玄燁對西方傳教士，如湯若望、南懷仁等人帶來的西方科學很感興趣。玄燁到底何時開始接觸西學，目前時間已經不確定，不過他學西學的目的倒是很明確，緣於一場曆法之爭。

欽天監原本是個很厲害的部門，當年元朝時期元大都的建造者們如郭守敬等人，很多是這裡出來的。但從明朝開始，欽天監這個原本上知天文、下知地理的部門開始變得不太重要，朱元璋把宮裡很多冷衙門都搞成世襲制，欽天監的水準簡直不忍直視，說得好聽點叫不專業的天文學家，更直接點就差戴個墨鏡算命了。

明朝時，大家都習慣這群廢物划水，反正有了天災，皇帝第一個背鍋，輪不到欽天監的小雜魚。清朝進關後，沒那麼強的「天人感應」觀念，覺得這幫人能預測天象，真神。正好那時，西洋傳教士湯若望等人說自己能預測天象，還編了一套天文曆法《時憲曆》。

這下欽天監不幹了，我們做這一行那麼多年，你一個外來和尚居然敢在這裡鬧事。要是明朝，說不定這群西洋人就被內閣文臣們給踹了。開玩笑，還指著欽天監這群神棍嚇唬皇上，你們來湊什麼熱鬧。

當時的皇帝還是福臨，不信這個，大家光靠嘴沒用，明朝就是這麼亡的，得憑本事來。在滿洲上層的授意下，湯若望和欽天監的老大楊光先比劃一場，不用算什麼日食、月食，大家比賽測試太陽影子的長度，就在午門門口，大臣們集體參觀。

最後的結果不用說，湯若望尺子圓規往那裡一擺，立刻出來了，楊光先哪會這個，總不能拿個「仙人指路」的幡在那兒豎著，於是就被比下去。

宣武門教堂，由湯若望主持建造，其被誣陷下獄後一度被毀，康熙帝為其平反後重建

科學不夠，摺子來湊。楊光先開始上奏摺，這事楊光先做得可太溜了。正好那時趕上皇帝交替，一直信服湯若望的福臨逝世，楊光先就上了一封《請誅邪教疏》，裡面乾脆說湯若望「借曆法以藏身金門，窺伺朝廷機密」，等於把傳教士定義為「邪教＋間諜」。那時玄燁說了還不算，四個輔政大臣加上其他官員也不懂這個，大家靠摺子說話。

這回湯若望不知所措，耶穌和牛頓都沒教過政治鬥爭，他糊里糊塗地被下了監獄，雖然太皇太后發話，因此沒有當場處死，但老頭一把年紀，沒多久就死在監獄。

這件事應該給了玄燁很大的衝擊，在農業社會，曆法是非常關鍵的一種東西，朝廷裡卻沒一個人懂這個。他後來對孩子們說：「朕幼時，欽天監漢官與西洋人不

康熙御製鍍金量角規

睦，互相參劾……奈九卿中無一知其法者。朕思己不知，焉能斷人之是非，因自憤而學焉。」這真的是學霸才有的邏輯：我不懂，沒關係，那我就把這個搞懂。

玄燁對西方科技的學習，從小時候一直持續到晚年，涵蓋了醫學、數學、天文等多個科目，而且能夠做到學以致用。

在醫學上，從康熙朝開始，太醫院裡單獨設立「痘診科」，專門用來醫治天花，估計是童年陰影太強烈。玄燁引入牛痘接種的方法，而且先在宮裡普及後，再往外大規模推廣。之後還引入西藥「金雞納（奎寧）」，用來治療瘧疾。

數學和天文方面則是玄燁最初學習的動力，後來拜湯若望的學生南懷仁為老師，之後的傳教士們記載「帝雖年幼……尤酷嗜西學……欲懷仁為之解說利瑪竇神甫所譯歐幾里得《幾何》前六卷」，估計玄燁數學水準相當高，起碼某些方面參加高考問題不大。

後來他非常為此感到自豪，和當時民間數學家梅文鼎見面時，玄燁對其書中的一些問題表示「朕留心曆算多年，此事朕能決其是非」。

以上這些幼年時期的學習，都發生在紫禁城的懋勤殿內。現在一說清朝的皇家教育都在上書房，康熙時還沒這個說法，上書房是雍正時期才有的，康熙朝時，皇帝都在懋勤殿學習，就是乾清宮偏殿仁德殿的右手邊，玄燁在這裡度過六年多的學生時光。

這六年間，外朝的政治格局也悄然發生著變化，福臨臨終前留下的四位輔政大臣開始慢慢走向分崩離析的局面。

肆

順治帝留下的四個輔政大臣，排名是分先後的，索尼排第一，但年紀偏大，更多的是做為定海神針一樣的存在。蘇克薩哈和遏必隆分列二、三名，鰲拜排第四。

這樣一來，鑲黃旗出身的鰲拜和遏必隆肯定心裡不平衡。鑲黃旗當年歸多爾袞統領時，就被正白旗折騰，現在時代變了，蘇克薩哈轉手來一把賣主求生，還能混得風生水起，繼續壓在我們上面，太沒天理了，尤其是鰲拜，脾氣極大，雖然名列最後，卻是四個輔政大臣裡嗓門最高的。

再加上鰲拜本來就和皇太極打過天下，算是玄燁的爺爺輩，沒太把小皇帝看在眼裡，一朝權在手，就衝著蘇克薩哈開始下刀子，最典型的行為就是「圈地運動」。

這事如果一一列舉史實，就孩子沒娘說來話長了，不過概括起來比較容易理解。簡單說，當年清軍入關時，大家以「旗」為單位開始搶地盤，畢竟北方都被李自成打爛，河北一帶有很多荒地，被八旗搶占。

這些土地之中，兩白旗（尤其是正白旗）占的土地最好，畢竟多爾袞那時敢讓皇上叫爸爸，手底下的人肯定是多吃多占，搶的都是好地方，例如遵化一帶。鑲黃旗就差一點了，被分在今天河北省保定和河間一帶，土地有些貧瘠，沒辦法，分地的時候趕上。

到了康熙初年，鰲拜開始翻舊帳，說我們兩家把土地換過來怎麼樣。蘇克薩哈肯定不同意，先不說土地本身的好壞，正白旗在那邊住了快二十年，你鰲拜上嘴皮子碰下嘴唇就讓別人搬家，沒道理呀。

鰲拜說，那就講道理，讓朝野上下議一議該不該換地。

蘇克薩哈聽完這話恨不得給鰲拜豎十根中指，多爾袞都死了十來年，朝廷上哪還有正白旗的人。大學士班布林善等人都是跟著鼇拜混。四個輔政大臣裡，遏必隆和鰲拜都是鑲黃旗出身，索尼一把年紀，和鰲拜又是莫逆之交，等於朝廷就是鰲拜的主場，要是把圈地扔到朝廷上，能有支持者就見鬼了。

真要說起來，蘇克薩哈後面也不是沒有人，他當年踩著多爾袞的屍體投降，投的正是孝莊太后，就是說蘇克薩哈是「太皇太后黨」。但涉及兩黃旗這種政治基本盤，老太太無法開口幫忙，這是原則問題，順治、康熙兩朝皇帝都是兩黃旗誓死保上去的，太皇太后不可能寒了大家的心。

鰲拜吃定蘇克薩哈的孤立無援，開始痛打落水狗，等到康熙六年，索尼逝世後，鰲拜氣焰愈發囂張。當時蘇克薩哈沒辦法，上了一道摺子給玄燁說實在不行，輔政大臣我不幹了，去為先帝爺守陵。但就是這個言論，被鰲拜逮住了。

索尼臨終前，四個輔政大臣一起上了一道摺子，奏請玄燁於次年親政。鰲拜趁機說蘇克薩哈居心叵測，散播消極言論，「不欲歸政」，以大謀逆的罪名，把蘇克薩哈和他的一群手下處死。

這事剛報上去時，玄燁壓根不同意，但那時鰲拜狂到無邊無際。《清史稿》說他「意氣凌轢，人多憚之」，應該不是虛話，天天擼著袖子，站在玄燁邊上，二頭肌比玄燁的腰都粗，逼著小皇帝同意，最後把命令確定下來。

蘇克薩哈這一死，是個三方皆輸的政治結果。蘇克薩哈不用說，命都沒了；而鰲拜看似大獲全勝，卻已經犯了大忌，擺明車馬要和皇帝對幹。但最灰頭土臉的還是玄燁，做為即將親政的皇帝，被輔政大臣威逼，被迫殺掉另一個輔政大臣，非常有損皇帝威嚴。

坐在懋勤殿裡苦讀七年之久的玄燁開始意識到，人生的第一次大考來了，如果不能處理好鰲拜的問題，他在「皇帝」這門課將無法及格，這將是一個皇帝成長的必由之路。

伍

玄燁的判斷非常準確，康熙七年，玄燁正式親政後，鰲拜成為他乾綱獨斷最大的阻礙，「文武各官、盡出門下」，玄燁被拘束到「政令不出乾清門」的地步。

鰲拜敢這麼肆無忌憚，其實有賭的成分。他是三朝元老，加上兩朝的從龍之功，再加上朝堂上經營近十年的龐大勢力，敢賭太皇太后和玄燁不會冒大不韙對其下手。

但他沒有看到的是，即使拋開純粹的政治權力問題，他被幹掉也是個必然的事情，而且迫在眉睫。

第一，最要緊的就是政治路線問題。

無論是圈地還是換地，都是皇太極年代的思想。當年剛入關，大家思路還沒有緩過來，八旗上層都是撈一筆再走的想法，才有了所謂的「圈地」，說白了就是非法強占土地，能被群眾認可才怪。

順治朝時，福臨就明令禁止圈地，且多次強調「將前圈地土、盡數退還原主」，這事多爾袞攝政期間都不做，因為太短視，滿族人種地哪能和漢族農民比，收稅不好嗎？結果鰲拜愈活愈回去，和正白旗換地時甚至公然提出，如果置換的土地數目有差距，可以多圈點補上。

國家的輔政大臣居然帶頭開歷史倒車，這種倒行逆施的行為如果不及時制止，估計清朝離回東北老家也不遠了。

再者，從「圈地」這事可以看出，鰲拜真正觸動的是順治時期有利於統治的新政。後來鰲拜被議罪，其中很重要的一條就是「世祖罷明季三餉，四輔臣時復徵練餉，並令併入地丁考成」。

什麼意思呢？明朝搞得天下大亂最主要的原因，就是在「萬曆三大征」後，萬曆皇帝朱翊鈞加征「三餉」，老百姓過不下去了，才有了李自成等人的造反，順治朝就把三餉廢除，穩定人心。但鰲拜這群人吃相太難看，又開了一個「練餉」，還和農業稅放在一起徵收，不就等著讓老百姓罵娘嗎？

所以說做掉鰲拜是個刻不容緩的事情，玄燁要是真學司馬懿一忍再忍，清朝就玩完了。以前是福臨運氣好，趕上多爾袞暴斃，提前親政，玄燁可不敢賭鰲拜的壽命，必須找對方法，一擊致命。

玄燁年紀不大，看問題卻很準，他算是看明白了，鰲拜哪怕再手眼通天，也不姓愛新覺羅，這是和多爾袞最大的區別。說得再難聽點，鰲拜是鑲黃旗人，是皇上的「家臣」，其實就是老奴才，對付他得先用「家法」。

宮外的力量指望不上，玄燁在宮裡安排一群同齡的小夥子，天天在那邊練摔跤（滿文叫「布庫」），後來玄燁單獨在禁衛裡設「善撲營」，當時應該是掛在「羽林衛」下面，都是一些貴族子弟。練了一段時間後，玄燁覺得差不多了，就問手底下這群打手：「汝等皆朕股肱耆舊，然則畏朕歟，抑畏拜也？」大家都是熟人，你們是怕我，還是怕鰲拜呢？小夥子們都是一群官二代，一看皇帝都說得這麼清楚，馬上拍胸脯表示：「獨畏皇上。」

萬事俱備，康熙八年五月十日，玄燁把鰲拜叫到皇宮裡，召見的地方，有人說是武英殿，當然也有可能是乾清宮，剩下的事就順理成章了。主場作戰的玄燁一聲令下，幾個少年就把鰲拜擒住。

拿下鰲拜兩天後，五月十二日，朝廷頒布《康熙帝欽定鰲拜等十二條罪狀諭》，之後變成二十大罪狀，鰲拜的黨羽，如班布林善等皆被處死，反倒是鰲拜由於「效力年久，迭立戰功」，被饒了一命。

年僅十六歲的玄燁，懷揣著經略天下的志向，正式從懋勤殿中畢業，開始真正做為皇帝的生涯，而他不知道的是，帝王之學對他的大考，才剛拉開序幕。

乾清門外立規矩

書齋裡六年磨一劍的康熙帝玄燁，在康熙八年（一六六九年）一舉拿下權臣鰲拜，無論是在紫禁城的前朝還是後宮，玄燁都成為毫無爭議的主宰。然而，此時距離清朝入關已過去近二十年時間，一場新的危機正在帝國之中醞釀。除掉鰲拜後的十幾年裡，紫禁城將見證玄燁如何從初出茅廬變成一位真正的皇帝。

壹

俗話說，攘外必先安內。解決鰲拜的問題，不意味著政治權力鬥爭的大結局，玄燁必須建立自己的政治基本盤，才能把控住朝局。荀子說得好：「君子生非異也，善假於物也。」紫禁城這麼大，單靠皇上一個人控制不了，信任誰，依靠誰，讓哪些人圍著自己轉，才是政治上長治久安的奧祕所在。

玄燁的祖父皇太極憑藉著兩黃旗的赫赫戰功登上皇位；父親順治帝福臨則是依靠著兩黃旗的誓死效忠和廣大的漢人官員群體，推行新政。到了康熙朝，他所反對的鰲拜團體是滿族老傳統代表，玄燁自然要恢復父親的政治思路，既要團結滿族的中間派，也要取得漢族文人官僚的支持。

在滿族內部，玄燁首先採用聯姻的思路，和首席輔政大臣索尼的孫女（赫舍里氏）結婚，這是個很強烈的信號。對內來講，這是告訴貴族，皇上和你們是一家人，有了聯姻，就說明進了這個圈子，君臣之間談事情，總比不上姊夫和小舅子之間閒聊。

而對外來說，這是從皇太極以來，皇帝第一次沒有娶蒙古族的女子為正宮皇后，說明太皇太后也看明白了，清朝現在是內部問題大於外部問題，沒必要死抓著蒙古族不放。

玄燁和赫舍里氏的婚禮在坤寧宮舉辦，在清代，皇后不住坤寧宮，坤寧宮仿照瀋陽故宮的清寧宮（皇太極住的地方）進行改建，變成一處祭祀的場所，明、清兩代的紫禁城對比中，坤寧宮的改建可能是與前朝相比變化最大的存在。

《清史稿．吉禮》說：「坤寧宮祀神昉自盛京……世祖定燕京，率循舊制，定坤寧宮祀神禮。」愛新覺羅家族搬進紫禁城後很頭疼，紫禁城舊有規制沒有祭祀薩滿神的地方，就定了坤寧宮的西暖閣做為祭祀場所。

但這樣一來，新的問題又出現了，根據禮制，皇帝大婚離開坤寧宮還不行，最後湊合一下，就在坤寧宮的東暖閣舉行婚禮。

請注意，是在這裡舉行婚禮，不是說皇后就住在這裡，清朝皇后比較平民化，和其他后妃一樣住在東、西六宮裡，只不過結婚第一天晚上，得在坤寧宮裡面住。清朝只有皇帝大婚才能在坤寧宮裡舉行，如果繼位之前已經結婚，不好意思，皇上無法在裡面浪漫一波，哪怕是重新冊立皇后也不行。

婚禮這天很有意思，除了像之前說過順治大婚的流程之外，還有滿族特有的「吃肉」習俗。滿人的習俗在入關二十年後，大多被漢族同化，但就像清代學者震鈞所說：「滿洲之禮，惟婚、祭二禮，不與世同。」

在滿族的婚禮上，大家都流行吃肉（凡滿洲貴族家有大祭祀，或喜慶，則設食肉之會）。

這個肉很有講究，必須是黑豬肉，純淨無雜毛的那種，白水煮開，就在坤寧宮裡煮，什麼都不加，十來個人席地而坐，圍成一圈，然後開始分肉。一塊肉約十來斤重，分到每個人手裡約一斤出頭，也不用筷子，用銅勺吃，不加任何調料，能吃進去的確實不是一般人。

在婚禮上，這個肉除了祭祖宗和神靈之外，一般會和參與婚禮的滿族貴族們分食，算是聯絡政治感情的一種方式，大家一起陪著皇上啃過豬肉，感情肯定不一樣。

分肉這個禮法，從清代文化的層次來說很值得探討。乍看覺得滿族人真野蠻，大鍋白水煮白肉，一個人一斤多豬肉抱著猛吃。事實上，這種套路更符合漢族傳統文化的「古禮」。

《論語》裡孔子就吃這個，而且非常講究，「失飪，不食」，煮得不好不吃，「割不正，不食」，還必須得割得方方正正，否則也不吃。漢初的宰相陳平當初在家鄉出名，就是因為他分肉分得很均勻，說明這孩子「懂禮」，被人看重。這麼一看，清朝在坤寧宮婚禮上舉行的分肉儀式，其實和中國傳統的漢家文化源出同流。

後世經常討論的問題之一是，為什麼忽必烈大權在握三十多年，積極推行漢化，還是沒教會蒙古人拿筷子。大清入關二十年，皇上還沒怎麼樣，就有大批的滿族官員和漢族打成一片，歸根結柢是這種文化上的認同感很強。

以吃白肉為例，後來替乾隆皇帝修《四庫全書》的紀昀（民間稱呼為紀曉嵐），就很愛吃這種白水豬肉，從側面來看，未嘗不是文化融合的一個典例。

貳

好吧，扯遠了，讓我們把鏡頭從坤寧宮的婚禮上轉過來，看看玄燁之後的政治連環拳。

搞定鰲拜後，玄燁在吃豬肉的這幫好親戚裡，挑了兩人重點提拔，一個是索額圖，做為內大臣；一個是明珠，做為左都御史，幾年後升為兵部尚書。

這兩個人之中，索額圖的分量明顯更重，他的老爹就是之前的首席輔政大臣索尼。索額圖是當今皇后的叔父，輩分算起來比玄燁大。

索額圖一開始是玄燁的侍衛，根紅苗正的自己人，之後又是親戚，康熙七年（一六六八年）時，索額圖已經當到吏部侍郎，辭職不幹，非得當侄子玄燁的侍衛。在除鰲拜的過程中，負責送信讓鰲拜進宮的就是索額圖。畢竟是老長官的孩子說鰲叔叔，皇上請您進宮一趟，鰲叔叔傻傻地就去了，這一進去就沒出來。算下來除鰲拜這份功勞，第一就是索額圖，當年吏部侍郎都看不上眼，圖的就是幹一票大的。

康熙九年（一六七〇年），玄燁裁撤所謂的「內三院」，重新沿用明朝大學士的說法，一共六個大學士，只不過沒有首輔，不然龍椅上指不定坐著誰。從中和殿開始，大學士以此往後排，保和殿緊跟在後面。康熙九年，中和殿大學士是圖海，老好人一個，順治時代的老文臣，索額圖名義上排第二，但實際上已經是滿朝文武之首，漢族人一般文臣不兼任武職，滿族都是通吃，索額圖在軍隊裡還掛了頭銜。

再一個，清朝大學士雖然沒成為明朝內閣那樣恐怖如斯的機構，但也沒有明朝內閣那種條條框框，大學士可以直接兼職尚書，索額圖擔任的就是戶部尚書，從某個角度講，康熙對這位索叔叔是絕對信任，槍桿子、筆桿子和錢袋子都給了索額圖，他成為實質上的「宰相」。

明珠起步稍微晚一點，論親戚算是玄燁的姑父，明珠的媳婦是英親王阿濟格的女兒，他是葉赫那拉氏（葉赫部的後人），一直在宮廷的儀仗隊裡當侍衛，屬於愛新覺羅家族絕對的「自己人」，康熙三年（一六六四年）時，被調任為內務府總管，和現在的總統府祕書長差不多，康熙七年後，從宮內走到前臺，擔任刑部尚書兼經筵講官，前途不可限量。

看上去明珠掌握的是司法機構，為人應該非常暴躁，實際上明珠是滿族少有的文化人。我們一說明珠，沒幾個人知道，但說到他的兒子納蘭容若（納蘭性德），讀過國文課的都能知道，清朝極少數能在中國文學史上拿得出來的文人，據說曹雪芹寫《紅樓夢》，賈寶玉的形象就來自於這位納蘭公子。

兒子厲害到不行的文學天賦，當然來自家庭的培養，明珠做為文人的素質相當高，這些滿族文臣的崛起，很大程度上給了玄燁整頓朝政的信心。他的父輩（福臨）和祖輩（皇太極、多爾袞）都不可避免地涉及一個問題：有能力的和信得過的，你總得有所取捨。

玄燁的回答是：我全都要！

清朝從康熙朝後，滿族不說自身戰鬥力差到什麼樣，但文武大臣都能有拿得出手的人物。這樣的好處是，皇帝用人很放心，自己人能用，我為何非得看漢族臣子的臉色。漢族臣子和皇帝之間是純粹的「君臣關係」，說白了就是「食君之祿，忠君之事」，拿了工資做事。清朝皇帝特別看不慣這一點，覺得明朝就是這麼沒了，一群人光在那裡耍嘴皮子，拿了錢也不一定做事。

滿族人就不一樣，《養吉齋叢錄》記載：「八旗官員奏對，自稱奴才。」後來魯迅在文章裡也講：「像清朝的官員，滿族可稱奴才，漢族卻不可。」什麼是「奴才」，其實就是「家臣」。這種人皇上用得最順手，像玄燁收拾鰲拜，就沒誰敢出來囉嗦（可能囉嗦的都死了），畢竟「此朕家事」，爺收拾自家奴才，你們管不著。透過索額圖和明珠這兩「奴才」搞定人事權的問題後，玄燁著手對上朝的禮儀進行整改。

參

順治朝時，有個「御門聽政儀」，在康熙年間，被玄燁發揚光大。

玄燁親政的第一天，就是在乾清門上班，而且表示「嗣後日以為常」，以後都這麼做，說明「御門聽政」這個規矩雖然順治朝已經有了，但到底是哪個門還不是很確定，可能福臨比較不受拘束，覺得哪裡都行。再加上到了順治朝後期宮殿才建成，之前聽政都有慣性，不適合再做硬性要求，當年婚禮都能在保和殿裡湊合，其他事情就隨意了。

不過玄燁一上來，很敏銳地意識到，這是個權力調整的空白機會，鰲拜是個大老粗，不懂這些規矩的微妙之處，給玄燁留了這麼一個機會，從此之後，「御門聽政」成為康熙朝常備的朝政處理制度。

在《大清會典》的〈禮部．聽政儀〉裡，對這一段講得很詳細，即「凡御門聽政，每日皇上御乾清門，設榻於門之正中，設章奏案於御榻之前。部院大小官員，每日早赴午門外齊集」，倒是和明朝乃至順治朝的朝會禮儀差不多，在乾清門擺一張床（大號椅子），然後大小官員在午門外集合。

不一樣的是，明朝那個真就是花瓶，不辦事，四品以下所有官員在午門外面罰站兩小時後走人，真正有事都走通政使司再遞到內閣，內閣再送宮裡「批紅」。玄燁不是這樣，而是做為一道單獨的程序，先讓官員把摺子遞上來，他看過後再給大學士處理。

官員們就不用在午門外頭一直等，可以輪流從中左門進來，再從後左門到乾清門，大致的順序是「部、

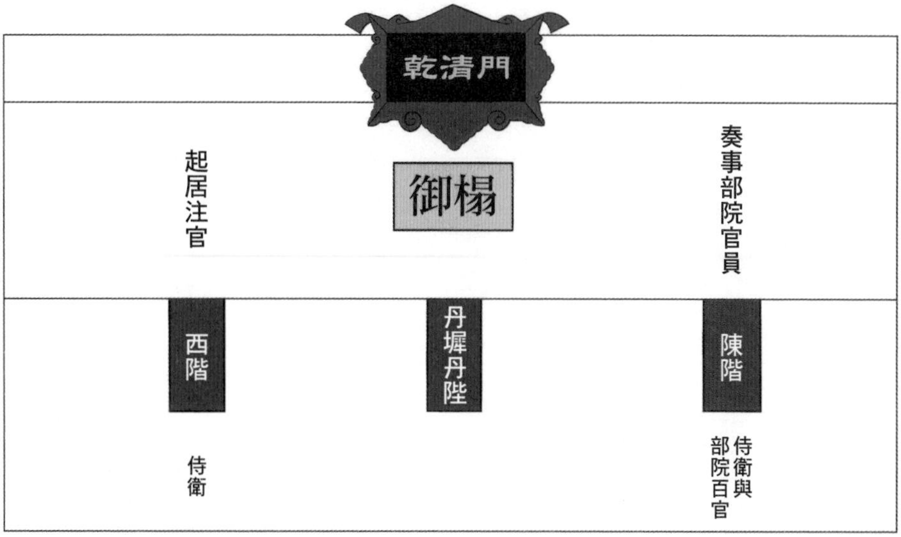

清朝官員上朝示意圖

院、寺、監」，先是六部；六部彙報結束，之後是各個「院」，例如處理外交的「理藩院」，負責監察的「督察院」等；後面就是「寺」，不是一群和尚，而是正經八百的衙門，如負責司法的「大理寺」，負責飲食的「太常寺」；最後是各種不起眼的「監」，之前算命的欽天監就是其中之一，平時沒什麼大事，就是說說昨天火星位置有變化之類的事，這種事玄燁就會算，都懶得搭理。

官員上奏時，不是像電視劇裡那樣站在皇帝的正下方，而是從東邊走上來，走到御榻邊上，朝西對著皇上，彙報完再原路返回，西邊不能去，那是起居注官員待的地方，負責替皇帝記錄。不難想像，清朝皇帝御門聽政應該很隨意，起碼不是正經坐著，不然必須歪著頭九十度看臣子，很可能落枕。

而且清朝上朝的時間人性多了，可能是皇上自己懶，把上朝的規矩改了，以前明朝官員上朝時間偏早，四、五點就開會，之後還不耽誤吃早飯，玄燁改成「春夏於卯正一刻，秋冬於辰初一刻」，春、夏兩季大約是六點十五分，不錯了，起碼看到天亮，秋、冬兩季更是放緩到七點二十八分，基本上讓官員擺脫「起得比雞早」的命運，這種事皇帝其實比大臣辛苦。

即使是這樣，照樣有人叫苦，六、七點打卡是高三學生的標準，誰受得了天天高三呀。清朝京官的住房待遇比明朝差一些，清朝王爺都在京城建房子，搞得京官都恨不得在五環開外租房子，也沒地鐵，上班通勤時間很長。

有個大臣叫趙時楫，代表同事們和老闆談判，說：「諸臣每夜三更早起，朝氣耗傷，未免日間辦事，反難精密。」意思是上班時間太早，影響工作效率，您看著吧。玄燁沒理他，之後又有人提議，把「御門聽政」這個規矩改一下，「或以五日，或以二、三日為期」，別天天搞這個，兩、三天或三、五天來一回行不行？

玄燁怒了，心說這幫打工的做什麼都不行，偷懶第一名，馬上表示：「念致治之道，務在精勤。勵始圖終，勿宜有間。」翻譯過來兩個字：別想！不過資本家也必須講點人性，最後玄燁稍微妥協，「每逢大朝之期，及大雨、大雪」、「或遇大寒大暑之日」，可以暫緩聽政。

玄燁非常清楚，「御門聽政」這個規矩，看似每天打卡，有時甚至會降低行政效率，但這項措施做為規定一經確定後，君主集權立馬加強，從御門聽政這個流程可以延伸出奏摺制度等一連串的政治改革。

我們說臣子遞「摺子」給皇上，這個說法其實不嚴謹，嚴格地說得叫「題奏本章」，簡稱「奏章」，分為兩種，一種叫「題本」，另一種叫「奏本」，臣子正常上書給皇帝，一般就用這兩種。除此之外還有一種是「表」，和諸葛亮〈出師表〉一樣，平常沒什麼事不用，過年時群臣會給皇上寫一封「賀表」，上面全都是沒營養的吉利話，當鞋拔子都嫌硬，嘉靖皇帝朱厚熜當年特別愛這一口，三天兩頭折騰手底下的大學士寫，其他皇帝接過來就扔一邊。

而「題本」和「奏本」的區別則體現在用途上。正常六部大員，以及各地軍事長官給皇上的都是「題本」，偏正式一點，不能瞎寫，皇上張眼一看沒什麼問題，直接就可以做為正式文件下發。

什麼人用「奏本」呢？告狀的可以。例如御史和給事中這種官，沒事做就開始打小報告，皇上，我覺得誰和誰不厚道。這種東西肯定不是正式文件，大多是「奏本」，電視劇裡官員之間相互彈劾，肯定是「奏本」，屬於私人性質，告老還鄉也屬於這個範疇。再有就是提意見給皇上，像翰林院那群學生，平時要彰顯一下存在感，必須為皇上出謀劃策，也得用「奏本」。

而所謂奏摺的「摺」字，就是從「御門聽政」發展過來，皇上看完文件後，會對其中不滿意的「題奏本章」上面摺角，打回去讓內閣（之前為「內三院」）重新整理。這些被「摺」的文件，還會再次出現在御門聽政上審核。

一來一回，實際上朝廷內外關係，全都掌握在皇帝手裡。定好規矩，把握人事權後，玄燁的目光開始向紫禁城外看去，在遙遠的西南，帝國巨大的危機已然到了必須要處理的關頭。

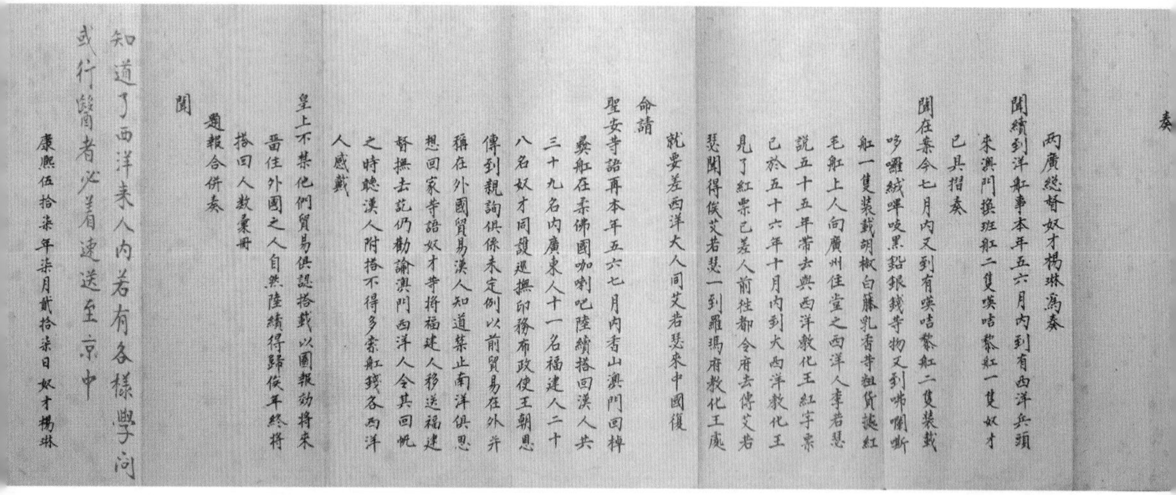

奏
兩廣總督奴才楊琳爲奏
聞續到洋船事本年五六月內到有西洋兵頭
來澳門换班船二隻暎咭黎船一隻奴才
已具摺奏
聞在案今七月內又到有暎咭黎船二隻裝載
哆囉絨嗶吱黑鉛銀錢等物又到咈蘭哂
船一隻裝載胡椒白藤乳香等粗貨據紅
毛船上人向廣州住堂之西洋人李若瑟
說五十五年帶去與西洋教化王紅字票
已於五十六年十月內到大西洋教化王
見了紅票已差人前往都令府去傳艾若
瑟聞得俟艾若瑟一到羅瑪府教化王處
就要差西洋大人同艾若瑟來中國復
命請
聖安等語再本年五六七月內香山澳門回棹
夷船在柔佛國咖喇吧陸續搭回漢人共
三十九名內廣東人十一名福建人二十
八名奴才同護理撫印務布政使王朝恩
傳到親詢俱係未定例以前貿易在外并
稱在外國貿易漢人知道禁止南洋俱思
想回家等語奴才等將福建人移送福建
督撫去訖仍勸諭澳門西洋人令其回帆
之時聽漢人附搭不得多索船錢各西洋
人感戴
皇上不禁他們貿易俱認搭載以圖報効將來
留住外國之人自然陸續得歸俟年終將
搭回人數彙冊
題報合併奏
聞
知道了西洋來人內若有各樣學問
或行醫者必着速送至京中
康熙伍拾柒年柒月貳拾柒日 奴才楊琳

康熙朝朱批奏摺

乾清門

太和殿外平三藩

玄燁圍繞著乾清門做的一系列文章，絕不能看成是一位君主權力欲的發作，而是清朝數代君王對明朝晚年弊政的總結。從努爾哈赤一直到多爾袞，他們大多親眼見證一個龐大的帝國晚年乏力而淒涼的苟延殘喘，時代變遷，紫禁城裡換成自家人，肯定得「悟已往之不諫，知來者之可追」，絕對不能出現皇上在北京城吆喝，滿朝文武無人搭理的情況。而手握生殺大權的玄燁，終於可以騰出手腳實現自己的規劃和抱負。

壹

俗話說，攘外必先安內，內部矛盾解決了，玄燁開始著手解決外部矛盾。這個矛盾和明朝時一樣，即藩鎮問題。清朝的藩鎮，和明朝不同。

明朝的都是同姓的王爺，只不過一個個手握軍政大權而已，到明朝滅亡，也不能說完全解決了這幫王爺，只不過明朝早期，這群王爺都是拿槍（朱棣就很典型），後來感覺動刀動槍打不過中央，開始琢磨著摟錢，明末被做成「福祿宴」＊的福王就是這樣，平時死摳，最後因摳而死。

清朝不一樣，貴族都養在京城裡，北京二環以內的房價全是這些王爺貝勒們炒上去的，八旗子弟天天在京城裡鬥雞、遛鳥，除了糟蹋錢，別的沒問題，再說了，就是糟蹋錢，京城王爺的「炒房團」也無法和外地王爺的「圈地運動」相比，明朝王爺一開口，半個河南省的地沒了。清朝真正的「藩鎮割據」，來自南方的漢人軍事集團。

多鐸一腳把南明政府踹了以後，南方開始遍布各種散兵游勇，打著各種旗號搞武裝鬥爭，「復明」不知道是真是假，抗清是必然的，八旗軍那時忙著圈地，再加上對南方地形不熟悉，就把「宜將剩勇追窮寇」的任務交給一些入關前的漢人降將，這些人在軍功積累之下，成為一批大軍閥，包括「平西王」吳三桂、「靖南王」耿精忠和「平南王」尚可喜等人，合稱「三藩」。

其中最典型的，就是幫清朝打開山海關的吳三桂，被封為「平西王」。吳三桂在順治朝末年，清剿南明勢力，一路追到雲南，最後把南明的永曆皇帝勒死在昆明。到了康熙初年，鰲拜這些人沒腦袋，覺得兩黃旗在河北圈地就挺好，以前在東北那旮旯待著，現在來到河北，真爽，什麼四川、貴州、雲南都沒去過，吳三桂想要就給吧。

如此一來，吳三桂愈發囂張，仗著軍事特權不過期，開始在南方各省大肆安排自己的官員，號稱「西選」，特別是雲、貴兩省，就是吳家的大本營，嚴重影響中央政府的集權，後面鰲拜他們反應過來時，已經有點處理不了，吳三桂琢磨著想「家西南」，世代鎮守於此。處理這個歷史遺留問題的任務，落在康熙帝玄燁的身上。

玄燁心裡苦呀，心想這都什麼世道，先是鰲拜，又是吳三桂，爺爺輩的人怎麼老和我作對呢？沒辦法，攤上了，硬著頭皮做吧，開始和索額圖及明珠等人商量「削藩」的對策。

事情的轉機出現在康熙十二年（一六七三年），「平南王」尚可喜覺得年紀大了，想回遼東，自己上書請求撤藩，榜樣都出來了，吳三桂和耿精忠也掛不住，假惺惺地上書，說我們也可以撤。

自請撤藩的奏摺一上來，清朝上下都不淡定了，都知道這是最後通牒，你要是不同意，就默認平西王藩鎮的合法地位，以後更無法處理。但點頭行不行呢？肯定不行，用腳趾頭想都知道人家是客套，你敢點頭，人家就敢造反。最後這摺子擺到議政大臣會議上，沒人敢接手，出頭鳥先死。

玄燁的態度很堅決，「撤亦反，不撤亦反。不若及今先發，猶可制也」，先下手為強，現在不動手，以後更沒轍，你們都沒膽負責，那我來吧。於是下了「特旨」，同意吳三桂的撤藩請求。吳三桂一把年紀，腦溢血都犯了，心裡狂罵玄燁這熊孩子不守規矩，哪有這麼直接的。兩邊這回撕破臉，吳三桂不造反都不行，要不真回家養老。

吳三桂動手了，當年十一月就殺了雲南巡撫朱國治，並厚顏無恥地號稱「原鎮守山海關總兵官，今奉旨總統天下水陸大元帥，興明討虜大將軍」，這名字可太有喜感，山海關就是您老人家打開的，後面還跟了「興明」，不知道興的是哪個「明」，反正不姓朱。不過吳三桂不管這個，匆匆宣布改明年為「周王」元年，然後拉上福建的耿精忠和廣東的尚可喜，正式反叛。

＊編註：李自成割福王朱常洵的肉，和皇家園林裡的梅花鹿一起烹煮，分而食之，被稱為「福祿宴」或「福祿酒飯」。

貳

這時距離清軍入關才不過三十年，中國人講究三十年為一世，也就是說好多人父輩和祖輩的觀念裡還是大明的江山。再加上吳三桂這一忽悠，前朝遺老一起發力，馬上就給年輕的玄燁一記好看。

吳三桂豎起反叛的大旗後，除了名義上的「三藩」外，還有孫延齡在廣西作亂，羅森在四川舉兵，到最後，連康熙信任有加的「馬鷂子」王輔臣都在陝西反叛，最扯的是，北京城裡居然有人打著「朱三太子」的口號煽風點火。一句話，當時的大半座江山都在反清復明，愛新覺羅氏面臨著入關以來最大的統治危機。

下旨一時爽，全家上戰場。眼看戰火燒遍五湖四海，年僅二十的玄燁當時一上火，本來想御駕親征，卻被一群叔叔大爺們阻止，意思就是您老貴為天子在紫禁城運籌帷幄就行，別像太祖皇帝一樣被人家一炮給轟了。

冷靜下來的玄燁琢磨過來，大清朝什麼都缺，就是不缺能打仗的，當年在東北靠著一個部落都把明朝皇帝趕到緬甸，我手裡起碼半壁江山，虐你一個吳老頭子還是綽綽有餘，只要自己穩住不亂就行。

玄燁使出了兩記高招。

第一招，聯絡漢族文臣。康熙九年就開始舉行經筵，三藩之亂開始後，玄燁表示：「日講原期有益身心、增長學問。」表示問題不大，按時舉行就可以，且在乾清宮院子的西南處設立「南書房」。

現在國中歷史課本把「南書房」的設立看成清代君主集權的標誌，其實真不至於，南書房設立的時間是康熙十六年十月，那時玄燁親政快十年，真要集權也不會等到火燒眉毛的時候。

君主集權的加強，肯定不是非正式機構的設立，而是政治規制上正式的改革，涉及政務處理上的權力分

南書房附近的日精門

配問題，像清朝入關前的「內三院」設置，入關後我們說的「御門聽政」，都是這個套路，南書房和這個沒有關係。

南書房設立的初衷，就是一個教室，皇上平時叫一群文臣過來聊聊天或上課，玄燁對明珠等人給的說法也是：「今欲於翰林內選擇博學善書者二員，常侍左右，講究文義。」「善書」說的是書法，和政治沒有關係，純粹是青年人愛學習，調了一群文化人開小灶。

一般不懂的人一看這架勢，肯定得說這毛頭小子不是傻了吧，戰火連天，您還擱這兒裝文藝青年，殊不知，這是真正有帝王心術的人做的事，每逢大事有靜氣。當時的局勢就擺在那裡，別看吳三桂搞得看上去懟天、懟地、懟空氣，其實戰場都在長江以南，江西以西，只要東南亂不了，反清的浪潮就成不了氣候。

東南都是什麼人呀？除了讀書人還是讀書人，歷朝歷代，話語權永遠掌握在這些讀書人手裡，讀書人最大的夢想，不就是替皇上上課，沒關係，滿足你們。透過穩定的經筵，玄燁放出信號，我和你們漢族文人是一夥的，別跟著吳三桂這老小子上躥下跳。

第二招，多民族軍隊並用。滿族人能打是不假，但很多滿族臣子一開始都不看好削藩這件事，玄燁肯定不能把雞蛋放在一個籃子裡，像漢族將領中，如張勇、王進寶、趙良棟等人也得到重用和提拔。

從歷史角度說，玄燁撤藩的舉動，賭博的成分很明顯，但好在當時清朝馬上得天下的功夫沒有落下，八旗軍還是當時最強的軍隊建制。經過幾年的征伐，投入大量的人力、財力後，三藩之亂終於在康熙十七年（一六七八年）取得階段性勝利。

這一年，七十多歲的吳三桂在戰爭連續失利的情況下，衰病交加，一命嗚呼。第二年年初，即康熙十八年（一六七九年），康熙帝玄燁興沖沖地登上午門，向天下宣讀這一喜訊。

只不過玄燁還是有點不夠穩重，這年頭做什麼都別得意，很快他就在戰場之外的事情上吃苦頭。

參

俗話說「福兮禍之所伏」，沒承想就在喜訊宣讀完沒多久，當年七月，一場大地震在北京附近爆發，史稱「京師大地震」。

《清實錄》記載這次地震「聲如雷，勢如濤」，包括德勝門和崇文門在內，連北京城門都震塌好幾座，更不用說紫禁城裡的宮殿。儘管當時沒有明確的地震資料記載，但史學家根據破壞程度推測出，這次地震的級別至少在八級以上，和二〇〇八年的汶川大地震差不多。

但過去設施和現在無法比，汶川一震，八方支援，各種救援物資順著修復的公路就過去了，實在不行可以空投，受傷的治傷，去世的掩埋。但康熙時沒這種待遇，加上資訊不通達，京城附近的災民一股腦地往京城跑，京城只能賑災。

康熙到最後沒辦法，只能打開自己的小金庫，拿出十萬兩白銀，後來又追加十萬兩，並宣布「免通州、三河、平谷今年田租，香河、武清、永清、寶坻免十之三」，意思就是大家共克時艱，災區今年的稅不用交了。

那時還不像後來乾隆朝物價飛漲，白銀的購買力相對較強，二十萬兩銀子是相當大的一筆錢，更何況還有免稅，相當於把明年的財政預算也砍了。再加上前線接連的戰事，可謂「前線吃緊，後方緊吃」，大清的財政已經到了捉襟見肘的地步。

就在這時，康熙十八年年底，太和殿等三大殿被一場意外的火災燒個乾淨。逼得康熙只能去武英殿辦公，平三藩這段關鍵時間，玄燁算是內外都不順，外頭打仗糟心，家裡房子更糟心。

這次火災的原因也很離奇，據說是御膳房出問題，把火帶過來，結果三大殿全沒了，反正肯定不是天災，後來玄燁和大臣們嘮叨的是「殿廷不戒，被毀於火」。這裡有個問題，御膳房的位置應該是乾清宮西邊，按理說也是該燒乾清宮。估計很可能是替前面上班的貴族大臣們送飯，不知道怎麼就著火了。

為什麼說是滿族大臣呢？需要單獨說一說滿族和漢族的飲食問題。

滿族在這之前，一直吃的是「燔炙牲酒」，就是燒烤加燉鍋，後來的清代文人袁枚點評各地美食，也說「滿洲菜多燒煮，漢人菜多羹湯」，現在東北菜也是這樣鐵鍋亂燉之類的，這次大火很可能是東北菜自帶的加熱設施，把火帶到太和殿的範圍內。

玄燁氣不打一處來，滿族這群老大爺們一頓飯把三大殿給吃進去，這飯錢可真貴，你說非得吃什麼「燔炙牲酒」，吃個炸醬麵不行嗎？

康熙二十二年（一六八三年），玄燁給宮廷飲食定下規矩，下旨說：「因禮臣奏筵宴事宜，諭議政王大臣等，元旦賜宴，布設滿洲筵席，甚為繁瑣，每以一時宴會多殺牲畜，朕心不忍。後元旦賜宴，應改滿席為漢席。」

一看就是說給滿族老臣聽的，不然這種小事不會「諭議政王大臣」，理由比較有趣，說準備宴席太麻煩，但御膳房不就是做這個的嗎？又說你們吃的這個太殘忍，牛、羊這麼可愛，為什麼要吃牠們，一頓飯得殺多少小動物呀，不合適。知道的是康熙皇帝下的旨，不知道的還以為順治爺福臨復活了，立地成佛。

但不用管理由有多扯，玄燁改革的心思非常堅決，說得委婉點，是留面子給你們，再多話就砍了你們吃飯的傢伙。這算是紫禁城裡為數不多「硬體」影響「軟體」的掌故了，這場火災在很大程度上改變清宮的飲食習慣，當然這些都是後話，那時真正要命的是怎麼在賑災的基礎上把三大殿修起來。

工部遞了一個奏章（嚴謹一點，不是摺子）上來，請示要重修三大殿，玄燁接過來一看大為惱怒，心想工部這什麼腦袋，你們知道修這玩意多少錢嗎？於是給工部回覆道：「各路大兵現在進剿，軍需浩繁。這所奏應修殿工，著候旨，行該部知道。」

責備的意思很明顯，就差罵手底下的人不長眼，沒看見前方打著仗嗎？但就和之前明朝再窮也得硬著頭皮修三大殿一樣，要是沒有這三個建築，整個皇家運轉體系就癱瘓了，因此咬著牙修。基於這一理由，再加上當時的戰爭形勢一片大好，玄燁最終點頭，同意在次年重建太和殿。

誰承想好不容易手頭有點錢，另一個問題出來了——木頭不夠。

肆

從明朝開始，修建宮殿和家具使用主要崇尚楠木，這種木頭堅硬且防腐，是宮廷建築木料的不二之選，當年永樂帝修紫禁城時，派了人上躥下跳地找，建紫禁城拖了許多年，很多時候都是在等木頭運來。這之後，歷代皇帝都有新修建築，特別是其中還摻雜著嘉靖皇帝朱厚熜這種敗家之主，自己不住紫禁城，在西苑修了一大堆建築，轉頭又把紫禁城翻新一遍。

明朝一共多少年，不到三百年，十六個皇帝，放到改朝換代來說足夠長了，可放到樹的年輪上就不夠看了。

楠木本來就屬於珍稀樹種，明朝不光宮殿在用，替皇上修陵也要用，成材的楠木至少也要六十年以上，而像房梁這樣的「大木」，大多明朝以前就有了，屬於「不可再生資源」，用完一根，等下一根長成這樣的時候明朝早亡了。到了明朝後期的嘉靖年間，嚴嵩等人主持重修紫禁城就很緊張，後來縮小三大殿的規模，其中未必沒有缺木頭的原因，當時好多木頭用的都是早年的存貨，到了清朝時，基本上不剩下什麼了。

康熙二十一年（一六八二年），朝廷開始派出人員去南方尋找合適的木材，準備重修三大殿。儘管當時長楠木的雲南、四川等地都已經平定。但找木頭的時間也花了六年之久，而且品質參差不齊。

修宮殿的木材尺寸非常講究，不能隨便拿捆柴火綁起來當柱子。

宋朝李誡寫了《營造法式》，算是中國古代建築的標準課本，裡面根據「斗口」把木材分為十一等，後來被清朝工部的《工程做法》沿用，木材的尺寸從頭等材一直到十一等材。但頭等材基本上沒人見過，很多人認為是一種傳說，據說只有永樂年間可以找到。

北京現在廣渠門外有個地方叫黃木莊，當年叫神木廠，就是存放各地進獻的上好木料的地方，清朝時，還有兩根永樂年間遺留下來的大木。

明末清初孫承澤寫了《春明夢餘錄》，記載這兩根大木「圍二丈外，臥四丈餘，騎而過其下，高可隱身」，也就是說周長超過六公尺，長十二公尺以上，人在旁邊騎馬而過，木頭另一邊的人都看不到。這種等級的楠木別說現在，清朝時的人都覺得不可思議，乾隆還特意寫了首〈神木謠〉。後來這兩根大木因為時間太久，腐朽化成飛灰。

康熙當然沒有永樂帝的待遇，別說頭等材，連五等材都沒得找，現在太和殿用的木材都是七等材，還是拆了不少原來官署的舊房子找來的。堂堂天子造個房子得用舊木料，可見當時楠木缺到什麼程度。

自從修完太和殿後，康熙帝痛定思痛，決定楠木這種建材，能不用就不用。一方面是太貴，南方找到以後再運過來，運費比木頭都費錢，勞民傷財。另一方面是確實不好找，再繼續用，估計過不了幾十年，天底下的楠木就只剩下下腳料。從這以後，清朝的宮殿修建都是用東北的松木，畢竟自己家鄉產的，產量有保證，運起來還方便，當然這是後話。

勉強湊出木頭還不夠，還得有磚。皇宮的磚比木頭還講究，廣東瓷磚廠批發那是不行的，特別是太和殿鋪地的，得是「金磚」，現在去太和殿看，地上的磚依然烏黑錚亮，就是這種「金磚」。

金磚不是金子做的，不過造價不比純金便宜，一般是由蘇州等地專門的磚窯燒製，敲起來要有金石之聲才行。這種金磚從選土到淘洗，再到後面的燒製完成，大概需要一到二年，最後還要用近乎磨玉的工藝去打磨平整，再以桐油浸泡。具體工藝就不一一說了，講得通俗點，一般人現在花個幾千幾萬元買個紫砂壺，單論泥沙的精細都比不上太和殿腳底下的金磚。

這種金磚都有嚴格規矩，規制是二尺見方，也有一尺七和二尺二的，每塊金磚都得精確到工匠單獨建檔案，絕不允許外流。明、清時期，金磚絕對是排名前幾的違禁品，誰家要是私藏金磚，基本上和家裡衣櫃掛龍袍差不多，能凌遲絕對不砍頭。

唯一的例外就是大臣致仕還鄉時，皇上可以特別恩賜一方金磚當紀念品，表示這大臣勞苦功高，以後不來北京，拿著當紀念。這玩意到手後必須供著，不能說我家廁所瓷磚缺一塊，拿這塊補上，屬於大不敬。很多蘇州園林（如拙政園）就擺著這種金磚，平時園子主人和客人溜達，然後故作漫不經心地說皇上賜的小玩意，算是一種變相的炫耀。

有了木頭和磚，大殿基本上可以動工。過去建房子不像現在，打完地基直接鋼筋混凝土往上堆就行。當時負責的營繕司郎中江藻後來編了一本《太和殿紀事》，記載從康熙三十四年（一六九五年）二月開始動工，到康熙三十六年（一六九七年）七月十九日正式修建告成，整整用了兩年半的時間。其中，光是油漆彩畫就花了足足七個月。

從康熙十八年三大殿焚毀，再到後續準備材料和正式開工，重修三大殿這一工程持續近十八年，這段時間裡，玄燁在紫禁城中經歷著人生的酸甜苦辣，從祖母孝莊太后逝世到兒子們出生，生生死死，在紫禁城裡不斷輪回著。

康熙三十六年，三大殿完工，時隔十八年，玄燁再度來到太和殿中主持殿試，經歷外憂內患，品味生死離別，此時坐在龍椅之上的，已然是一位雄強的君主，將和他所建立的規矩一起為帝國開啟真正的盛世。

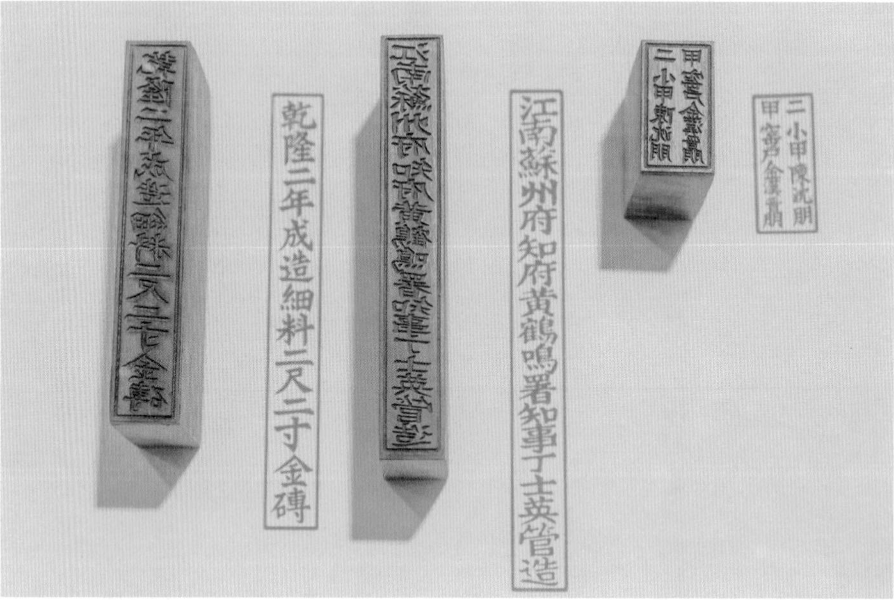

御窯金磚上特有的銘文，每一塊金磚都可以追溯其生產的時間、地點和工匠

這次重修也是太和殿以及三大殿等建築的最後一次重建，我們現在所看到的三大殿就是康熙三十六年修建完畢的。它的修建完成，象徵著清朝真正意義上解決建國初年的種種遺患，並全面繼承明代的大多數文化遺產。

太和殿內景

修復的風雅

一代人有一代人的任務，康熙朝的前二十年，玄燁一直致力於做好「補鍋匠」的工作。掃除鰲拜，鏟平三藩，都是清朝前期遺留的問題；而重新丈量土地，修復與東南文臣集團的關係，則是明朝末年就已經存在的問題。重修三大殿差不多類似，反正都是苦差事。等這些都收拾完畢，玄燁終於可以長舒一口氣，趁著宮裡搞工程，開始有閒情逸致，恢復前朝紫禁城裡的「軟體」。

壹

一個王朝的「體統」，除了「御門聽政」這種禮儀程序外，還必須有很多配套的東西，一板一眼，都得建立起皇家的規矩。萬一哪天皇上和臣子閒聊，愛卿昨晚上喝什麼呀，臣子說喝雪碧，皇上一聽巧了，朕也是，那宮裡的供應系統肯定出了問題。皇上就算喝雪碧也得是明朝的陳釀，不然見了大臣們都抬不起頭，吃的、穿的、玩的、用的都必須私人訂製，這就需要一個龐大的團隊來打理。

內務府和它旗下的造辦處就是在這種情況下應運而生，不過在這之前，我們必須先說一下清朝宦官的問題。

明朝時，宮裡不太需要操心皇上吃喝玩樂這件事，太監公公們一手全包，大大小小二十四個衙門，一些大太監的權力比六部尚書還大，尤其是御馬監和司禮監，天上飛的、地上跑的，只要皇上想要的，都能幫你搞定。像天啟帝朱由校喜歡當木匠，「九千歲」魏忠賢能直接把三大殿的工程款安排到位。

想當初一進北京城，多爾袞一群人還沒被紫禁城的氣派鎮住，倒是先被明朝的太監數量嚇了一跳，二十四監衙門，人數林林總總加起來差不多二十萬出頭，還是李自成進來殺了一批後剩下的。

多爾袞可是和明朝打過仗的人，太明白明朝的太監們是群什麼貨色，做什麼都不行，誤國第一名，但完全不要也不行，好歹人家對紫禁城裡這套清清楚楚，折衷一下，實行大裁員，大約保留一萬多個太監。

明朝耀武揚威幾百年的太監們，就此退出歷史舞臺。之後福臨親政，雖然也設立所謂的「十三衙門」，但這個衙門不是皇帝直接負責，而是交給內務府打理。後來雖有初步抬頭之勢，卻惹得滿族老臣們極為不快，最後臨終前，福臨遺詔裡自責說：「委用宦寺，朕明知其弊，不以為戒，設立內十三衙門，委用任使……以致營私作弊……是朕之罪一也。」

清朝太監們的上升之路就此堵死，不過，事情還得有人去做，隨著政治上的成熟，各種規矩建立起來，就得有對應的配置，這讓玄燁很是煩惱。

舉個例子，康熙十七年，當時的大學者，也是大學士王士禎和幾個大學士入值，玄燁一高興，就讓他和幾個學士寫了一首長詩，先不說詩寫得怎麼樣，最起碼你必須裱起來讓臣子帶走，總不能讓宮裡的人拎著一路小跑到皇城外找個書畫店排隊等著工作。

類似的例子不勝枚舉，像冊封皇后用的金冊、皇帝平時打獵用的弓馬，甚至太皇太后信佛需要的一些禮器，都得需要專門訂製，因此需要一個造辦處。

貳

造辦處的雛形在順治朝時就有，是在養心殿的東暖閣，比較簡陋，具體設立的時間不詳。正式設立則是在武英殿區域，清朝皇帝對紫禁城的利用可謂見縫插針，剛好武英殿騰出來了，就被當作造辦處的「辦公室」，時間很明確，在康熙十九年（一六八〇年），《欽定大清會典事例》說得很清楚「武英殿設造辦處」。

造辦處歸內務府管著，最高級的官員是「總管郎中」，這個應該是兼職，品級不詳，下面一層就是「郎中」，正五品官，相當不小了，再往下是「員外郎（從五品）」，其實這些人都不做事，認真負責的是那些六品及以下的「委署主事」等，包括一些不入流的「柏唐阿」（滿語，領頭人的意思）。

匠人這塊說起來不太人性化，很多匠人都是「包衣」出身，本來可能就是誰家的家奴，送進來幹活，而且等級分明，最低等的就是「匠」，如果做得好一點就是「吏」，最後才是「官」，官員都是由皇帝親信的人來做，一般人想都別想，工匠們一輩子都沒什麼出頭之日。唯一比較值得安慰的是伙食好像還不錯，從清宮遺留的檔案來看，這些工匠們「每名每日應領豆腐四兩……豆芽菜四兩」，有豆製品和菜，在那個時候算是很了不起的事情。而且那時工作不累，都是些文件，可能工匠本身不多。但到了康熙二十八年（一六八九年），事情出現變化。

這一年，傳教士白晉等人來到中國，替玄燁單獨上數學課。這下要求可就高了，以前是賞玩用，玩的東西主觀性比較強，差一點不要緊。但科學實驗就不能這麼隨意，皇上囑咐你弄個直角三角板來，回頭工匠們眼睛一斜，造出一個八十度角的，轉過天來皇上就能親自弄個八十度的鍘刀斬了你。

對造辦處提出新的要求，再加上玄燁對科學興趣濃厚，本著就近原則，造辦處又搬回養心殿，稱為「養心殿造辦處」。養心殿位置特別好，正好是內廷和慈寧宮中間的地方，從內廷月華門往西出來，就是養心殿院落的遵義門，走動起來非常方便。

說起來養心殿在用途上可以說是倒了血楣，明朝時嘉靖皇帝朱厚熜在後面的無梁殿裡煉丹，到了康熙朝又趕上玄燁這麼一個科學狂人，除了煙燻火燎就是物理、化學，中間穿插著玄燁他爹福臨，就在這裡駕崩，算是命途多舛。

在養心殿裡，造辦處得到足夠的發展，連傳教士上課的教室都搬到這邊，並正式印發「造辦處」字樣的紅票，規定「凡行取應用物料，開明數目，向各該處領用」，從此，造辦處才算有獨立財權，許多門類，如玉作、銅作、弓作、大器作等，當時的傳教士張誠曾在日記裡記載養心殿造辦處的盛況：

> 我們被領到皇宮內一處名為養心殿的地方，那裡有一部分最巧的匠人，如漆畫匠、木匠、金匠、銅匠等在工作，他們把數學儀器拿給我們看。這些都是遵照陛下的諭旨，放在用紙板特製的精緻小匣或抽屜內……

可以想見，玄燁得意洋洋地向他的老師們炫耀造辦處時的心情。

玄燁的實驗做得很開心，但問題很快就來了。養心殿雖然不在中軸線上，但算是深宮大內，您弄一幫工匠在這兒敲錘頭，屬於擾民，宮裡的人敢怒不敢言，大臣們來乾清門彙報工作也受不了，很快玄燁都覺得不太好。

更何況這地方貼著後宮，女眷比較多，進進出出頗為不方便，儘管玄燁規定「凡放匠之處，妃、嬪、貴人等不許行走，俟晚間放匠後方許行走」，可總不能為了一群工匠把後宮的規矩搞亂吧，最起碼向皇太后請安這種事就得經過養心殿。

再加上孝莊太后去世後，皇太后（福臨正宮皇后博爾濟吉特氏）死活不往慈寧宮搬，後來成為定律，此後清朝一、二百年間沒有哪位不長眼的太后敢和孝莊太后搶地盤。這樣一來，慈寧宮附近就空了出來，玄燁決定，把造辦處除了裱作和弓作之外的衙門，搬遷到慈寧宮的茶飯房處。

這下子就方便多了，慈寧宮的茶飯房處不在慈寧宮的範圍內，而是在西華門裡面，緊連著「內務府署」，《日下舊聞考》說：「內務府署在西華門內……其廨舍之數共四十有三間。」有了房子，就能騰出手腳工作，清朝的宮廷藝術品就此達到新的高度。

以玻璃為例，現在一拍清宮劇，宮殿裡都是玻璃窗，從歷史角度上來說還真不算瞎扯，自從設立造辦處後，下面就有玻璃廠，只不過產量可能沒那麼高。

現在北京故宮收藏的許多玻璃藝術品，尤其是單色玻璃藝術品，都是康熙年間生產的。到了康熙朝晚期和雍正朝時期，宮裡很多地方都開始用上玻璃窗。玄燁的孫子乾隆帝弘曆，那時還沒當皇帝呢，天天看著玻璃窗子新鮮，還寫過一首打油詩，頭幾句就說：

西洋奇貨無不有，玻璃皎潔修且厚。
小院軒窗面面開，細細風欞突紗牖。
內外洞達稱我心，虛明映物隨所受。
風霾日射渾不覺，幾筵朗澈無塵垢。

不難看出，雖然貴為皇子，弘曆對這些造辦處的作品還是感到十分新奇。包括我們看《紅樓夢》，其中很多在當時堪稱流行的貴族器物，都可以追溯到康熙三十年（一六九一年）後造辦處的作品身上。曹雪芹的爺爺就是正白旗的包衣出身，後來被派去做江寧織造，內務府得算是曹家的「娘家」。清朝皇帝很大方，很多心愛之物都會賜給臣子，曹雪芹應該是從小耳濡目染，才能寫出幾近於皇家氣度的四大家族。

參

不過造辦處並非全能，有些東西能在紫禁城裡造，有些東西不行，例如瓷器。

明朝以後，皇帝日用的瓷器都交給江西景德鎮的御窯廠打理，因此「青花看宣德，彩瓷看成化」成為古玩界的行話。

清朝一開始不太重視製瓷業，關外的民族都有這個特點，當年被明朝的禁運搞得痛不欲生，金銀銅鐵錫這種金屬製品才是硬通貨。據說當時薩爾滸之戰時，努爾哈赤在誓師大會上宰殺牲畜的刀都不俐落，這得是多麼慘痛的教訓，誰家裡要有口鐵鍋，簡直可以光宗耀祖。

過去在東北時，不是沒有所謂的「御窯」，那是替瀋陽故宮燒琉璃瓦，偏向於建築用瓷，貴族之間還是喜歡金屬材質。進關後，滿族人傻眼，沒想到漢族農民的鋤頭都是鐵做的，這不行，不能用了，太廉價，開始學著玩瓷器。

根據《景德鎮陶錄》的說法，大概在順治十一年（一六五四年），福臨開始琢磨著重新修復官窯，但製瓷的工匠不是股市裡的韭菜，割完接著長，李自成、張獻忠在江南禍害一番，之後多鐸這屠夫又殺了一輪，製瓷工匠有點斷層，最後沒修起來。康熙初年時也想修，沒想到三藩之亂讓江南動盪一波，最後玄燁不耐煩了，平定叛亂後由工部派出專員，稱為「督陶官」，清朝的御窯燒製才算正式開始。

清朝的官窯燒造，和明朝流程差不多，宮裡給出設計方案，再由御窯廠製造，很多樣式都來自內務府，玄燁和一些近臣（如劉源等）都參與設計。而在這之後，郎廷極以江西巡撫的身分督辦瓷器，這哥們看上去取了一個不倫不類的名字，其實是個道地的漢人，學問和工藝水準都很深。在他的手下，御窯廠獨創「郎窯紅」、「郎窯綠」等釉色，在郎廷極任督陶官時期的御窯廠瓷器，甚至以「郎窯」著稱，名貴一時。

在玄燁和內務府的推動下，官窯製瓷得到長足發展。但至於是不是接近甚至達到明朝巔峰的水準，這個不好評價，時代不同，只能說各有千秋，其中，皇帝的審美占很大一部分比例。

清朝皇帝和明朝皇帝審美上最大的區別，可以很明顯地體現在瓷器的紋飾上。明朝皇帝不說全部，拋開朱元璋、朱棣這種馬上天子和朱常洛、朱由檢這種苦命天子之外，大多藝術修養很高，而且是自修，明朝的官窯瓷器紋飾相對比較淡雅，就和文人畫差不多，畫花鳥都是寥寥幾筆，畫人物都有點模糊不清。

到了清朝，不能說皇帝沒有藝術修養，但從福臨和玄燁開始，他們把學習漢族的文化藝術當成一種政治任務來辦，你要比漢人玩得溜，才能鎮住場子。可以拿四書五經來練心態，那沒問題，我們看玄燁，動不動什麼書就是每天一百二十遍地背誦，練書法，每天上千個字地寫，最後成績確實不錯，即使外行看了玄燁的奏摺批覆原本，都得誇一句，這字不錯。

但文化藝術包括審美，無法按這種套路培養。你把吳道子的畫臨摹一千遍，也成不了畫聖，反而可能落於俗套，要不然齊白石老先生怎麼會說：「學我者生，似我者死。」藝術和審美一定是一種從內心流淌出來的精神感知。好比當初的朱瞻基，沒想著報什麼藝術輔導班，就是愛玩，喜歡鬥蛐蛐，光燒個蟋蟀罐，硬生生創造出青花瓷藝術的新巔峰，一直到現在都是宣德的青花賣得最貴。

清康熙黃地琺瑯彩四色牡丹紋碗

就這境界，玄燁估計一輩子都學不來，應該也不想學，見過學刻苦勤政的，沒聽說過學不務正業的。不過沒關係，藝術不夠，科學來湊，康熙朝晚期，清宮裡另闢蹊徑，發明堪稱中西合璧典範的琺瑯彩瓷器藝術。

琺瑯彩瓷器正經八百的名字應該叫「瓷胎畫琺瑯」，和明朝的「景泰藍」異曲同工，只不過景泰藍是「銅胎」，把琺瑯彩畫在銅器上，而琺瑯彩瓷器則是由江西景德鎮御窯廠先燒好白瓷，做為瓷胎，到了宮裡，造辦處工匠再以西方的琺瑯彩提煉後繪畫，當然也可以在上面書寫，這個顏色就比較豐富了。康熙朝時，諸如胭脂紅一類的顏料比較流行。畫完後，再以六百度的高溫燒製而成，這一步也是在造辦處完成，屬於名副其實的皇家御製產品，外面想仿都不容易，原料就搞不到。

清朝的琺瑯彩瓷，有點元青花畫法的意思，飽滿而豔麗，風格和當時的青花畫法一樣，非常寫實，一經燒成，立即受到宮廷人士的喜愛，成為陶瓷藝術史上的一朵奇蕾，也造就清朝特有的審美風雅。

如果說御門聽政是玄燁在政治上立的「規矩」，那麼以造辦處為首打造藝術珍品，則是一種皇權貫穿於文化領域的另類「規矩」。透過這些看似細枝末節的藝術品，玄燁在明朝士大夫文人把持的文化中注入一種不同於以往的力量，這種力量將在紫禁城中生根發芽，並逐漸影響著一個民族在融合中的審美傾向。

第五章

雍正亮劍

九子奪嫡見真龍

即位之初，面對著巍峨龐大的紫禁城建築群，年幼的玄燁也許不會知道，他將在這裡度過六十個春秋，而經歷一系列的風雲變幻後，逐漸步入老年時代，繼承人問題成為他心頭的一道陰霾。清朝的前幾朝，繼承人問題都曾造成朝堂上的巨大風波，這一次，玄燁決心跳出這個「週期律」，讓接班人繼續沿著自己既成的道路前進。

壹

縱觀整個清朝，只有一個名正言順的皇太子，即康熙朝皇太子胤礽。

康熙帝一生共有三十五個兒子，踢足球都能湊兩隊，還外加裁判和教練組，這種情況下，選繼承人就是個甜蜜的煩惱。

清朝在康熙朝之前，都沒有提前立太子的說法。努爾哈赤當年想立代善，沒想到代善竟和阿巴亥傳出緋聞，再加上努爾哈赤想搞分權，立太子之事就沒成功。之後幾代，皇太極是靠兵強馬壯起家，順治是靠叔叔多爾袞臨門一腳送進來，僅玄燁還算安穩，靠著免疫力坐穩帝位。

這種不立繼承人的做法，看似公平，其實後患很大。皇太極用了五、六年才擺平兄弟們，福臨運氣不錯，八年熬死多爾袞，再往後是玄燁十四歲除鰲拜，都是經典劇情。玄燁事後一琢磨，覺得漢族傳統早立太子還是有點道理，畢竟這種把鍋甩給下一代的做法要不得。

康熙十三年（一六七四年）五月，正值三藩之亂如火如荼期間，皇后赫舍里氏生下一個孩子，是為嫡次子，取名為胤礽，之前有一個嫡長子承祜，但年僅兩歲就夭折，胤礽成為根紅苗正的嫡長子。然而不幸的是，皇后赫舍里氏由於難產，生下第二個孩子後就撒手人寰。

玄燁和皇后感情極深，加上自己八歲喪父、九歲喪母的心理陰影，當即把這個孩子立為太子，並於十二月十二日這天正式舉行冊封禮。

玄燁就親自帶著孩子讀書，那時正是三藩之亂忙得不可開交的時刻，他還是親自教學，沒辦法，攤上這麼一個學神等級的爹，啟蒙教育必須得安排。到了胤礽六歲時，玄燁更是重新起用詹事府這一太子直屬機構，安排大學士張英、李光地等人為孩子教學，全都是當世一流的學問家，其中張英就是寫了「千里送書只為牆，讓他三尺又何妨」的名臣，道德修養非常高，看得出玄燁對太子的期望很大。

隨後，康熙十八年，玄燁頂著財政上的壓力，特地修繕位於內廷奉先殿旁的一處四進院落，命名為「毓慶宮」，做為太子的宮殿。原來明朝時也有端本宮做為太子宮，只不過已經位於外廷，估計是玄燁覺得孩子還小，想親自帶在身邊，才選了毓慶宮的位置。

這種菁英式教育下，皇太子以一個帝王的標準成長著，《清史稿》裡稱「太子通滿、漢文字，嫻騎射，從上行幸，賡詠斐然」，能文能武，隨便指物作詩也是文采斐然，很有點明朝時朱棣培養孫子朱瞻基的感覺，甚至連書法都達到「於端楷中有飛動之致，兼晉、唐人之長，真一筆不苟」的程度，幾乎是全方位無死角的帝王標準範本。

到最後，帝師湯斌等人甚至以身體因素推辭去做太子的老師，理由是太子實在太優秀了。

上有父皇寵愛，下有名臣為師，對一個皇子來說已經是天胡開局。但胤礽還有協力廠商的助力，就是他的叔姥爺索額圖，人家天生自帶一票的太子黨。

康熙三十五年（一六九六年）時，玄燁御駕親征去西北平定準噶爾部落，鑑於御門聽政等一系列政治改革，帝國的政治離開皇帝就無法控制。以前玄燁下江南考察民情，這種行程問題不大，奏章順著大運河就能追上皇帝，可這次去西北，人遠地偏，怎麼辦呢？

玄燁給的答案是：「凡事俱著皇太子聽理；若重大緊要事，著諸大臣，會同議定啟奏皇太子。」翻譯過來就是小事全部向皇太子彙報，大事讓皇太子和他叔叔、伯伯們商量，表現出絕對的放權，而胤礽也的確不負眾望，父皇在外面征戰時穩住後方，處理起政務來進退有度，深得朝臣的讚嘆。

父慈子孝，看上去是很好的局面，只可惜，有一個致命漏洞。誰都沒想到，康熙帝玄燁居然能在位六十年之久。

貳

在中國古代，太子是個非常複雜的職位，典型的麻煩多、好處少，端著皇帝的要求，做著太監的差事，稍不留神還可能被打下來。歸根結柢，就是正常的政治秩序裡沒有太子的位置，因此太子又被臣子們叫做

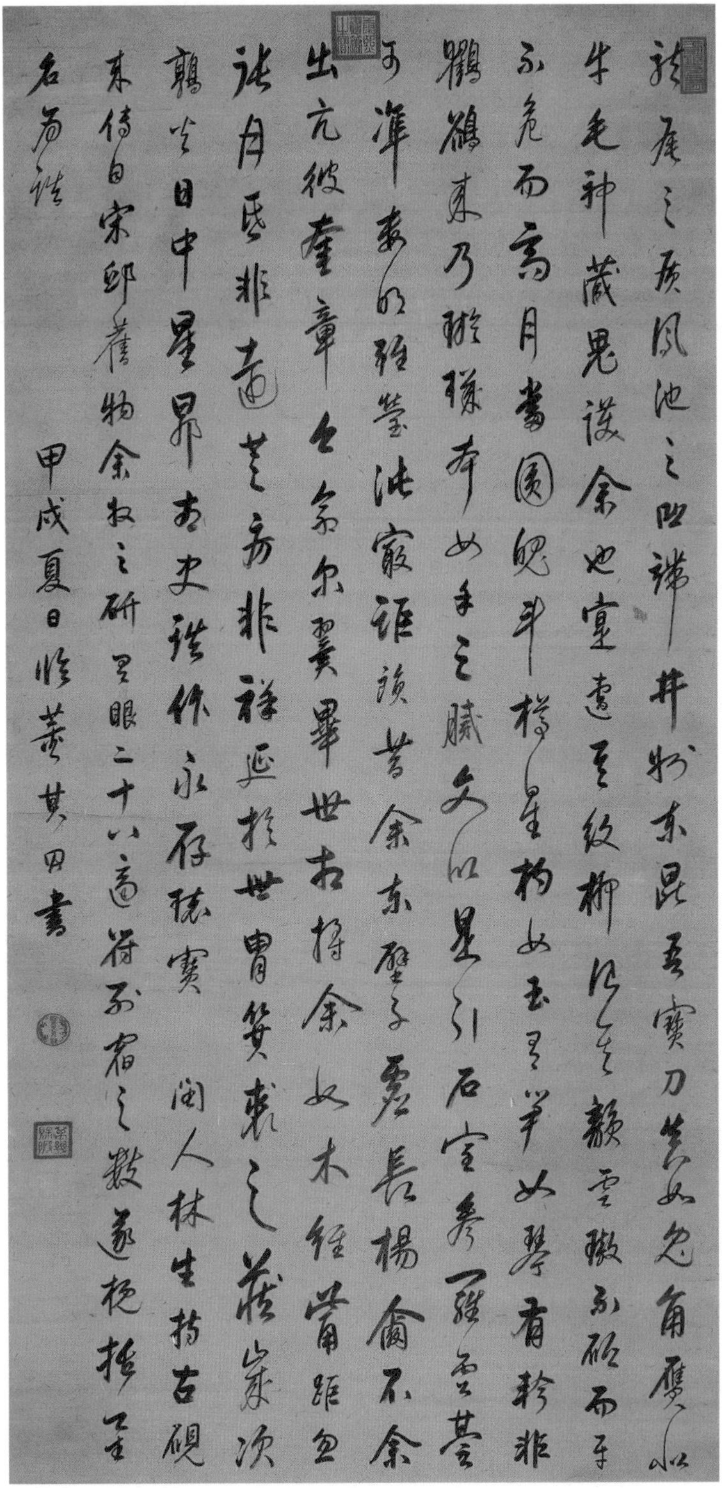

康熙臨董其昌書法

「半君」。

我們打個比方，一間公司，你做為副總經理，全公司都知道總經理滾蛋後就是你上臺，平時稱呼起來都是「〇總」，連個「副」字都不帶，更要命的是你在公司裡還有一票親信，請問你會以什麼姿態對待下屬呢？反過來說，你讓總經理怎麼想？

人性總是相似的，帝王心術也不例外，隨著玄燁的衰老，他覺得胤礽開始不老實了。而這種父子之間潛在的矛盾，隨著其他皇子陸續成長，皇長子胤禔、皇四子胤禛、皇八子胤禩等都先後受到冊封，無形之中加劇胤礽的危機感。

康熙朝的皇子都受到嚴格的培訓，康熙二十三年（一六八四年），玄燁就設立「上書房」，專門替孩子們上課。上書房設置的位置很有意思，就在乾清宮的東南處廡房裡。

現在有說法是康熙朝皇子們都在皇家園林「暢春園」裡的「無逸齋」學習，其實有點偏差，那是皇太子胤礽專屬的讀書地盤，因為他平時要陪老爹去過暑假，一般人壓根沒這種待遇。後來乾隆帝弘曆曾回憶：「若我國家之制，諸皇子六歲以上即就上書房讀書，即皇孫、皇曾孫亦然。」大家都一樣，不可能轟隆隆一批人騎著馬從紫禁城溜達到暢春園上課。

而上書房的設立，簡直就是童年陰影般的存在，它「近在禁御，以便上稽察也」，孩子們上課的教室緊貼著老爹的辦公室，平時玄燁批摺子累了，順便過來溜達，根本沒有哪個皇子敢不認真上課。

上書房一共是五個門，中間三門是中屋，號稱「三天」，即「前垂天貺」、「中天景運」、「後天不老」，就是說這三間是正常學習的地方，上面這些皇子們每天早晨寅時（凌晨三點）就得起來，起來後得按照自家老爹的習慣，先把之前學過的課文背上一百二十遍，再學滿、蒙、漢三族文字，之後是騎射，一直學到傍晚（下午五點）才算結束。

而且這套流程幾乎沒有假期，只有「元旦、端午、中秋及本人生日」能休息，其他全年無休，也沒畢業日期，只要你爹還沒離世，你就必須按這個規矩來。在這種近乎變態的教學下成長的皇子，只要心理沒崩潰，幾年下來必然是人中龍鳳，其中還不乏畫家和書法家這種頗具藝術修養的特長。

更要命的是康熙朝整天有仗打，平定國內後，玄燁的目光放在西北的準噶爾汗國，這是一場曠日持久的國戰。準噶爾汗國算起來是明朝時搞「土木堡之變」的也先後代，領袖噶爾丹在順治年間完成統一，正式有了「國」的說法，巔峰時期曾南控西藏，東窺蒙古，西接俄國，盛極一時。康熙朝的後三十年，玄燁主要的精力都投入到準噶爾汗國的征戰上，更多次御駕親征。

上陣父子兵，很多跟著老爹打仗的皇子，慢慢有了自己的勢力。胤礽心想我本來想拚爹，現在一看不行了，必須有自己的勢力，不然遲早讓你們陰了，就開始頻繁接觸外臣。

動作一大，玄燁不高興了，心想你小子是盼著我龍馭賓天還是怎麼樣，乾淨俐落地把索額圖拿下，認為他「誠本朝第一罪人也」，不教你外孫子學點好，順便敲了太子一記警鐘。如此一來，出現反作用，胤礽心慌了，覺得老爹是不是要對我動刀子呀，這回是我叔姥爺，下回說不定該我了。

與此同時，其他兄弟不斷給胤礽告狀，有些是真的，例如胤礽放縱手下貪汙受賄，以及外出的規格禮制接近皇帝；也有些不可靠，說胤礽欺負各位貝勒和貴族，這要是真的，人家早就告狀，哪輪得著皇子們去打小報告。但玄燁既然起了疑心，先入為主，自然對這些流言深信不疑，就為後續廢太子的事情埋下伏筆。

參

事情的轉捩點發生在康熙四十七年（一七〇八年），玄燁正在外面帶著一幫兒子巡遊，某天宿營時，聽見外面有腳步聲，並認出外面的人是寶貝兒子胤礽（一般人無法靠近皇帝的營帳），早有疑心的玄燁立即發怒。

我們已經無法知道為什麼胤礽大半夜不睡覺要去老爹那邊看一眼，反正肯定不是去說晚安，清朝不流行這個。玄燁有充分的理由懷疑，胤礽很可能替老爸買了意外險，受益人還是他自己，等不及了，想提前上位。玄燁當了一輩子皇帝，心思多豐富，老年人睡眠不足，躺了一晚上，估計各種橋段都腦補出來。

到了行宮，他召集大臣，讓胤礽跪在一邊，自己痛哭流涕地表示：「今觀胤礽，不法祖德，不遵朕訓。惟肆惡虐眾暴戾淫亂，難出諸口。朕包容二十年矣。」翻譯就是我忍了這熊孩子二十年，奈何他不聽話，各種找死，我這個當爹的都沒說出口（雖然後面說了一大堆），當皇帝這麼多年，玄燁在臣子面前就失態過兩次，一次是孝莊太后去世，另一是這次批判太子。

大家都是演員，皇上流淚了，大家立刻「皆嗚咽」，奏請皇上「以祖宗弘業為重、暫釋痛憤、頤養聖躬」，您別生氣，保重龍體要緊。回到北京之後，玄燁即奏請祖宗社稷，正式廢了胤礽的皇太子之位，並把他囚禁在咸安宮內。

咸安宮這個地方非常講究，依然屬於紫禁城之內，就在今天壽康宮的邊上，離乾清宮不遠，玄燁要真想看兒子，抬腿就能過去。

這時玄燁的心理應該非常矛盾，他這輩子最大的追求就是盡職，既想當一個完美的君主，也想當一個完

郎世寧所繪的
皇八子胤禩

美的丈夫和父親。人生中大多數時間，他都可以問心無愧地表示自己做到了，但隨著皇太子的成長，當「君主」和「父親」二者衝突時，就必須承擔雙倍痛苦。

山中無老虎，猴子們開始探頭探腦。皇長子、皇四子和皇八子紛紛活動起來，展開持續十數年對皇位的衝擊，史稱「九子奪嫡」，其實沒有九個，九是虛數，真正有能耐的就三、四個。

其中，皇長子胤禔是個楞頭青，他的叔祖是明珠，和老二胤礽一樣是後面有人，總覺得老二一倒下就該我這個老大了，殊不知自己這點道行玄燁看在眼裡。玄燁早就知道老大不是個東西，之前行軍打仗時，胤禔和裕親王福全一起征討過噶爾丹，還就軍事問題產生分歧，並對後者不甚恭敬。

福全是什麼人，那是胤禔他大伯、玄燁的親哥哥，當年玄燁能坐穩這位子，還是福全主動謙讓，表示「願為賢王」，胤禔今天敢吼你大伯，明天說不定就敢衝著你爹瞎嚷嚷。

玄燁也是老陰謀家，表面上什麼都不說，還讓胤禔去看管軟禁的弟弟胤礽，等回京，當著所有人的面說胤禔：「秉性躁急愚頑，豈可立為皇太子。」就是把自家老大當槍使，用完就扔。之後更是對左右近臣明確地說胤禔「素行不端、氣質暴戾……爾等俱悉聞之」，周圍的人秒懂，老皇上都這麼說了，再跟著大阿哥混就是找死。

胤禔就此出局，皇位之爭，落在皇四子胤禛和皇八子胤禩的身上。

老八胤禩是最有機會的一個，他從小跟著皇長子的親媽惠妃一起長大，算是後宮有靠山。胤禩從小弓馬嫻熟，打獵所獲的獵物比幾個哥哥加起來都多，清朝弓馬起家，很看重這個，而且文化素質很高，和江南文人集團也能打成一片。

說起來還是上書房這種培養皇子的方式太變態，不是文武雙全都不好意思和別人打招呼，而老八能在諸位兄弟之間脫穎而出，實在是很有幾分玄燁的風采。

老四胤禛就差了一點，文武全才是基本素質，但也不出眾，生母德妃烏雅氏在後宮裡說不上話。老四沒事時就跟著老爹到處跑，熟悉全國各地風情，也在許多衙門裡幫過忙，但人很低調，自稱是「天下第一大閒人」，還為老爹畫過西藏的地圖。

另一頭，被親爹斃掉前程的胤禔還是不甘心，想押寶在老八胤禩身上，覺得可以搞一手政治投機，好歹兩人是一個媽養的，兩邊勢力一合併，就有點遮天蔽日的意思，開始整天催著玄燁立儲。

肆

我們結合無數史料回看這段歷史，會為惠妃這個女子感到驚奇——能以一己之力培養出兩個楞頭青皇子，還都參與立儲這種高危險行業，在整個清朝歷史上確實不多見。

老八胤禩壓根沒看懂，皇太子被搞下來不是胤礽有問題，是皇太子這個位子有問題，你要說優秀，胤礽這位從小被老爹手把手教出來的，肯定比其他上書房的幾位皇兄弟來得出色。

關鍵在於胤禩實在太優秀，幾十年的成長，優秀到可以讓老爹下臺。玄燁可不是朱元璋，朱元璋是真正的家大於國，巴不得朱標趕緊接手，朝廷大臣和太子府親信全是一套班底，只是沒想到朱標走在老爹前面。而玄燁則是國大於家，任何親情都不能動搖自己的統治地位，請求立胤禩為皇太子的人愈多，玄燁的心裡就愈不舒服。

廢掉胤礽後，玄燁給祖宗的祭文裡已經說得很清楚：「臣（在祖先面前的謙稱）雖有眾子，遠不及臣。

農務村看亞
耒耕水淡手
煙籠高柳晴
風入短蓑輕
沼々濃雲影
田々尤百春
耒臥舡芒程
科亞此牛巧
耒耕

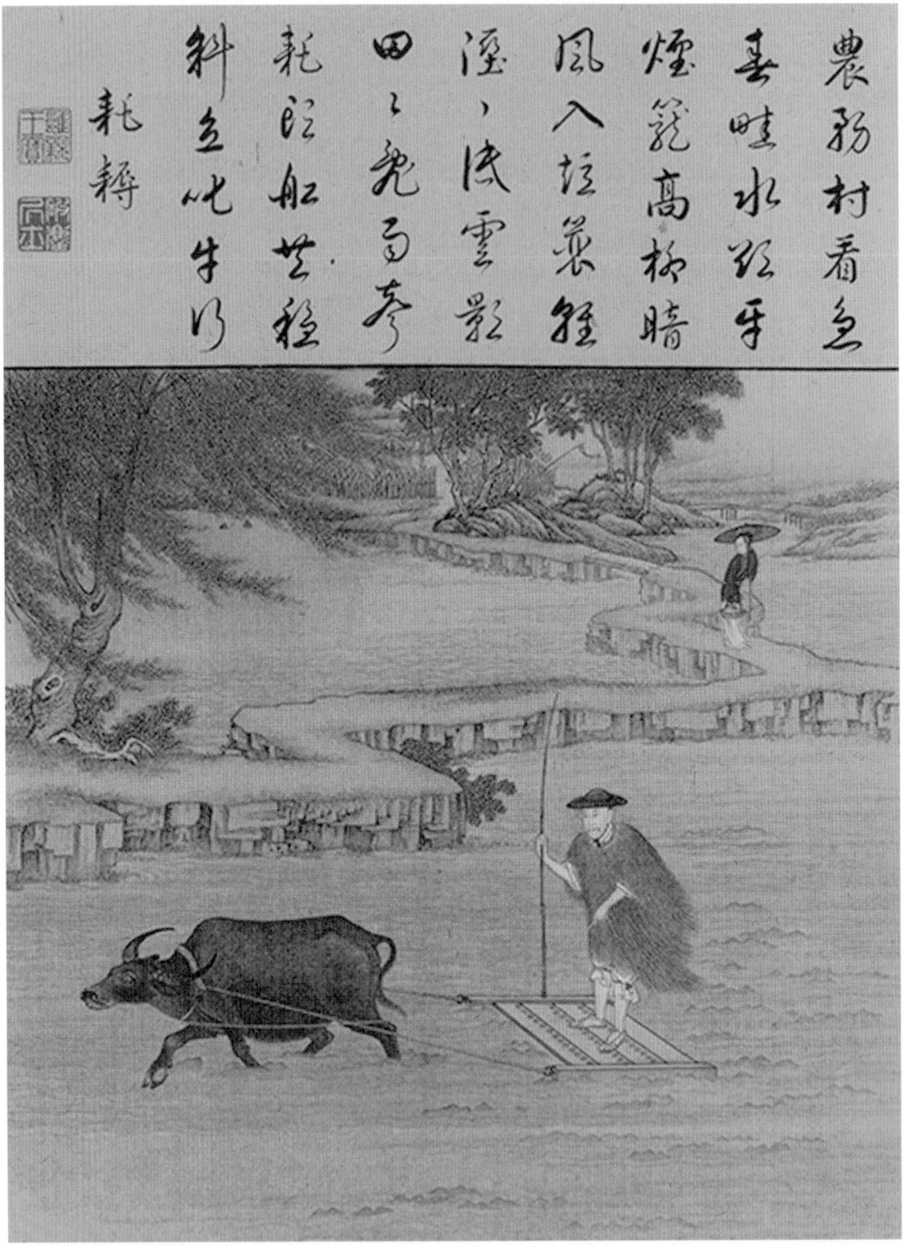

雍正耕織圖（節選）

如大清歷數綿長，延臣壽命，臣當益加勤勉，謹保始終。」潛臺詞就是這幾個都不行，不如指望我多活幾年，再操幾年心。

如果老八稍微有點頭腦，就應該知道韜光養晦的道理，反正朝中勢力已經最大，天時、地利、人和都搞定了，眼看你爹都六十歲，人到七十古來稀，回頭皇上龍馭賓天，這位子很大機率就是你的，皇太極那時就這樣，老爹沒留下太子，誰腰桿硬誰上。

可是老八等得起，老大等不起，搞政治投機的人必須表現出存在感，就想了一個餿主意。

胤礽被廢的幾個月後，玄燁被朝野上下鼓噪著立皇八子的浪潮擾得不勝其煩時，胤禔站了出來，上了一道摺子，宣稱自己找了一個相面的，叫張明德，這人可神奇了，搭眼一看，發現八弟「後必大貴」，他都是王爺了還能怎麼大貴，當皇上吧。

玄燁估計沒反應過來，被老大這番近乎逼宮的話給鎮住了，畢竟是玩科學的，沒見過這種拿著相面的結果來皇上面前糊弄的。

胤禔一看老爹愣在那裡，以為把老皇上說得心動了，老爹為何不馬上答應呢？他轉念一想，肯定是廢太子胤礽這貨礙事，老爹好面子，不知道怎麼擺他的位子，沒事，我這個人最大的優點就是孝順，立刻拍胸脯表示：「今欲誅胤礽。不必出自皇父之手。」父皇您不用操心，我這邊一條龍服務，直接替您把他處死。

經過短暫的沉默後，玄燁暴怒，都是一群什麼畜生，明目張膽地拿著算命的糊弄就算了，還敢當著皇帝的面說要殺自己的親弟弟。

玄燁立刻狂罵胤禔為「不諳君臣大義、不念父子至情之人、洵為亂臣賊子」，並認為他「天理國法、皆所不容者也」，在心裡判了胤禔的死刑，隨後胤禔被判圈禁，一直幽禁至死。玄燁對那個相面人張明德也沒什麼好臉色，你不是會相面嗎？你看看朕的臉色怎麼樣，轉頭就凌遲張明德。

若說這事八皇子胤禩完全不知情，簡直就太扯了，胤禔幹這種「好事」前，肯定得讓弟弟知道，一個真敢說，一個真敢點頭。後續玄燁噴胤禩「到處妄博虛名，凡朕所寬宥，及所施恩澤處，俱歸功於己」還真不算冤枉，玄燁也藉機明確自己的態度：「如有一人稱道汝（胤禩）好朕即斬之。此權豈肯假諸人乎。」誰再誇老八，朕就砍了他，朕的權力就是朕的，誰都別想搶。

其實玄燁知道，這種震懾只能管一時，無法長久，自己年紀擺在這裡，不可能不考慮繼承人的問題，思前想後，玄燁來到闊別數月之久的咸安宮中看望廢太子胤礽。父子倆在咸安宮抱頭痛哭，玄燁也慷慨地表示「自此以後，不復再提往事」，過去的事我們爺倆就別提了，從此之後，還是「大清好父子」，到了康熙四十八年（一七〇九年）正月，正式重新冊立皇太子。

胤礽一聽很高興，殊不知這幾個月裡，玄燁的心態早已經發生變化，皇太子的身分已經從「繼承人」變成「擋箭牌」，後來玄燁也承認了，「朕前患病。諸大臣保奏八阿哥。朕甚無奈，將不可冊立之允礽放出」，說白了皇太子這回出山就是替父皇當了一回工具人。

但胤礽沒有這個覺悟，還以為自己是父皇的小寶貝，這世界上最尷尬的事莫過於自作多情。胤礽一放出來就開始囂張，頻繁和外臣聯繫，甚至琢磨著把之前沒有辦成的事給辦了，例如讓老皇上提前退位等。

本來就敏感的玄燁察覺到兒子的不可控，康熙五十一年（一七一二年），再次廢掉胤礽，繼承人問題再一次變得撲朔迷離。

伍

繼承人的問題一拖，就拖了近十年，玄燁感受著時光在紫禁城和自己身體中一點一滴地流逝，卻始終回避著繼承人問題。

康熙六十年（一七二一年）時，所謂「九子奪嫡」吵得很熱鬧，但繼承人已經不剩下幾個了。老八本來還有那麼一點希望，結果自己記吃不記打。康熙五十三年（一七一四年），玄燁帶著幾個兒子出去閒晃，胤禩正好不在，人不在禮總得到吧，胤禩送了一對鷹給老爹。真是沒腦子，野生動物能亂送嗎？兩隻大鳥送過去眼看著就要斷氣，成為「斃鷹」，玄燁的臉都要氣綠了。

鷹這種動物在滿族內部有特殊含義，最早在遼代時，女真族就是負責替遼人捕鳥，抓的就是鷹，其中最神駿者，則名之曰「海東青」，相當於女真族的圖騰，老八把「斃鷹」端上來，和赤裸裸的詛咒差不多。玄燁之後一連串的話罵得非常難聽，從胤禩的出身開始罵（係辛者庫賤婦所生），緊跟著又扯到張明德案上，並明確「自此朕與允禩，父子之恩絕矣」，徹底封殺胤禩。

如此一來，能選擇的人只有皇四子胤禛和皇十四子胤禵，胤禵是個將才，玄燁雖然格外厚愛，封其為「大將軍王」，但明眼人都知道胤禵不是當皇上的料，在奪嫡風波中，胤禵更是公開表示支持八哥胤禩，等於退出繼承人的爭奪。

玄燁一直到人生最後都沒有對繼承人問題給出一個很完美的答案，然而，歲月不等人，生龍活虎六十多年的康熙帝，最終還是帶著遺憾離開人世。

康熙六十一年（一七二二年）十一月十三日，這位統治中國一甲子的皇帝在北京郊區的暢春園中去世，直到去世前的幾天，他都在為籌集平定準噶爾的軍糧而連夜思考。生命的最後時刻，玄燁留下遺詔：「雍親王皇四子胤禛，人品貴重，深肖朕躬，必能克承大統。」表示將皇位傳給四皇子胤禛。

胤禛的繼位究竟是不是康熙帝最後的答案，已然無從推測，由此引發出「雍正繼位存疑」的說法，卻在之後很長時間裡，成為一樁公案。

有個很扯的說法是，胤禛篡改了遺詔，本來玄燁是「傳位十四阿哥」，胤禛拿毛筆改成「傳位於四阿哥」。這一聽就不可靠，能反駁的理由實在是太多。

首先，無論原話是什麼，遺詔裡壓根沒這句「傳位……」，能編出這話的肯定沒看過《清實錄》，前面還帶著「雍親王」三個字呢，原話剛才講了，是「雍親王皇四子胤禛」，「阿哥」和「少爺」差不多，不是官方用詞，不可能出現在正規文件裡。

再者，很多史學家都提過語言對不上，清朝的正式文件必須用滿、漢兩種文字，而涉及遺詔這種內容，肯定得再加上蒙古語，清朝皇帝從名義上講也是蒙古人的大汗。三種語言加在一起，竄改的可能幾乎為零，胤禛要是有那種能耐，還不如直接重寫一份。

最重要的是，我們看《清實錄》，玄燁去世前的一個月，胤禛已經開始有條不紊地接班，甚至連南郊大祭這種活動都交給他，已經很明顯是皇太子的待遇，以前胤礽也是這樣。而且下遺詔時，所有人全在場（召皇三子誠親王胤祉、皇七子淳郡王胤祐、皇八子貝勒胤禩、皇九子貝子胤禟、皇十子敦郡王胤䄉、皇十二子貝子胤祹、皇十三子胤祥、理藩院尚書隆科多至御榻前），反倒是胤禛因主持南郊大祭，晚到了很久，大家對遺詔都沒有異議。

一場持續數十年的「九子奪嫡」風波，就此落下帷幕，登基的胤禛宣布改元為「雍正」，這個年號的背後，也許胤禛悄無聲息地宣布主權：雍親王的繼位是正義且正確的，他將用之後人生中所有的時光來實踐這一宣言。

康熙六十一年的夕陽，在紫禁城的黃色琉璃瓦上戀戀不捨地撒下一層金色，就此黯然退場，而一個朝代和國家的晨光才剛剛升起，並將在雍正的時代裡，逐步走向巔峰。

四爺的新政

一直以韜光養晦、低調無聞著稱的皇四子胤禛，在「九子奪嫡」中笑到了最後，登基之始，就露出了獠牙，和他奪位的兄弟幾乎都遭到囚禁和流放，他們的黨羽也在朝堂上受到清洗。他將在養心殿內外展開一系列改革，並亮出自己的政柄，為帝國的發展注入新的血液。

壹

玄燁病逝於暢春園，但葬禮不能辦在這裡，皇帝一定得在乾清宮發喪。如此一來，人們發現一個比較尷尬的情況，新皇帝住哪裡？

胤禛原有自己的府邸，就是現在北京城的雍和宮，康熙朝時叫雍親王府，明朝時是太監住的地方。不過當了皇帝，再住雍和宮就不合適了，最起碼要替老皇帝守陵，必須住在宮裡，乾清宮又住不了，四爺靈機一動，決定暫住乾清宮的東廡，等守孝完後再搬回乾清宮正殿。

這種暫住的地方一般被稱為「倚廬」，意思是說這地方和當初玄燁替孝莊太后守靈時搭的帳篷一樣，過去父母逝世都必須有這麼一個草廬在墳塋邊上，孩子在裡面守孝三年，皇家特殊一些，都是二十七天。

胤禛很明白自己的繼位不管到底「正」不「正」，他所面臨的政治局面都不比康熙早年來得舒服，甚至更加棘手，他需要為自己爭取時間，樹立威信，因此登基後，他打出一系列組合拳，穩住政局。

第一招是盡孝，老爹康熙帝以孝道著稱，你要是做得差了，別人肯定覺得基因有問題。父親玄燁的葬禮上，那些用於祭祀而擺設的器物，胤禛親自一件件擺好，絕不假手他人；同時住在「倚廬」之內，一定是席地而睡，絕不違背禮節；每天夜半五更按時早起，去皇太后宮裡請安；這種效果相當明顯，「哀感群臣。咸痛哭地，莫能仰視」，不用管群臣是裝的還是真的，但大多數中立臣子都被新皇帝的做法感動。

第二招是恩威並施，對於支持自己的人，玩命賞賜，如皇十三子允祥（胤禛繼位後，兄弟們為避諱，改「胤」為「允」）之前一直默默無聞，胤禛繼位當天就封他為「和碩怡親王」，這已經是滿族貴族的頂配，之後又讓允祥擔任總理事務大臣，協管內務府、西北軍務。治喪、京城軍隊乃至水利都是一把抓，說是「二皇帝」都不為過。

而對那些和自己對著幹的兄弟則下狠手圈禁起來，老八胤禩被改名「阿其那（豬）」、老九胤禟則被改名「塞思黑（狗）」，連號稱「大將軍王」的十四阿哥都被解除軍權，這些動作迅速震驚朝野。

這種大規模換血，沒點動盪是不可能的，這個時候必須有一面大旗，胤禛選擇第三招「尊先」，就是推崇父親玄燁的功績。

尊先和盡孝是兩碼事，盡孝是做好自己為人子的本分，尊先則是認可父親的功績來表達自己的政治傾向，當然前提是你爹必須不差，要是趕上明英宗朱祁鎮之類的還是算了吧。玄燁的功績自然沒得說，因此在給父親的廟號上，胤禛力排眾議，圈定了「聖祖」。

養心殿內的「勤政親賢殿」，其中「勤政親賢」為胤禛手書

為什麼說力排眾議呢？正常來說一個朝代頂多是兩個「祖」，一般就一個，即第一個是「太祖」，明朝的「成祖」是朱厚熜不守規矩，擅自替祖宗朱棣改的，人家本來是「太宗」。清朝前幾個皇帝裡，努爾哈赤是「太祖」，皇太極是「太宗」，都沒什麼問題，福臨是因為入關的功勞太大，和忽必烈相同待遇，都是「世祖」，按理說之後就沒有「祖」這個說法，都必須是「宗」。

胤禛覺得老爹打下來的領土快趕上一個國家，提出「惟祖號，可以顯彰大行皇帝之隆功」，拿針把自己的指頭刺破，用鮮血把「聖祖」兩字一圈，就這麼定了。從此以後，清朝前期就有「三祖（太祖、世祖、聖祖）一宗（太宗）」的說法，估計玄燁在地底下聽了這廟號會暈過去，「聖祖」多少年沒人用了，唐朝時的唐玄宗都是覥著臉追尊老子為「聖祖」，沒想到自己用上了。

這還沒結束，胤禛接著說：「皇考大行皇帝、聖德神功。罕有比倫。實為亙古未有之聖君。朕亦不宜行近代相沿之典禮。」我爹太厲害了，我覺得一般的喪葬習俗不太合適，提出「朕思乾清宮乃皇考六十餘年所御。朕即居住。心實不忍」，不去住乾清宮（指正殿，不是東廡），把養心殿稍加修繕，改住養心殿（朕意欲居於月華門外養心殿、守孝二十七月。以盡朕心）。

胤禛這一手玩得太妙，他早就明白清朝入關後百八十年的經營，天下早就是愛新覺羅氏的天下了，他的統治危機只可能來自內部。他以守孝之名坐鎮養心殿，就已經處在不敗之地，大義在手，孝道在口，胤禛可以全力出擊了。

而群臣想不到的是，皇帝一出乾清宮，就再也沒有回去過，從此開啟養心殿的「軸心時代」，後來胤禛的兒子乾隆帝弘曆也以這地為「皇考十三年臨御之地」為理由，繼續住在這裡，從此之後，歷代清朝皇帝都居住在養心殿而非乾清宮，乾清宮變成純粹意義上的「辦公室」。

住的地方換了，政策當然也得換。

貳

玄燁選擇胤禛繼位，很重要的原因之一就是胤禛的勢力不像其他人那樣盤根錯節，手下的得力幹將都是軍方實權人物，處理朝政時不用有太多顧忌。

一代人做一代人的事情，玄燁清楚，康熙朝接連不斷的戰爭已經讓這個國家出現嚴重隱患。戰爭的本質就是調集民間潛藏的人力、物力由國家集中調配，在集中的過程中，中央必須下放一定權力給徵集錢物的官員，用腳趾頭想都知道，肯定會出現各種貪汙腐敗。

《清史稿》毫不避諱地說：「聖祖在位六十年。政事務為寬大，不肖官吏，恆恃包荒，任意虧欠，上官亦曲相容隱，勒限追補，視為故事。」吏治非常黑暗，畢竟要讓馬兒跑，又不讓馬兒吃草是不可能的，到了康熙末年，已經有嚴重的財政危機，胤禛一上臺第一個月，京城就面臨「米價騰貴」的問題，更不用說其他地方。

說白了，玄燁的繼承人可以不是治國天才，也可以不那麼多才多藝，但下手必須狠，而且自己也得乾淨，老二和老八就輸在這一點，無論他們誰上，都無法解決康熙朝遺留的弊政，只有胤禛可以，底子清白，手裡有刀子（軍方實權人物隆科多和年羹堯）。在這個基礎上，胤禛開始坐鎮養心殿，處理內外事務。

對內的第一要務就是搞錢和搞人，大清洗是必須的，但這是人治，不是法治，無法形成規矩。胤禛規定「一應奏銷錢糧米石，物價工料，必須詳查核實……核估不實者，事覺將堂司官從重治罪」，擺明要和貪官汙吏鬥爭到底，並推行「火耗歸公」。

以前把賦稅往中央繳納時，銅錢、碎銀子重新熔成整塊會有損耗，這個損耗叫做「火耗」。雍正之前，這塊默認是地方官的福利，胤禛上位一看急了，損耗這種事全憑一張嘴，各級盤剝下來，「火耗」一年比一年多，所以重新按照明朝的資料定規矩，不能比這個多，再多就不是技術性問題，是人的問題，這就為清朝地方官的貪汙問題劃了一個下限。

官員們一開始不樂意，清朝文官工資標準是按照明朝的資料定的，物價都起飛了，您還拿著朱元璋時的價格說事，這是用前朝的工資羞辱本朝的官呀。胤禛眼看大棒奏效，馬上拋出「胡蘿蔔」，開始實行「養廉銀」，每個官員都可以領一筆數倍於工資的補貼，瞬間平息官員們的憤懣之情。「火耗歸公」和「養廉銀」盡顯帝王權術，還把原來不透明的貪汙變成透明化的薪資，一舉多得。

而對外，他堅持西進，繼續對準噶爾和西藏用兵，但在這個過程中，胤禛突然發現手底下沒人了。雍正朝其實仗打得不怎麼樣，西邊打得還算熱鬧，但比康熙朝差了點，北邊的貝加爾湖也是那時丟出去的，胤禛上臺太倉促了，朝中自己人不多，比較多疑。最早他很信任隆科多和年羹堯，隆科多是他的舅舅，掌管中央軍權，上朝時，胤禛都直接喊「舅」；年羹堯是他的死黨，主要在外負責西北軍事大局。沒承想，一人得道雞犬升天，這兩人沒幾年開始膨脹了。

先是老年，在西北打了幾個勝仗，不知道自己姓什麼了，平定青海後回京，胤禛安排各路王公大臣迎接功臣，年功臣居然直接大咧咧地騎馬走過去，平時寫個文件更是出現「令諭」這種字眼，純粹是自己找死，而且各種貪汙受賄，和雍正朝的新政對著幹，多次警告年羹堯不聽，最後把胤禛惹急了。雍正三年（一七二五年），下旨公布年羹堯罪狀，將其賜死，其黨羽遭到清算，西北大局就此面臨無將的局面。

再之後，隆科多也不老實。皇上叫你一聲「舅舅」，你不能真拿人家當外甥呀。但隆科多這傻子還真這麼做，縱容手底下的人隨意干涉朝政，甚至私藏「玉牒」，這就觸及紅線了。

玉牒是皇家家譜，別說是「皇舅」，就算是皇上都不能隨便動，平時要供著放在中和殿，隆科多說破大天也是「佟佳氏」，不是「愛新覺羅氏」。最後胤禛暴怒，把隆科多幽禁至死。

胤禛感到很寒心，後來把隆科多和年羹堯二人比做康熙朝的明珠和索額圖，認為「明珠、索額圖結黨行私，聖祖解其要職，置之閒散，何嘗更加信用？隆科多、年羹堯若不知恐懼，痛改前非，欲如明珠等，萬不能也」，沒承想兩人好的不學，走上前輩的老路。

如此一來，胤禛沒有了軍隊裡的左膀右臂，必須自己操心軍務，才有了軍機處的設立。

參

雍正七年（一七二九年），為了處理西北的軍務，胤禛在乾清門邊上設立軍機處，一開始叫「軍機房」，最早的目的是為了「辦理軍機處、密行事件」，這樣保密性比較強，不至於在外朝前三殿地方洩漏機密。其實「乾清門旁邊」這個說法，在雍正朝看來有些不太合適，更準確的說法應該是「養心殿以內，隆宗門以外」，畢竟皇帝住在養心殿而非乾清宮，軍機處的設立顯然是為了前者而非後者。

絕大多數涉及清朝的影視作品裡，軍機處都能算得上如雷貫耳，因此很多人一進北京故宮，就開始找軍機處的牌子，但沒有導遊，這地方確實不好找，就是一排簡陋的木板小平房，看上去比售票處寒磣，裡面除了桌椅長凳之類沒別的了。之所以這麼樸素，主要是最早胤禛設立軍機處時沒打算一直用，僅當臨時辦事處，只不過之後離不開了，變成常設機構。

軍機處最大的特點就是「無專員」，有點像明朝的「東廠」，的確是有機構，甚至禮部的備案裡也有這個地方單獨的印章和辦公用品。只要皇帝認為某個人有用，就可以把他變成「軍機大臣」，但其人的編制不在這裡，也不能在其中得到升遷。

有什麼好處呢？答案是簡在帝心，不在軍機處升遷，但在軍機處做的事只要讓皇帝滿意，就可以飛黃騰達。

這個機構從設立之初，就帶著濃厚的專制色彩，畢竟當時軍隊上的事成為朝政的一大項，大家必須絕對

軍機處值房

服從皇帝，不能說打個仗大家三、四個意見，最後兵分三路，青海、西藏、新疆一起來，肯定全部完蛋。軍機大臣們「只供傳述繕撰，而不能稍有贊畫於其間」，不能瞎說，上面怎麼吩咐你怎麼做，自己瞎寫回頭就把你撤了。

如果把這種軍事上的服從思想帶到政治裡，就有兩面性，一方面是高效能，而另一方面則是獨裁。偏偏雍正太敏感，兩者相較取其輕，選擇繼續保留軍機處，而這種軍事專制思想也保留下來，在後世爭議頗多。

日本漢學家內藤湖南在《清史九講》認為：「整體而言確實不好多於好。」這位老先生寫書時清朝還在，屬於「當代史」，他的論斷還是有一點道理。

軍機處建立的背景很值得玩味，到了雍正朝時，議政大臣會議已經名存實亡，玄燁實在活得太久，皇太極那時，議政大臣是哥哥說弟弟，必須聽著；順治朝時，是伯叔說侄子，也得聽著；但玄燁活了那麼久，在家族內部也是愛新覺羅氏輩分最長，議政大臣全都是兒子輩，別說議政，坐姿不端正都不行，議政大臣自然沒什麼人當回事。

胤禛撿了個現成的福利，設立軍機處自然沒什麼壓力，軍機處的設立最早可能真不是處心積慮地為了收權，只不過後續慢慢感受到很多好處而已，不然胤禛不至於收拾起年羹堯和隆科多來這麼輕鬆，很可能就是圖便利，用起來順手。

這個「順手」，不單是說用人，處理事務的速度上也快，清朝學者梁章鉅在主要論及軍機處的《樞桓紀略》記載：「軍機處有廷寄。凡機事慮漏泄不便發抄者，則軍機大臣面承後，撰擬進呈。發出即封入紙函，用辦理軍機處銀印鈐之，交兵部加封發驛馳遞。其遲速皆由軍機司員判明於函外，曰馬上飛遞者，不過日行三百里，有緊急則另判日行里數，或四、五百里，或六百里，並有六百里加緊者。即此一事，已為前代所未有。」

從這個思路上說，軍機處的設立，無論是職能上還是客觀條件上，確實讓紫禁城裡的皇權達到巔峰。和老爹多次親征與下江南不同，從小天南地北閒晃的胤禛，自從當了皇帝，就走向另一個極端，在他十三年的皇帝生涯中，幾乎沒有出過北京城，與軍機處的高效能密切相關。

園裡宮內

不惑之年登上帝位的雍正，在軍機處這一部門的輔佐下，爆發人生的全部潛能，高效能與勤奮在這位以隱忍著稱的帝王身上得到最好的體現。雍正時代的紫禁城變成中國最恐怖的政治機器，而忙碌之餘，胤禛充分發揮藝術細胞，大到園林中的亭臺樓閣，小到書房裡的書畫瓷器，處處都體現這位勤政之君的閒情雅致。

壹

雍正朝對國家的內在更新，可以說是漸進而全面的過程，不僅是機構的設立，也有政務處理方式上細節的改革。

議政大臣會議不好使後，御門聽政就不那麼合適。胤禛登基時，眼看都五十歲的人，早就該官窯杯子裡泡枸杞，哪能像老爹年輕時那麼自由奔放，天天上朝。更何況當年康熙朝設立御門聽政，一是為了抓權，二是為了處理積壓的政務。玄燁當了一甲子皇帝，早就沒有積壓的政務，皇權也高度統一，實在沒必要天天五、六點爬起來幹活。那時更流行奏摺辦事，能遞摺子的就別見面。

況且到了康熙朝末年，奏摺制度慢慢有了變化，大家發現一份文件要給皇帝密奏一份，皇帝點頭後再來一份正式的，很麻煩。特別是軍機處設立前，兩邊文件傳輸速度不一樣，非常折磨人。以江南為例，密摺傳遞速度和正常文件比，大概能提前五天到京城。清朝皇帝都比較務實，特別是打仗多時，真這麼做太耽誤政務，就慢慢默許用摺子彙報，其實和現在大公司高層的辦公差不多，都是走文件和信件。

康熙朝時，皇上批摺子其實不累，因為只要批那些王公貴族和高級官員的摺子就行，等於是御門聽政的書面化。但胤禛上臺，根基不牢，對各路大臣都不熟悉，一咬牙，把奏事的權力給下放到「知州」一級，就是現在的「市」級，全國大大小小的官員都能向皇上彙報工作，而且彙報的東西比康熙朝多，「其所陳奏皆有關國計民生……亦可於奏摺中詳悉批示，以定行止」，事無巨細都可以彙報，一下子就把皇帝的工作量翻了好幾倍。而且這些全是「密摺」，只能「天子親筆批答，閣臣不得與聞」，胤禛必須全部自己搞定。

後來有人統計，胤禛在位十三年，一共批了約二千萬字左右，除去過年等一些必須參加的節日之外，平均每天要批閱三千到五千字，非常驚人，全都是朱筆紅墨加蠅頭小楷，一個字一個字寫出來，有些批示甚至比臣子的奏摺都長，以至於好多臣子都不敢相信這些全是皇帝一個人做的，看得出當年上書房裡沒白練，一般人壓根做不了這工作，胤禛都說：「各省文武官員之奏摺一日之間嘗至二、三十件，或多至五、六十件，皆朕親自覽閱批發，從無留滯。」自豪之情，溢於言表。

這麼多摺子裡，內容五花八門，我們不妨挑幾個有意思的看看雍正朝的日常政務。

有的是純粹來拍馬屁，胤禛上臺後讓兄弟們名字的「胤」都改成「允」，以前沒這說法，玄燁時也就是宮裡的「玄武門」改成「神武門」而已，有的官員就慌了，當時臺灣總兵藍廷珍，名字裡有字音和「禛」相同，就在雍正元年遞了摺子，說：「臣本名廷珍……似於尊敬之義未協。請將臣名廷珍改為廷瑛字樣，以符禮制。」

胤禛無言，心想臺灣島的摺子跨越海峽過來，就為了名字，當即批覆「不必」，之後可能怕他多想，又囉嗦一堆：「從來只諱上一字。近來將下一字都要諱，覺太煩。況朕諱下字，同音者頗多。」說一般只避名字裡第一個字就行，你這個太麻煩，而且吐槽自己名字同音字太多，最後慷慨地表示「你的名字朕甚喜歡，就是原字好」，不用改了。

有的摺子是皇上的親信送來，胤禛在摺子裡以比較私人的語氣罵人，像蘇州織造李秉忠上任後，按例寫了感謝信給皇上，一般江寧織造、蘇州織造的職位都是皇帝的親信官吏擔任，順便要監察江南民情，所以胤禛說話相當不客氣，上來就批道：「你包衣人下賤奴才……負朕恩者甚多，連你此奏朕亦不敢信，只是行與朕看，看你的造化。」一趟大白話下來，估計挨罵的官員心裡高興呢，說明皇上還把你當自己人，不見外。

而給年羹堯的奏摺批覆裡，胤禛也說過：「朕覽之，實實心寒之極！看此光景，你並不知感悔。上蒼在上，朕若負你，天誅地滅；你若負朕，不知上蒼如何發落你也。」這話在私信裡都掰開揉碎講，是真把老年當自己人，奈何年羹堯不覺悟。

還有一類奏摺，就是「請安摺」，這種摺子最讓皇上覺得噁心，完全是廢話，就是問皇上您現在安好嗎？皇上心想這不扯淡嗎？我不安好怎麼批你摺子呀！但臣子不請安還不行，大家都請安你不請，那就是希望皇上「不安」，就像對長官拜年一樣，長官記不住誰拜過，肯定能記住誰沒拜；摺子上來，皇上不批也不行，人家千里迢迢送過來，你不能冷了臣子的心，起碼得寫個「朕安」，也算是君臣互動的日常。

後來胤禛學聰明了，對奏摺的細節進行明確的規定，只有「請安摺」是用黃摺，其他的「奏事摺」都是白摺，「奏事摺」又分為正常的奏事和賀表，賀表的白摺外面得加個黃綾封面，這樣皇上一看就知道，黃摺子往後放，先挑有事的白摺看。

最令人驚訝的是，胤禛不愧是理財高手，連奏摺用的紙張和大小都有說法，不允許用宣紙，太貴，大家都用竹紙寫，一個摺本是二十二公分長，十公分寬，打開以後單面是六行，一行十二個字，方便皇上閱讀，和科舉考試殿試的卷子差不多。

這些摺子在清朝檔案裡都能看到，非常多，清朝的摺子都有規矩，你寫完，皇上發下來你看完，不能私藏，因為是「密摺」，信使得回收，不然天子來一句「下賤奴才」什麼的，被人知道了顯得沒素質。

這些運回來的摺子會統一堆到乾清宮西廡的懋勤殿，緊貼著就是批本處，以供隨時查驗。後來鑑於火災問題，也會備案一份去軍機處存檔，外朝不能看，這些檔又被叫做「宮中檔」，滿文、漢文都有，浩如煙海，其整理工作到現在仍在繼續。

貳

自從高強度批文件工作後，上朝這種事就變得有些可有可無，胤禛開始琢磨著，批摺子在哪裡批都行，為何非在養心殿裡，索性換個辦公環境，來到京城郊外的圓明園中。

圓明園的位置緊貼著康熙帝逝世的暢春園，最早修建於康熙四十六年（一七〇七年），胤禛還是雍親王時就看中這裡，請老爸把暢春園北邊的地方賜給自己，建了這座圓明園。

關於「圓明園」這個名字，是胤禛當皇子時信佛，自己取個「圓明居士」的雅號，拿這個名字命名院子，未嘗沒有暗示老爹自己比較佛系，不想爭位子的意思。沒承想之後居然真當了皇上，繼續拿著佛語掛嘴邊上就不合適了，胤禛就出來官方闢謠一番，解釋說：「圓而入神，君子之時中也；明而普照，達人之睿智也。」暗合儒家的中庸之道。

康熙朝時，胤禛還是雍親王，不能僭越禮制，圓明園裝飾得稍微樸素點，不過整體很雅致，打理得井井有條，其中的牡丹園更是康熙帝每年必去的所在。等胤禛登基後，立刻著手對圓明園改建，而這次改建讓這處園林成為清代皇家建築最典範的所在，也是清朝國力正式走向強盛的標誌。

這三年裡，胤禛早已對圓明園的修建思路和所需材料有了準備，先派出人查驗風水，再依據風水給出設計圖，下面的人給的意見很詳細，認為「正殿居中央，以建皇極八方拱向……正南九紫建立宮門……大殿繫貪狼吉星，以理事殿佐之」，這些理念顯然超出正常園林的範疇，如正北處的鐘樓、西北處的佛堂也是根據風水所勘定，都設計得差不多，再交給皇家著名的御用工匠家族「樣式雷」進行動工。

說起樣式雷，算是康熙年間就叫得響亮的名頭。雷家原來是江西人，「三藩之亂」後來到京城當工匠，第二代匠人雷金玉參與過三大殿的重修。當時太和殿正趕著上梁，玄燁親自觀禮，剛好遇到榫卯卡不上，大家著急，忙了幾年，最後一步卻尷尬了，等於當著皇帝的面打臉。更要命的是上梁的人必須是七品官，七品官哪懂這種技術性問題，關鍵時刻，雷金玉臨危受命，穿上七品官衣，拎著斧頭就上去了，兩斧頭下來，大梁順利安放。

這事被玄燁大為讚賞，將之提拔為七品的內務府總理工程處章案，相當於執掌「樣式房（皇家建築設計院）」，並主持修建暢春園，也讓皇上很滿意，「樣式雷」的說法就叫開了，雷家因此入內務府的「包衣」籍，成為旗人，此後數代人都執掌皇家「樣式房」。

後來清朝所有的皇家建築，如頤和園、景山、天壇和承德避暑山莊等，皆出自樣式雷家族的手筆。到了胤禛即位之初，第一代樣式雷雷金玉已是晚年，但老而彌堅，親自操刀修建這座皇家園林，隨後在雍正七年逝世，圓明園堪稱是雷金玉的絕筆之作。

雍親王時期的圓明園，建築主要在後湖前面的「九州清晏」附近，一共前中後三座大殿，我們看胤禛登基前的詩集《雍邸集》，許多詩寫的就是圓明園的十二景，包括深柳讀書堂、竹子院、牡丹室、耕織軒等都已經存在。「九州清晏」的正堂門口還掛著康熙帝手書的圓明園牌匾，一直在原處沒有動過，只不過後面在殿內添副對聯，上面寫著：

每對青山綠水會心處，一丘一壑總自天恩浩蕩

常從霽月光風悅目時，一草一木莫非帝德高深

簡單地說就是觸景生情，想起老爹賜園子的恩德。

新的工程主要是往南邊擴，《日下舊聞考》說：「構殿於園之南，御以聽政。」形成類似於紫禁城「前朝後殿」的形制，中間隔著湖，新添正大光明殿、勤政親賢殿等建築，裡面複製紫禁城的意思很明顯，「正大光明」是乾清宮正殿上的牌匾，順治帝寫的，「勤政親賢」則是胤禛的手筆，就懸掛在養心殿的西暖閣裡，用這兩個名字擺明就是當辦公室用。

參

圓明園修好是雍正三年，正好趕上胤禛自稱的守孝滿二十七個月，群臣們趕緊上書，請求皇上老老實實

回乾清宮聽政。大臣們應該知道這規矩其實過時了，但沒辦法，你爹聖祖皇帝就是這麼做，你不做不合適。

結果被胤禛義正辭嚴地拒絕，認為「今之二十七月。並非勉強從事，沽取孝名。以為觀美，祇求朕心之安耳，禮盡則朕心自安」，意思是我不回宮不是為了沽名釣譽，就是盡孝，什麼時候安心什麼時候回去，言下之意是你們少廢話。隨後就經常以「避喧聽政」躲了出去，這理由他老爹也用過，玄燁晚年也扛不住每天早起，經常找個理由外出閒晃或去暢春園，這個傳統被胤禛發揚光大。

之後胤禛更是毫不掩飾想往圓明園搬家的想法，在一處批示中，他提出「郊外水土氣味較城內稍清」，城裡汙染比較厲害，圓明園空氣好，同時還說：「朕在圓明園與宮中無異，凡應辦之事照常辦理。」正式明確圓明園在政治生活「與宮中無異」的地位。

胤禛說到做到，在之後近十年裡，他在圓明園真的是兩不耽誤，一邊處理各種政務，一邊享受園林風光，《清實錄》關於胤禛「幸圓明園」的記載，高達近百次之多。

雍正十三年（一七三五年），這位忙碌十三年的君主，在他心愛的圓明園中溘然長逝，享年五十八歲，逝世前的最後兩天，依然在案前埋首工作，處理著各個衙門送過來的諸多奏章，並在上面溫情地批示「朕躬安適如常」來寬慰臣子們的心思。對胤禛來說，人生那些最美好的時光似乎都發生在這座園子裡，他在這裡陪著父親享受天倫之樂，也在這裡度過屬於帝王的絕大多數生活，或許在胤禛的心中，紫禁城代表著冰冷、陰謀和死亡，只有在圓明園裡，才能感受到四季如春的溫暖。

關於胤禛的突然離世，後世傳出諸多說法，如「丹藥暴斃說」和「呂四娘刺殺說」等，其實都經不起推敲，胤禛雖然愛服丹藥，但那時的丹藥就和嘉靖帝朱厚熜吃的一樣，只是一種保健品，吃不死人，後來煉丹藥的那些人沒被處死。而刺殺的說法也靠不住，一介平民在圓明園這種地方別說知道皇帝在哪兒了，可能連

雍正圓明園行樂圖，郎世寧繪

乾清宮的「正大光明」匾

路都找不到，更是無稽之談。胤禛真正的死因應該是過度勞累之下，加上夏季高溫所引發的猝死，也符合他之前有過中暑的病史。

另一個反駁證據是，胤禛在死之前都保持絕對清醒，並親自讓大學士鄂爾泰和張廷玉撰寫遺詔，這封遺詔堪稱清朝歷史上影響力最強的一份遺詔，對後來的繼承制度影響深遠。

遺詔一開始，胤禛先追溯這十三年做的事，像打西北、火耗歸公這些事都沒提，只是說自己懷著「至誠之心」，各種行為全是追隨老爹玄燁的腳步（惟仰體聖祖之心以為心，仰法聖祖之政以為政），然後暴露一點佛家的思想，說現在眼看要離世了（今朕躬不豫，奄棄臣民），但「朕身本無生，去來一如」，看起來非常淡定，只是「志願未竟，不無微憾」，有點可惜沒再為國家服務兩年，但就這些年做的事來說，「自信無負」。

接著，他說了繼承人問題，提出皇位傳給四皇子寶親王弘曆，並在遺詔裡說，這是我提前定好的規矩，祕密立儲，收藏在「乾清宮最高處」，就是「正大光明」匾額的後面。這直接改變清朝的繼承人制度，從此開始，清朝沒有再立過皇太子，到時候大家從乾清宮上面拿出來，一看就知道。

他還告訴繼承人弘曆，你老爸我繼位時政局混亂（人情澆薄，官吏營私，相習成風，罔知省改），所以我玩了一手狠的，但都是「欲暫行於一時」，別一直這麼做，回頭再按你爺爺那套調整過來。

遺詔最後，胤禛把好處留給幫他起草遺詔的鄂爾泰與張廷玉，對兒子說這兩人都是我要保的，放心去用，用完後，讓他們進太廟，表示我們皇家對得住人家（二臣著配享太廟，以昭恩禮），一下子拉住兩位功臣的心。寫進遺詔裡的內容，即使後世子孫不滿，也不能推翻，否則就是不孝，後來鄂爾泰死後，他的孩子犯錯，弘曆也不敢把這位老臣從太廟裡搬出來。

胤禛的這份遺詔一如他十三年的帝王生涯一樣，高效能而實際，又帶著幾分溫情與冷幽默。他接手的是一個如日方升卻充滿隱患的帝國，而他離開時，留下莊嚴的法度、便捷的機構、廉潔的吏治和一座美輪美奐的園林，他最終的諡號為「憲皇帝」，按照中國帝王諡號的傳統，聖能法天曰憲，創制垂法曰憲，刑政四方曰憲，文武可法曰憲，無論從哪一方面，胤禛都當得起這個稱呼。

第六章

最後的盛世

乾隆朝之民族大不同

雍正十三年九月初三，寶親王弘曆在太和殿中正式登基時，人們發現嶄新的時代已經到了，不同於祖輩的篳路藍縷和父輩的戰戰兢兢，新的君主有著青年的銳意進取和極端自信，執意要在軍事上繼承先輩的榮光，而由此帶來不同民族的文化，將在紫禁城中展現不可思議的化學變化。清朝一直以來堅持的「漢化」之路也將在乾隆朝發生巨大轉折，並推動這個國家走向變幻莫測的未來。

壹

乾隆帝弘曆的登基是清朝開國以來最順的一次，胤禛前面兩位全是小孩，臨時決定的，胤禛上位也很倉促，四十五歲登基時已經一把年紀，還經歷「九子奪嫡」這種長期的宮廷鬥爭，這些經歷讓他們的性格裡多了謹慎、敏感的成分。

但到了弘曆，簡直是天胡開局，運氣好得不行。老爹還在韜光養晦裝孫子時，他這個真孫子就已經比大多數皇子受寵。

乾隆帝大閱圖，郎世寧繪

玄燁晚年時，到圓明園裡一見這個孫子就非常喜愛，將弘曆養在宮裡，「親授書課，教牖有加」，這種待遇連他爹都沒有，後來在遺詔裡，胤禛也承認弘曆「聖祖皇考於諸孫之中，最為鍾愛」，這種打小被爺爺寵起來的「皇三代」，上臺後自然自信心爆棚。

況且老爹胤禛還留下了如此豐厚的政治遺產：戰場上，準噶爾汗國那時已經苟延殘喘，就等著摘桃子；吏治上，胤禛已經把官員都收拾得很老實，弘曆只要表示恩德就能讓他們感激涕零；班底上，滿族有鄂爾泰，漢族有張廷玉，其中，鄂爾泰長期在地方上任職，處理邊疆問題上更是實行「改土歸流」政策的大功臣，張廷玉的父親就是之前當過胤礽老師的張英，都是軍機處最早的一班重臣。

這種基礎上，弘曆格外嚮往祖父玄燁的功勛，對內寬仁，貪汙上抓大放小，得到百官擁戴；對外則銳意進取，奠定現在中國的疆域，弘曆晚年十分得意，把打贏的仗湊個「十全武功」，以此自誇。

這位皇帝登基時，誰都沒料想到，他的執政生涯會如此之長。弘曆二十五歲登基，一直做到八十五歲，整整一甲子，之後退休還當了三年太上皇，加起來六十三年半。這個漫長的過程中，他的思想逐漸發生變化，尤其是對於漢文化的態度上，開始偏離清朝之前列位皇帝的認知。

清朝的皇帝從皇太極一直到胤禛，走的都是漢化的路數，並在這個基礎上，保持滿族原汁原味的文化，坤寧宮的祭神就是一個例子。特別是雍正朝時，漢人的官吏得到很大的重用，張廷玉的排名甚至還在鄂爾泰前面，成為清朝唯一配祭太廟的漢臣。

弘曆卻不認同這一點，在南征北戰建立「十全武功」的過程中，他頻繁接觸各族文化，並以一種開放的態度接納。

鮮有人知的是，弘曆是清朝皇帝通曉語言種類最多的一個，大概在乾隆八年（一七四三年），他開始自學蒙古語；乾隆二十五年（一七六〇年），平定新疆回部，開始學回族語；到了乾隆四十五年（一七八〇年），以七十歲高齡，開始學習唐古特語（藏語的一支），他很以此為榮，寫詩說：「弗藉舌人通譯語，華燈聯席共歡論。」用不著翻譯，在宴會上就能和各路少數民族頭領把酒言歡，這種語言天賦簡直是強到爆表。

由學語言這件小事不難看出，弘曆的執政內在思路是想改變原本以漢族儒文化為主、滿族傳統文化為輔的格局，希望重新搭建一個滿族文化為核心，輔以漢族文化和其他民族文化的大框架，必須弄明白這個思想，才能明白乾隆六十餘年間，在朝堂上和紫禁城裡發生的一系列變化。

貳

弘曆首先要做的就是把漢文化壓住。

這一點在朝廷上就很明顯，鄂爾泰和張廷玉一直不太對盤，分成滿、漢兩幫臣子對著掐，弘曆不光不制止，還放任這種情況發展。之後鄂爾泰在乾隆十年（一七四五年）逝世，弘曆就開始針對張廷玉。

張廷玉知道一朝天子一朝臣，自己七十出頭了，再待著惹人嫌，好幾次堅決辭官，但辭官前，老張不知輕重。漢族文官一般把名聲看得很重，張廷玉生怕死後進太廟這件事告吹，就想讓弘曆寫個保證書，弘曆咬著牙寫了，準備讓這老頭滾蛋。

沒想到弘曆答應後，左等右等，等到張廷玉的兒子來謝恩，老張自己沒來。

其實還真不是老張膨脹，按理說老臣辭官，正常規矩就是先讓孩子進來謝恩，表示自己走不動路了才辭官，讓孩子來謝皇上批准，不然自己翻著筋斗生龍活虎地進來，會有欺君之嫌。等到正式離開前，本人再親自到紫禁城叩謝，謝的是這些年來皇家的照顧，那時皇帝會賜予手杖、板凳一類的養老之物。弘曆沒管這個規矩，覺得張廷玉有臭毛病，讓他自己過來。

這個旨意還沒發出去，就被在軍機處經營多年的老張提前知道，老張來了後，弘曆很震怒，奪去張廷玉的爵位，又找理由奪走之前皇家賞給他的所有御賜之物。只不過弘曆還是不敢和老爹對著幹，最後乖乖地讓張廷玉進了太廟，但給的諡號卻是文臣裡最低一等的「文和」。

處理張廷玉只是一個引子，以此為理由，弘曆又清洗一遍軍機處，並改革大學士制度，從前的大學士是「四殿兩閣」，弘曆這人有強迫症，非得弄成對稱，把「中和殿大學士」給取消了，加了一個「體仁閣大學士」。這一手是削弱大學士（刪了最高的中和殿，加了最末尾的體仁閣），加強軍機處的話語權。之後的事我們猜都能猜出來，乾隆朝基本上沒有出頭的漢族臣子，全都是滿族臣子節節高升，「十全武功」裡，平定準噶爾的傅恆是滿族富察氏（弘曆的小舅子），還是文武全職，當到大學士裡最高的「保和殿大學士」，打大小金川的阿桂是滿族正藍旗出身，與之相反的，最低一等的「體仁閣大學士」全都是漢人。

打壓朝廷裡的漢臣只是第一步，緊跟著弘曆又透過「文字獄」和編纂《四庫全書》兩個項目，對整個漢族文人團體進行打擊。

「文字獄」在清朝政治史上是值得大書特書的一件事，一直都有，但雍正朝的一些案子多少和西北軍事有些關係，不能算完全不合理，但到了乾隆朝很多純粹是咬文嚼字，最典型的就是著名的「字貫案」。

《字貫》是一部字典，意思是把字像散碎的銅錢一樣貫穿起來，才取了這個名，是江西一個老書生寫的。當年玄燁編了一本《康熙字典》，《字貫》主要是用「部首檢字法」，指出《康熙字典》在查找不便上的一些問題，純粹學術問題。弘曆不樂意了，覺得我爺爺聖祖皇帝弄的書，能有錯嗎？

清代文淵閣內景

然後拿《字貫》一看，怒了，說這裡面有我爺爺和我爹的名字，居然不避諱，最起碼你也得少幾個筆劃呀。這純粹是沒事找事，人家編的是字典，缺斤少兩的字典能看嗎？弘曆純粹耍流氓，還是殺了這個名叫王錫侯的書生。

單看這件事的始末，我們會覺得是弘曆過於敏感。但如果看看清朝的檔案，才發現關於避諱的問題，弘曆有著完全不同的態度。

早在即位之初，鄂爾泰提議避諱，弘曆就提出避諱是「區區拘泥之見」，並明確「嗣後凡遇朕御名之處。不必諱……爾部可傳諭中外。一體遵行」，弘曆之後的皇帝登基後，沒有讓兄弟們改過名字，而是故意改自己的名字為生僻字，不讓兄弟、臣子們麻煩，相當寬容。像弘曆的兒子顒琰，以前叫「永琰」，當了皇帝後，兄弟們都沒改，就他一個人改了，改的這個「顒」字，一般人不翻字典壓根見不著。所以說王錫侯這回事要是正常來說完全不是問題，純粹是被弘曆找漢人的碴，殺雞給猴看。

漢族文人們害怕了，清朝詩人龔自珍說：「避席畏聞文字獄。」害怕到一說文字獄就哆嗦到吃不下飯的地步，連字典都不能寫，那寫點什麼呢？弘曆替他們找了一個差事，編寫《欽定四庫全書》。

這套書現在好多人都知道，而且簡稱為《四庫全書》，這不對。「四庫」說的是「經史子集」，「經」就是儒家正統文化典籍，「史」就是前朝官方史書，「子」是先秦諸子百家著作，「集」則泛指其他文集，這些說法前朝都有，關鍵在「欽定」二字上。

「欽定」就是皇上得看過一遍，確定這些資料沒有抹黑滿族的內容，才能收入《欽定四庫全書》，反之就燒掉，算起來燒掉的比編進去的還多，而且品質有待商榷，後來魯迅給的評價是「清人纂修《四庫全書》而古書亡，因為他們變亂舊式，刪改原文」。

書編好後，弘曆覺得很高興，然後吸取《永樂大典》佚失的教訓，編這套書花了六年，抄為一式七份，放在七個地方，北京文淵閣、遼寧瀋陽文溯閣、圓明園文源閣、河北承德文津閣、揚州文匯閣、鎮江文宗閣和杭州文瀾閣各有一套。紫禁城的文淵閣和明朝那個不一樣，是乾隆四十一年（一七七六年）新建，也是在東華門的外面。

新建的文淵閣非常好找，現在去北京故宮，走到太和殿區域往東邊看，能看到一座青磚黑瓦的建築，和周圍宮殿反差很大，就是文淵閣。建造時仿照浙江寧波著名藏書樓「天一閣」的樣式，選這個顏色也是因為風水學上說黑色屬玄武，主水，用來防火，要真建成紅牆黃瓦說不定哪天就著火了。

從收拾張廷玉，再到「文字獄」和《欽定四庫全書》的編纂，弘曆用了近半個世紀的時間，為清朝國內的漢族文化拴上轡頭，而與此同時，一種更多元的文化開始在乾清門以內的地方流行起來。

參

這種多元的文化在兩座建築上可以較為典型地體現出來，一座是位於寶月樓正對面的禮拜寺；一座是修建在紫禁城的雨花閣。

寶月樓是弘曆的寵妃容妃的居所，位置很好找，正對著西長安街，今天中南海新華門所在的地方就是以前的寶月樓。乾隆二十四年（一七五九年），清朝剛平定新疆的大小和卓叛亂，容妃就跟著大軍一起回來，進入後宮。那時她已經二十六歲，和當年皇太極娶海蘭珠一樣，之前的來歷不可考，據傳她有過婚姻，是霍占吉的妻子，而且體有異香，人稱「香妃」。

但很顯然，容妃做為回族女子的身分和背後的政治意義，要比其本人來得重要，皇太后和弘曆都對其恩寵有加，來的當年就安排住在寶月樓。

很多人由此提出，寶月樓是專門為容妃修建的居所，其實不是，寶月樓修建時是「工戊寅之春」，即乾隆二十三年（一七五八年）春天，新疆的叛亂還沒有平定，後來弘曆在〈御製寶月樓詩〉講：「瀛臺皆前明所建，惟南岸向無殿宇，故為樓以配之。」說白了還是強迫症犯了，覺得西苑的建築都是明朝建的，就南邊缺著一塊，於是在這裡建起一座二層小樓，因為「池與月適當其前，抑亦有肖乎庶寒之庭」，北邊正好能看到太液池裡的月亮，因此得名，讓容妃住在此處，可能是害怕她在後宮受到一群老娘們排擠，單獨在這裡金

屋藏嬌。

雖然寶月樓不是單獨所建，但為了排遣容妃的思鄉之苦，弘曆特意在長安街對面設了「回子營」。找了一群新疆兄弟，搭了帳篷住在寶月樓對面，而且在正對著寶月樓的地方，還修建一所禮拜寺。這意義可就不一樣了，禮拜寺的位置不在宮內，而是在宮外，背後的意義表現出皇家對這種宗教的默許和接納。

弘曆也對容妃的民族習慣充分尊敬，不光親自學習回語，而且平時飲食方面特別給予優待，從中不難看出，弘曆秉持一種完全平等甚至是尊重的態度去接納其他民族的外來文化，不像他的祖父和父親那樣有著非常明確且謹慎的主次觀念。

雨花閣和其背後的藏傳佛教也是如此。

自從入關後，佛教的影響在清皇室內部一直沒斷過。順治帝福臨就是虔誠的佛教徒，而他的母親孝莊太后也信佛，多次去五臺山禮佛，慈寧宮後面也有大佛堂的存在。

後面兩個皇帝裡，玄燁玩的是科學，從小學的是儒家正統，本身對佛教無感，只是出於孝道，對佛教相對親近。這裡所說的佛教，應該都屬於藏傳佛教，孝莊太后是蒙古人，蒙古人在忽必烈時代就接受藏傳佛教，因此藏傳佛教在清代不應該只和藏族聯繫起來，而是和蒙古文化緊密相關。

順治九年（一六五二年），五世達賴進京覲見，福臨當時剛親政不久，信佛應該是這時才開始。

到了康熙三十六年，玄燁在紫禁城的西北處修建中正殿，規定「著供奉佛像，著喇嘛念經」。這地方在明朝時叫「玄極寶殿」，供奉的是道教的三清，能在紫禁城修這種東西的，也就道君皇帝朱厚熜幹得出來。

玄燁修這個應該不是自己信，而是出於政治考慮，

雍和宮

畢竟對西北的戰爭主要發生在藏傳佛教分布區，為了收攏人心，做個姿態也是正常。

弘曆對佛教的信仰應該是來自父親胤禛，胤禛和前幾位不一樣，是真的懂佛教，佛學修為深厚，而且對佛經奧義有著自己的見解。但胤禛對佛教一直保持一種私人化的態度，只是造辦處倒是造了許多佛像之類的小物件，並沒有「大而化之」。

弘曆正是在這一基礎上，於皇家建築中大量引入藏傳佛教的元素，先把老爹的潛邸雍和宮改建成喇嘛廟，又在中正殿區域（中正殿以南）仿照西藏的托林寺，修建「雨花閣」，用來傳布藏傳佛教，這次修建後，藏傳佛教開始在紫禁城裡傳播起來。

肆

乾隆朝之前，皇帝無論對其他宗教有任何傾向，有兩條紅線不能碰，第一是「祭」，第二是「禮」，可在乾隆時代，這兩根紅線全被打破了。

「祭」的問題在宮廷裡非常複雜，真要說起來能單寫一本書。通俗點說，就是皇帝向誰磕頭的問題，一般除了祖宗就是天地，此外再加上一些對社稷有益的神靈，例如去黑龍潭向龍王爺祈雨等，任何一個儀式絕對都馬虎不得，比正常的政務還要重要。

像御門聽政這種事，皇上說今天頭疼腦熱，不去就不去了，但要是趕明日祭天，只要皇上能爬起來，肯定得自己去，因為孔老夫子在《論語》裡放話：「吾不與祭，如不祭。」找人去還不如不去。

根據《欽定大清會典事例》，清朝皇帝一年要參加大約五十場祭祀活動，大多需要皇帝親至，只有在皇帝老了的時候，祭祀才能讓別人協助，因為祭祀這種事非常累，不是磕幾個頭就完事。

玄燁六十歲時，有大臣建議皇帝請人代為祭祀，玄燁依然堅持認為：「朕今年已六十，行禮時兩旁人少為扶助亦可。」到最後的時候，實在是起不來了，才讓胤禛去南郊祭祀，等於默許了胤禛的繼承人身分，否則要是派老八去祭祀，回頭皇上一換，祭天的人變成「阿其那」，老天爺肯定不樂意。

清朝的祭祀，原本分為「滿」、「漢」兩部分。

滿族側重於家，滿族內部一般叫「堂子」，就是神龕，《嘯亭雜錄》記載：「國家起自遼沈，有設竿祭天之禮，名曰：『堂子』。」說的就是這個，但這個「堂子」不在宮裡，在宮外，《養吉齋叢錄》給的位置是「長安左門外，玉河橋東」，大概是後來的使館區一帶。這個和坤寧宮祭神一樣，都屬於家族祭祀，漢族人不參加。漢族則側重於國，祭的是江山社稷，風調雨順，沒承想到了乾隆朝，弘曆還嫌祭得不夠，又加上藏傳佛教。

以前中正殿雖然有藏傳佛教供奉，但史料中並未出現皇帝親去禮佛。玄燁晚年被太子問題搞得心煩意亂，也只是獨自在養心殿或暢春園裡抄抄《心經》。

但乾隆朝的禮佛，確實是搞得轟轟烈烈，不僅把先祖康熙帝的牌位供在雨花閣，更在後來把班禪額爾德尼的「佛牙」供奉在養心殿西暖閣的禪房。而且從此，清朝對藏傳佛教的祭祀形成常規。

北京故宮檔案裡，有三卷中正殿的香火記載，雖然缺失乾隆朝的部分，但根據這份檔案，之後繼位的皇帝每年都會來中正殿和雨花閣上香禮佛，聯手上結的法印都有記載。

藏傳佛教也滲透在「禮」的方面。

清朝皇帝過生日時，照例應當有祈福活動，一般都是道教人士出席主持。但弘曆為母親皇太后和自己過生日時，加入佛教儀式，主要由喇嘛們誦經祈福，而且有時會連續多日誦經。

手下的官員們聞弦歌知雅意，生日的賀禮都改成送佛像，根據內務府的資料，弘曆七十大壽時，臣子們進獻的佛像竟有二千二百三十三尊之多，有些佛像至今仍被北京故宮博物院收藏。看得出來，弘曆對藏傳佛教是真愛，和爺爺玄燁為了政治和軍事目的而設立中正殿完全不一樣。

無論是回族風情還是藏傳佛教，毫無疑問的是，在這種多元的民族融合下，弘曆擁有清代其他君主所不具備的廣闊視野。而紫禁城歷經順治、康熙、雍正三朝所樹立的莊嚴法度，逐漸走向偏差。當帝國在「十全武功」烈日般的功勛下陶醉時，一股新風已然在這座古老的宮城上方吹拂，將歷史帶向不可測的遠方。

乾隆朝之後宮流年長

當我們把目光越過乾清宮和養心殿，偌大的紫禁城還有另外一批人的存在，即由無數女子構成的後宮，成為無數影視作品創作的靈感所在。但挑開清代後宮神祕的面紗，看到的也許並非風花雪月，而是由無數規則與家法構成的狹小天空。

壹

清朝家法的構建，其實比「國法」構建晚得多。明朝和清朝很大的區別在於，明朝把「國」和「家」從一開始就分得很清楚，朱元璋、朱棣父子倆一上來就把後宮干政的路堵死。明朝女子大多是小門小戶出身，明朝的家法反而沒那麼嚴，因為女子先天弱勢，政治上沒什麼發揮空間，就算是萬曆朝的李太后也得透過太監馮保來施展自己的威勢。

清朝正好相反，清朝從東北起家時，就以聯姻著稱，這時必須優先考慮「國」，「家」的概念顧不上，再加上滿族舊有婚俗本來就很難和皇家禮儀制度配套。這樣一來，清皇室對女性的約束規則建立得就很晚，一直到康熙、雍正、乾隆三朝在不斷摸索中，才制定出一套森嚴的規則。

後宮大致的等級分布，《國朝宮史》載「皇貴妃一位，貴妃二位，妃四位，嬪六位，分居東西十二宮」，加起來剛好十二人，其實一般湊不齊，因為皇后不住坤寧宮，就在東、西六宮裡隨便挑一個，不固定，純看皇上心情。

乾隆朝的富察皇后在弘曆還是寶親王時，和弘曆住在圓明園的「長春仙館」，進宮後就選了西六宮裡的長春宮。富察皇后由於愛子夭折，不到四十歲就香消玉殞。弘曆非常悲痛，因為是原配夫妻，而且富察皇后非常賢慧，《嘯亭雜錄》說她「性節儉，平時惟插通草、織絨等花，不御珠翠」，算得上是模範賢后。

之後半個世紀，她所居住的長春宮都沒有人住，弘曆下令保持原樣，以此寄託哀思。由於愛屋及烏，富察家族在乾隆朝得到重用，傅恆和福康安都是這個家族出身。

皇后之下，就是皇貴妃。清朝皇貴妃的設置和前朝不一樣，是個很特殊的存在。按照《周禮》的說法：「天子之與后，猶日之與月，陰之與陽，相須而成者也。」皇后應該是後宮中獨一無二的存在，除了乾清宮就是坤寧宮，但清朝受限於政治因素（可能全是聯姻，一個皇后分不過來），又設了一個皇貴妃，位置等同於皇后的副手。

後宮其他妃嬪和這兩位完全不是一個等級，清朝宮裡，只有三個生日能被叫做節日，一個是皇上的，叫「萬壽節」；一個是太后的，叫「聖壽節」；再往後就是皇后和皇貴妃過生日並列，都叫「千秋節」。這三個節日，宮裡都要統一舉行賀禮，其他人沒有。千秋節時，下面的妃子得過來拜見，外朝的官員也可以放假一天。而且冊封的金冊，皇貴妃和皇后也差不多，都是十頁，唯一的區別是皇后一頁是「赤金十八兩」，貴妃的是十五兩。

正常情況下，如果皇后逝世，皇貴妃會遞補成為皇后，前提是只要皇上看妳順眼就行。像富察皇后逝世後，皇貴妃烏拉那拉氏就以皇貴妃的身分「攝六宮事」，權力已然形同皇后，沒幾年就得到正式冊封，成為乾隆朝的第二位皇后。

再往下就是貴妃兩人，再加上「四妃六嬪」，這些比較一般，冊封的金冊都是四頁，尤其是妃嬪，除非能得到皇帝的特別寵愛，或者生下皇帝特別寵愛的皇子，否則晉升無望。清朝的皇子最早都是「子憑母貴」，康熙朝時「九子奪嫡」太熱鬧，胤礽母親赫舍里氏那麼尊貴都沒用，胤礽扶不起來，反倒是讓庶出的胤禛繼了大統，從此規矩改了，都是「母憑子貴」，誰的兒子混得好，誰就有可能上位。

弘曆的母親不是皇后或皇貴妃，一開始是「熹妃」，弘曆慢慢養成後，混到「熹貴妃」（《甄嬛傳》主人公的原型），當了四十多年皇太后，一直活到八十六歲，親眼見證五世同堂，而且兒子乾隆一直承歡膝下，陪著她巡遊天下，極盡孝道，算得上是紫禁城有史以來最有福氣的一位皇太后。

貳

以上這些在後宮中都可以視為「妻妾」的存在，下面還有三等，即貴人、常在、答應，這三級不能算正式妻妾，頂多算「皇帝的女人」，也沒有固定的數字，好比康熙朝後宮三十三人，這個數字就沒把貴人、常在、答應算進去。

而且這些女子沒有固定住處，都是跟著妃嬪一起住在十二宮的偏房，其實和後者的丫鬟有點像。從宮裡的稱呼上來說，這些都能算是「主子」，但妃嬪、貴妃這些被正經八百冊封過的不一樣，會在前面加上封

長春宮中的銅鶴

號，像熹貴妃就是「熹主子」。

至於常在、答應這些究竟怎麼被稱呼，現在史料上比較缺乏，《宮女訪談錄》的說法是有「主子」和「小主」，不過被很多人質疑，不太可信。還有一種說法是，如果大家都在一個宮裡面，那麼嬪妃們叫「主子」，其他答應、常在之類的可能是「二主子」、「三主子」一類的叫法。

所謂「主子」，是宮女、太監們私底下的稱呼，明面上肯定不能直接叫，從最高級別的皇后到最低級別的答應，之間的待遇千差萬別，你當著皇后、皇貴妃的面稱答應叫主子，那人家算什麼，必須把大家的差距體現出來。

以飲食為例，皇后和其下屬的宮女、太監們，一天下來「豬肉二十五斤、羊肉一盤、雞鴨各一隻」，其他蔬菜、水果之

妃子所用的黃地綠龍紋菊瓣盤（乾隆款）

類的就不說了，肯定想吃什麼有什麼，還時不時有皇太后和皇上的賜宴，而常在和答應們只能守著那點死工資（宮裡叫「宮分」）過日子。

根據內務府制定的《欽定宮中現行則例》，正常一個答應要配兩個宮女（有時配不齊），每天分豬肉一·八斤，剩下就是蔬菜、白米，加起來三個人分。

再說了，養宮女不是說給人一口豬肉吃就算，好歹也得給個工資，答應每年有三十兩銀子的收入，這是年薪，在乾隆朝大概是什麼概念呢？

乾隆十六年（一七五一年），湖北省米價大約不到二兩一石（清朝一石大約為五十三公斤），乾隆後期物價飛漲，城裡正常家庭年收入大概就得三十兩往上，說不定忙活一年還不如小老百姓賺得多，估計宮女們對自己主子也沒什麼好臉色，做最多工作，拿著最低工資。從這個意義上說，後宮裡貴人、常在和答應壓根沒心思爭寵，都屬於貧困線以下，離小康還遠著呢。而那些生活在水平線以上，有車、有房的各位妃嬪，也是這山望著那山高，和前面那幾位有質的差距。

平時宴會時，盤子顏色都不一樣，皇后和皇太后可以用裡外全黃釉的瓷盤，皇貴妃可以用外面是黃釉，裡面是白釉，貴妃和妃子一樣，都是黃地綠龍彩，嬪則用黃地藍龍彩，到了酒席上一坐，光看盤子就有心理落差。有落差怎麼辦呀？就得想方設法往上爬。

最早時，大家的起點都差不多，都是「選秀女」出身。這項制度是順治朝制定，但認真被實行可能是康熙朝及以後，福臨光一個董鄂妃就把他迷得神魂顛倒，沒顧得上這一件事。

選秀女一般來說三年一次，由戶部起草文書，必須從滿、蒙、漢八旗裡面挑選適齡女子（十三到十五歲），最早只有貴族小姐能參加，後來範圍變廣，「包衣」籍女子也能參加，後來嘉慶帝顒琰的生母就是包衣出身。

必須先說明，選秀女的目的不見得純粹為了宮裡選妃子，是為了「備內廷主位，或為皇子、皇孫拴婚，或為親、郡王及親、郡王之子指婚」，也就是愛新覺羅氏全都有分，有點像家族相親大會。

這一段很多清宮劇刻畫得比較寫實，被選的秀女們按照「旗」進行劃分，一天兩面旗（其實是六個，滿、蒙、漢分開算），和閱兵差不多，由旗統領帶著，半夜三更坐著車到神武門外邊排隊，叫「排車」，人特別多，和過年時高速公路堵車有得拚，等到排進去就第二天中午了。

這時女子要下車了，到御花園北門的順貞門待著。這算是第一道坎，看看各位走路時是否纏足，滿族女子嚴禁纏足，絕對不允許漢族女子的不正之風流入內廷，孝莊太后下過諭旨「有以纏足女子入宮者斬」，就掛在外面的神武門上。

查完這個，再由太監引領進入內廷，五個一組，都有自己的牌子，牌子上寫著「某官某人之女，某旗滿洲（或者漢、蒙）人，年若干歲」，然後站在那裡，不用跪，等著宮裡的人端詳。宮裡覺得行就留下牌子，以後喊妳，叫「留牌子」，不行就叫「撂牌子」。

選出來的秀女，進宮後就有三六九等了，一開始最高不會超過貴人，一般來說只有誕下子嗣，才有可能打破從「貴人」到「嬪妃」的界限，在紫禁城裡有一套獨立的房子。但現實是，絕大多數答應、常在和貴人，可能一輩子也不見得有幾次侍寢的機會。

參

宮裡侍寢得講規矩，清朝的規矩是「翻牌子」。大概是雍正朝定下來的，由內務府底下的太監機構「敬事房」負責，這個「事」說的就是帝王的房事，清朝太監就這點能耐，和明朝的老前輩們無法比。

每個妃子會有一塊玉牌，上面有個人資訊。侍寢時，皇上會翻牌子，翻完後，「直趨臥榻，用紅錦被裹而負之以行」，讓太監去宮裡，用紅被子把妃嬪們背過來，但不能直接進，「至第一間房，除去衣錦，裸體而進」，這樣做可能是為了防止刺殺，很多電視劇拍到這之後，就直接就見皇上，那也不對，再往後還有第二間。「復取衾裯」，穿上工作服，不然裹成一團見皇上無法行禮。把這些程序走完，最後才是見皇上。

皇帝臨幸後，太監們會在一本叫做「承幸簿」的本子上記下日期和妃子的名字，萬一之後有了孩子，可以按這個確認，這本「承幸簿」算是清宮裡最高級別的祕辛，皇后都看不著，只有皇太后和皇帝兩個人能看，皇帝逝世的同時，這本簿子就得立即燒掉。

說了這麼大一串，估計有的人已經反應過來，其中漏洞太多。別的不談，皇上翻牌子，有的靠前、有的靠後，太監們很容易動點手腳，但人家憑什麼動手腳，一是錢、二是權。最後算下來，還是剛進宮的秀女們吃虧。即使運氣好懷孕，生下皇子，青雲直上，也不見得可以長久，還得讓自己不犯錯才行。

乾隆朝時期，後宮規矩變得特別嚴。我們引用的《欽定宮中現行則例》就是出自弘曆的手筆，弘曆非常看重後宮內部家法的建設。

有個小故事能夠說明當時的規矩有多嚴，弘曆剛繼位時，皇太后還沒搬到慈寧宮，皇太后的弟弟，就是弘曆的舅舅來宮裡謝恩。那時正好後宮交接，都忙著搬家，亂七八糟，皇舅糊里糊塗地走到東六宮大門的蒼震門裡。

這下弘曆不樂意了，訓斥道：「蒼震門亦係宮闈之地，未奉旨意，豈可擅將外人領入門內？……若如此輕易帶領，成何體制？」皇舅尚且挨外甥的罵，後宮其他人就更不用想，後來弘曆還在蒼震門內加了照壁，做為視線的阻擋。

肆

「一入宮門深似海」，看上去這些低等級的后妃們都比較慘，其實不然，慘這種事都是比上不足，比下有餘，和宮裡的另一個弱勢群體——宮女們相比，那些答應和常在已經能算是人上人了。

清朝的宮女其實活得比明朝強，倒不是說清朝皇帝更人道，而是明朝人數實在太多，可能數以萬計。明朝時紫禁城絕對不冷清，隔不了多遠就能碰到一個人，人多了伙食費就不夠，導致生活條件極差，甚至出現有人餓死的情況，清朝一進紫禁城就遣散宮女，大幅度減少宮中人數。康熙時期玄燁曾感慨：「明季宮女至九千人，內監十萬人，飲食不能遍及，日有餓死者，今則宮中不過四、五百人而已。」

這事是不是玄燁黑了一把明朝，不太好考證，但他對清宮內給的這個數字，基本上屬實。清朝宮廷裡宮女就是這個數目，到了乾隆朝就更少了，弘曆在諭旨中稱：「其餘給使女子，合之皇子、皇孫等乳嫗使婢，統計不滿二百人。」加上奶媽都不到二百人，確實是歷朝歷代後宮中極為罕見的情況。

這些宮女加上本來不多的太監，要肩負起偌大後宮的全部工作，辛苦程度可想而知，每個宮女上任之前要歷經為時一年的培訓，從說話的聲調到走路的姿勢都會學到，而且還要斷文識字（日各以一小時寫字及讀書），之後才會被分配工作。

分配就得看樣貌，「俊者侍后妃起居，次為尚衣、尚飾，各有所守，絕不紊亂」。長得好看才有可能被分配到宮裡面，這種就是言情小說裡常見的橋段，某宮宮女被天子看上，開啟後宮崛起之路，一路晉級到皇后，別想了，歷史上這種事一般沒發生過，最起碼清朝沒有，明朝就只有一個，生下朱祐樘的紀貴妃，有多慘就不說了。如果長得不那麼好看，對不起，分配時老老實實去尚衣局，當一輩子苦力吧。

宮女們雖然接受的是貴族小姐的培訓，但生活待遇卻極差，雖然不至於像明朝時那樣「日有餓死者」，但每天只有木桶裝的米飯和鹹鴨（雞）肉吃，而且都「臭腐不中食」，平時都是睡在配殿邊上的耳房裡，十人大通鋪，更離譜的是房子有時還漏水（所居屋漏牆圮）。

從十幾歲進宮，宮女們至少得做到二十五歲才能出去，這是運氣好的，運氣不好，被上面的「主子」看上，一高興再給妳一份續約合同，又是十年，出去之後三十五歲了。

三十五歲在清朝什麼概念呢？乾隆朝皇太后抱上長孫永璜的年紀，正好是三十五歲，已經是含飴弄孫的年紀，放出去不叫頤養天年，叫等死。

後宮中鬱鬱而終的嬪妃們，往往還能透過史書和紫禁城中遺留的痕跡進行追尋和探索，而這些隱藏於深宮和歷史角落裡的宮女們，沒有見諸任何史冊，只有清朝結束後，一些宮中人物的回憶錄，展示她們只鱗片甲的痕跡。流年匆匆，當我們追尋歷史時，不應該忘記，東、西六宮之中，有著一批又一批的女子，成為清宮裡森嚴家法的踐行者和犧牲者。

乾隆朝之文藝兩開花

做為人們耳熟能詳的一位皇帝，乾隆帝弘曆有著不同的面孔：他可以是養心殿裡處理政務的皇帝，也可以是周遊河山、微服私訪，甚至鬧出傳聞的風流天子；他可以是康乾盛世的集大成者和中國疆域的奠定者，也可以是閉關鎖國、妄自尊大、導致清朝由盛轉衰的罪魁禍首。但無論從什麼角度看，這位長壽的皇帝都是整個十八世紀中清帝國最大的「頑主」，他在文玩、建築、文學乃至飲食上等孜孜不倦地鑽研，將成為清朝宮廷文化中的標竿和不可或缺的一部分。

壹

一個人對藝術和生活的熱愛與閒情雅致，必須得考慮到年齡和心態的問題。弘曆登基時才二十出頭，再加上皇家內部各種琴棋書畫的培養薰陶，他對各種文學藝術都投入極大的興趣。

排名第一的就是文學。

雖然弘曆就是文字獄的製造者，他卻對詩文極其愛好，他的老爹胤禛有自己的詩文集傳世，弘曆更是打小接觸詩文寫作，時不時就來一首，而且品質不行，數量來湊。我們之前在很多地方引用過弘曆的「御製詩」，實在不是巧合，事實證明只要寫得夠多，總有幾首能湊得上。

根據統計，弘曆這輩子大概寫了四萬首詩，和整本《全唐詩》的總數有得比，平均到一天約一首多一點，用文思泉湧都不足以形容這個龐大的數字，簡直是一個人在挑戰一個朝代。

之所以能這麼高產量，很大程度得歸功於弘曆的創作路線與一般人不大一樣，抓到什麼都敢寫，逢著老媽生日，一寫就是十幾首。更是公然聲稱「拈吟終日不涉景，七字聊當注起居」，這詩不大好懂，翻譯一下就是我整天作詩不是寫風景，都是拿詩詞當日記（起居注）用。

再加上弘曆和爺爺玄燁一樣喜歡旅遊，平時不愛在京城裡待著，史書上說他一生中「南巡者三，東巡者三，幸五臺山者三，幸中州者一」，每到一個地方就會留下大量的詩篇，例如回東北祭祖，直接寫個〈巡幸鐃歌大樂二十八章〉，一下子就是二十八首。如果我們到中國各地旅遊，導遊很自豪地說這有一塊「御製詩碑」，不用問，百分之九十是乾隆爺的傑作，除了他沒人喜歡這個。

發展到後來，弘曆根本成神了，簡直是即物起興，看到什麼都能來一首，當然品質就不能要求了。例如這首〈黃瓜〉：

菜盤佳品最燕京，二月嘗新豈定評。
壓架綴籬偏有致，田家風景繪真情。

但凡學過詩的一讀都知道這是打油詩，但弘曆寫得孜孜不倦，啃個黃瓜都得來這麼一首。

這種對文學的熱情也被弘曆投入到修書上。乾隆朝是清朝官方修書最多的時代，除了政治上的目的之外，弘曆的文學傾向也很重要，直接造就中國歷史上最大的「出版社」——武英殿修書處。

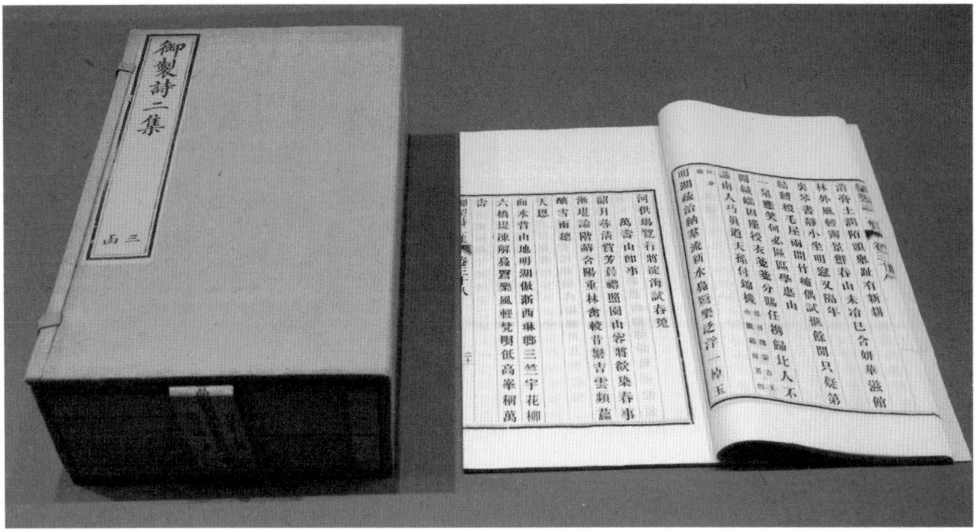

乾隆御製詩集

武英殿在雍正、乾隆年間，已經變成一個「閒殿」，雍正七年，繼承康熙朝的武英殿造辦處，改名為修書處，而後慢慢專業起來，例如其中的「浴德堂」，就是專門「蒸書」的地方。武英殿到了乾隆朝徹底發揚光大，先後校對印刷了《十三經注疏》、《大藏經》、《二十一史》等一批篇幅浩大的書，後來的《四庫全書》也是武英殿負責印刷，而且還有專門賣書的「通行書籍售賣處」，「武英殿本」就此名噪一時，逐漸成為民間認可的官方版本。

這種認可的背後有兩個原因，一是武英殿的印刷成本較為低廉，且印量頗大，二是弘曆對其品質的要求把控。

成本主要和印刷手段有關係，雖然北宋畢昇發明了活字印刷術，可是在中國一直沒有普及，特別是私人印刷館，更沒有銅活字，畢竟銅在古代就是錢，中文字這麼多，簡單點說，能搞一套銅活字印書的人，基本上已經脫離低級趣味，用不著靠印書掙錢。康熙、雍正那時武英殿有銅活字，弘曆當皇帝之後沒幾年發現不對勁，銅活字愈來愈少，再這麼下去一套《千字文》都快湊不齊了，於是取消銅活字，重新改成刻版印刷。

到了乾隆三十八年（一七七三年），印刷書目太多，武英殿那幫印書的受不了了，遞了摺子建議：「做棗木活字板一份，印刷各種書籍，比較刊板工料懸殊。」用棗木做活字去印刷，並得到皇上的批准，還特意取名叫「聚珍」，我們看古籍版本如果有注明「武英殿聚珍版」，就是乾隆朝以後拿木活字印的。

和成本相對應的是監督，印刷是個細緻工作，特別是乾隆朝工程量特別大，出錯很正常，但必須問責，不然大家都不當回事，書的品質就會愈來愈差。

乾隆五十二年（一七八七年），弘曆去熱河避暑山莊玩，一時興起想翻閱保存在當地文津閣的《四庫全書》，想當一回文化人，一看不妙，書裡各種錯別字就不說了，居然還有連續的空白頁和錯印，比盜版書還差勁。

這下皇上急了，不僅責罰所有參與編寫的人員，更對主要負責校對的陸費墀進行罰款，讓他出資，重新對文瀾閣、文匯閣、文宗閣三閣的《四庫全書》進行印刷和整修。沒幾年陸費墀就鬱鬱而終。這還不算完，弘曆堅持對陸費墀抄家，就留了一千兩銀子給他家，其他全部拿來修書。

正是這種嚴肅處理的態度，讓乾隆年間的武英殿印書處成為業界標竿。

貳

弘曆在文學上的高產量和嚴謹，延伸到藝術和收藏領域，瓷器的燒造就是很典型的例子。

遠在江西的御窯廠，在乾隆朝迎來一批大業務。宮廷裡，御窯瓷器是最容易受到皇帝風格影響的一類事物，比如朱厚熜喜歡道教，瓷器上全是道教的八卦太極；玄燁愛西洋之物，就出現對應的琺瑯彩瓷，以此類推，透過御窯瓷器能看出一個皇帝的審美風格。

弘曆想上手精美的瓷器，有個得天獨厚的優勢，就是雍正朝時，督陶官水準特別高，直接推動御窯水準的發展。從順治朝和康熙朝的例子可知，御窯不是有錢就能燒出來，得有對應的工匠。

胤禛在督陶官的挑選上簡直是開了天眼，一開始是派了年羹堯的兄弟年希堯去擔任督陶官。他被胤禛稱為「呆公子」，什麼都好，是音律、美術、醫學全能型人才，就是混不了官場，連奏章都不會寫，就喜歡跟著西洋人學科學，鑽研藝術。但沒辦法，家底子太好了，什麼也不會做，只能湊合著當個幹部，一路做到廣東巡撫（正二品），督陶官屬於兼職，後來年羹堯倒臺，年希堯都能繼續在內務府做官。

年希堯這種人特別適合督陶官這個職位，因為是搞藝術出身，繪畫之類都很清楚，且從小玩著御窯長大，熟知皇家審美，更關鍵的是對待工匠極好，燒差了自己背鍋，反正皇上不好意思罵，燒好了賞錢是大家的。雍正朝的瓷器號稱「年窯」，某些方面更勝康熙時期的「郎窯」。

而胤禛這個人審美上非常內斂（畢竟年紀大），燒的很多都是一些仿古瓷器，例如仿造過鬥彩雞缸杯之類的物件，紋飾風格也顯得清秀雅致，有點像明朝成化年間的感覺。

年希堯卸任後，督陶官改為唐英。唐英的出身比較差，是內務府的包衣，剛來景德鎮時，唐英就開始下基層，和工匠們同吃、同住、同勞動，掌握最細緻的瓷器製造工藝，後來他一直堅持「燒造瓷器雖係瑣細工藝，必須諳練熟查，時與匠工講究，方得全美」。在唐英的手裡，清代的御窯瓷器發展進入巔峰期。只不過做為巔峰的締造者，唐英攤上弘曆這麼一個老闆，就比較受罪了。

從乾隆元年（一七三六年）開始，宮裡瓷器的缺口開始大幅增加，如乾隆二年（一七三七年）正月，唐英奉旨燒造瓷器四萬七千一百二十件，而且要求五月五日之前就得燒好交件，時間緊、任務重，雍正朝七、

乾隆粉彩鏤空回文
葫蘆轉心瓶

八年下來，御窯廠也就燒了十幾萬件瓷器出來。

不光工作量大，唐英的創作壓力也大，弘曆喜歡新鮮瓷器，經常自己琢磨一個樣式讓唐英去燒，時不時給唐英增加點高難度的工作。乾隆十二年（一七四七年），信佛的弘曆心血來潮，讓唐英燒一尊白觀音，這種有造型的瓷器燒起來格外費勁，因此唐英和工匠們琢磨了半天，拖了很久，隨後弘曆就開始責備，說：「唐英觀音燒造不成，是因不至誠之故，著他至誠燒造。」整得唐英人都暈了，燒瓷器又不是跳大神，心誠又不能真把觀音菩薩給請下來，皇上您這是唯心主義呀。

這還不是最過分的，乾隆八年，燒好的瓷器送進宮裡，路上顛簸，出現破損，宮裡來信說：「破損過多，責令賠補二千一百六十四兩五錢三厘三絲五忽三微。」這數字真神奇，不知道弘曆怎麼算出來的。唐英心裡更苦了，心想我又不是電商，還得管快遞，那時督陶官一年工資就幾百兩，背了個鍋，二千多兩銀子飛了，沒辦法，不能和老闆硬碰硬，錢和命總得選一個，忍了。

不難看出，弘曆在藝術上不光玩得認真，而且很創新，這種創新讓乾隆朝的宮廷藝術呈現出與之前大相徑庭的風格。乾隆朝的瓷器以繁雜、精細著稱，出現如象聲瓷、轉心瓶等一系列的新品種，就連仿古的宣德纏枝蓮青花，上面的纏枝蓮都比原本明代的要多一倍，由此可見，弘曆是個喜歡熱鬧和嚮往繁華的皇帝，這與他極力締造的「盛世景象」息息相關。

參

弘曆的愛熱鬧一直持續到八十多歲，並開始朝著他夢寐以求的退休生活前進。

早在登基之初，弘曆不知道哪根筋搭錯，當著

位於寧壽宮的暢音閣，是紫禁城中最大的戲臺

文武百官立個誓言，說：「昔皇祖御極六十一年，予不敢相比，若邀穹蒼眷佑，至乾隆六十年乙卯，予壽躋八十有五，即當傳位皇子，歸政退閒。」意思是說，我爺爺聖祖皇帝做了六十一年，我無法和他老人家比，我不是二十五歲就位的嗎？要是命好，活到八十五，我就退休，只做六十年，比我爺爺少一年。

一開始大家都沒把這誓言當回事，可能弘曆自己都不信，也就說著玩。開什麼玩笑，你爺爺是八歲登基做了六十年，你都二十五歲了，中國歷史上沒幾個皇帝活到八十歲。可隨著年紀增長，等到乾隆三十多年時，眼看皇上過了六十大壽，人們開始覺得六十年退位也不是那麼遙遠了，於是弘曆樂呵呵地開始替自己準備退休後的「養生村」。

最早的養生村定的是圓明園附近的園子。之前弘曆在圓明園住的是「長春仙館」，所以在圓明園東邊修建長春園，到了乾隆三十五年左右，又仿照蘇州獅子林擴建長春園，讓蘇州織造送獅子林的模型過來，一年就修完，因此長春園應該是弘曆最理想的退休之所。

還在附近修了綺春園，本來是賜給大學士傅恆的春和園，傅恆病故後，弘曆這個姊夫不太厚道，把園子收回來，擴建成綺春園，這樣一來，新修的幾個園子和之前的圓明園組成一大片園林，足夠弘曆晚年遊覽。

隨後，弘曆又覺得退休後住園子，不大符合「太上皇」身分，乾隆三十七年（一七七二年）開始，又把目光放在外廷東路的寧壽宮上，打算將這裡改建為「太上皇宮」。

寧壽宮的改建是清朝紫禁城最大的新建工程，甚至比當初康熙朝重修三大殿的動靜還大，畢竟弘曆比爺爺平三藩時有錢多了，而且有漫長的準備時間。

工程分了兩期，第一期從乾隆三十七年開始，主要新建寧壽宮後邊的建築。寧壽宮在明朝時是給太妃們住的，康熙朝時改建，後面幾乎沒什麼建築。新建一共砸了七十六萬餘兩白銀，還不算器物擺設等物品。主要增加「樂壽堂」、「頤和軒」等一系列建築，名字一看就全是衝著養老去的，還加了一座「暢音閣」，五間三層的大戲臺，給太上皇聽戲用的。

此外，著名的「九龍壁」也是這時修建，是寧壽宮區域的影壁，總共用二百七十塊琉璃構件拼成。琉璃這種材料很脆，容易碎，由此引發一個小故事。

完工時，一個工匠不小心來了個「碎碎平安」，把一塊琉璃給弄碎，就是東邊第三條白龍龍腹的地方。建築都是有工期的，而且時間緊急，不可能再燒一塊，有個叫馬德春的工匠頭站了出來，用楠木（一般木頭過幾年就變形）雕了一塊安上去，刷上白漆，成功地忽悠過所有人，而且一直到清朝末年都沒人看出來，現在成為九龍壁的一個看點。

第一期大概只用一年的時間，第二年，第二期工程就開始了，主要是把以前的寧壽宮改建成「皇極殿」，做為以後太上皇接受朝賀的地方，可以看成「禮殿」，和第一批的工程預算加起來，一共花了約一百三十萬兩銀子，到乾隆四十一年才建好。

等這個工程建好，不難發現，寧壽宮變成一片獨立於紫禁城之外的建築，甚至可以被稱為「小紫禁城」。從明朝永樂年間朱棣建紫禁城開始，偌大的皇宮只有唯一的一條中軸線，無論建築怎麼變，這條線是不能動的，不然臣子們不知道跟著誰轉。但寧壽宮區域卻有著自己的「中軸線」，而且完全是按照「前殿後寢」排列，前面是皇極殿，後面則是樂壽堂等寢宮，完全自成一套體系。

然而很有意思的是，弘曆雖然對寧壽宮心心念念幾十年，卻從來沒有真正入住過。當完六十年皇帝後，按理說該退休了，他親自從「正大光明」匾額後面拿下密匣，取出傳位詔書，傳位給皇十五子顒琰，並定次年年號為「嘉慶」。

寧壽宮的「九龍壁」

傳位這件事特別突兀，本來大家都不知道誰會當繼承人，眼看老皇帝就要退位，乾隆六十年（一七九五年）一次皇家宴會上，弘曆按慣例賞賜寶物給所有人，唯獨沒給顒琰。大家一臉懵，覺得這小子是不是犯了什麼錯，弘曆意味深長地來了一句：「爾則何用銀為？」翻譯過來就是你要錢有什麼用呢？

話說完，大家更懵了，誰和銀子有仇呀，只有皇上才敢說我不需要錢，因為天下都是皇帝的，想拿什麼拿什麼，到這為止，繼承人才算浮出水面。

登基後的顒琰，心心念念地想著幹一番事業，沒承想完全不是那麼回事。老爹弘曆雖然退位

了，卻是「退而不休」，搞了個名頭，說自己「訓政三年」，我要老帶新，再燃燒一把老骨頭，而且說養心殿住習慣了，先不給新皇上，把原本顒琰住的毓慶宮改建一下，又在北邊擴建「繼德堂」，給顒琰去住。

為了給新皇帝一點希望，弘曆又立了一個誓言，說我到九十歲時，就搬到寧壽宮去住，看來這種事會上癮，像貸款一樣，當初貸了六十年，現在又貸了五年計畫。只是這次，弘曆沒能按時還上這筆帳。

嘉慶四年（一七九九年）正月初三，統治中國六十四年的弘曆病逝於養心殿中，清冷的寧壽宮再也沒能等來它的主人，這條新的「中軸線」就此變成一條「死龍」。一個盛世在這一刻正式終結，六十餘年來積攢的文藝與繁華，將在紫禁城的夕照下，逐漸化為往日的泡影。

第七章 風起萍末

盛世危言，刺王殺駕

歷史在嘉慶四年拐了個彎，無論是紫禁城還是大清國都是江河日下，由盛轉衰。已然不年輕的顒琰坐在養心殿裡，雖然有著「咸與維新」的想法，卻是有心無力，死水般的氣氛早已在這之前就開始彌漫，而這種氣氛之中，顒琰如同溺水之人，在掙扎中面對各種不可預知的殺機和危險。

壹

我們回過頭來看所謂「康乾盛世」的一百二十多年，會發現其中有規律可循。

康熙朝的任務是拓展，玩命地往外開疆拓土。到了雍正朝，歷史任務就變成處理內政。康熙朝一直在打仗，從三藩打到臺灣再打到西北，半個世紀打下來，國內的狀況很多，需要胤禛這麼一把快刀，解決國內的諸多問題，雍正朝狠抓貪汙，肅清吏治，發展農業。

到了乾隆朝，弘曆走的是爺爺玄燁的路線，一開始玩命地打，並盡可能製造寬和的氛圍，不但「十全武功」打下來，還要為了收攏民心時不時地「免稅」。這下開始出現各種問題，而且比康熙時難得多，最起碼那時滿、漢民族問題還不尖銳，而弘曆一套操作下來，朝廷裡除了王公貴族就是各種「包衣」，國事、家事牽扯在一起了。老爹弘曆剛龍馭賓天，顒琰在貪汙上就開始「打老虎」，先一巴掌拍死和珅。

和珅的崛起，在清朝歷史上簡直就是個神話。

和珅是正紅旗人，最早出身於滿族鈕鈷祿氏（和乾隆朝的皇太后相同姓氏），靠著聰明，進入咸安宮官學。這裡原來是監禁康熙朝廢太子胤礽的地方，在雍正年間被改成貴族學校，和珅無師自通地學習滿、漢、蒙、藏四族文字，為他以後飛黃騰達打下基礎。而且在乾隆三十三年（一七六八年），和直隸總督馮英廉的孫女成婚，老馮當過內務府主事，能做到這個位置的人，絕對是皇上的自己人。

這批咸安宮官學的畢業生，是滿族的「自己人」，再加上馮英廉的運作，和珅被補到乾隆帝邊上做侍衛，天子腳下好做官。

據說在一次巡遊途中，弘曆在轎子裡看奏摺，估計不知道誰又惹事，就吐槽一句：「虎兕出於柙，龜玉毀於櫝中，是誰之過歟？」看不懂沒關係，這話出自《論語》的〈季氏將伐顓臾〉，弘曆來這麼一句就是為了顯示自己有學問，沒承想侍衛和珅聽到，大著膽子接了一句「典守者不能辭其責耳」。

皇上一聽很爽，高山流水遇知音，說相聲就得這樣嘛，三分逗、七分捧，平時滿族侍衛裡全都是一群官二代，除了不學無術就是混吃等死，居然能有這麼一個文化人。弘曆把奏摺扔一邊，開始和和珅聊天。

一聊之下，發現這個侍衛長得一表人才，過去當官顏值非常重要，後來英國使者馬戛爾尼（George Macartney）稱和珅長得「白皙而英俊，舉止瀟灑，談笑風生，真具有大國宰相風度」，給弘曆的第一印象非常好。

再一問，居然是老馮的孫女婿，根紅苗正的自己人，弘曆更高興了，乾隆朝文化人不稀罕，滿族人也不稀罕，有文化的滿族人太難得了，在這種得天獨厚的優勢下，和珅就此開始傳奇般的人生。

之後的一系列事情中，弘曆又發現和珅的辦事能力非常穩當。例如查辦雲南李世堯案，接見外交使臣等，都做得非常漂亮，最關鍵的是，和珅是個搞錢能力強到不可思議的人，最擅長的就是從官員的兜裡掏出錢塞到皇上的腰包裡。

弘曆晚年南巡下江南時，正好趕上剛修完寧壽宮，手頭比較緊，弘曆又好面子，不能拿著巡遊加稅。這時和珅站出來發明「議罪銀」，就是說你犯罪可以拿銀子贖罪，和珅拿這些銀子告訴皇上盡量用。

後來和珅向弘曆報帳，吃喝玩樂外加建行宮，國庫一分錢沒花，老百姓一分錢沒加，全是官員「孝敬」的「罰款」，弘曆龍顏大悅，和珅一路加官晉爵，巔峰時，六部尚書轉了一遍，還兼文華殿大學士、領班軍機大臣和滿洲鑲黃旗軍旗都統。

乾隆爺這一看就是老糊塗，羊毛長在羊身上，和珅明顯就是經濟矛盾轉移，把國庫看得見的搜刮變成手底下人看不見的貪汙腐敗，最後的結果是官場風氣全敗壞了，官員們一個個都開始學著怎麼撈錢更漂亮，反正到時候拿「議罪銀」和皇上「分贓」。

和珅就是老祖宗等級的存在，做人非常有原則，堅決和皇上站在統一戰線上，只受賄絕不貪汙，皇上的錢，我一分不動，但你們往上孝敬的錢必須一式兩份，皇宮裡一份，和大人府上一份。

到了晚年時，弘曆愈來愈離不開和珅，平時傳達的諭旨，尤其是口諭，其他人都聽不清，只有和珅能明白，其中的問題就太多了。等弘曆當了太上皇，上朝時，和珅先攙著弘曆走出來，坐在御座上，和珅站到一邊，後面顒琰才出來坐在邊上，當時文武百官都管和珅叫「二皇帝」。

大家都盯著老皇帝和「二皇帝」，正經八百的皇帝顒琰肯定不樂意，因此老爹去世沒幾天，清算「二皇帝」就顯得勢在必行。

貳

嘉慶四年正月十三，老皇帝剛走不到十天，對和珅的清算戰役就打響了，整個過程可以用兵不血刃來形容，頒布和珅的二十大罪狀，並予以白綾賜死，同時對和珅位於什剎海西南處的府邸進行查抄。

看過金庸小說《鹿鼎記》的朋友，一定對裡面索額圖和韋小寶給鰲拜抄家的片段有印象，抄和珅的家就是這種情況。

愛新覺羅家族的人一聽說要給「二皇帝」抄家，那是激動萬分呀，因為都等著錢修王府。根據史料記載，抄家過程中，顒琰的兄弟永瑆和永璿帶著侄子綿恩，連日常奉先殿的祭祖活動都沒參加，可見大夥對抄家的熱心程度。

然而即使是這樣，當抄家的清單出來後，所有人還是被數字給震驚了，我們稍微節選一部分和珅抄家的清單，看看這位「歷史級巨貪」的奢華金庫，這份清單同時也是清代貴族生活很好的寫照。

和珅抄家清單（節選）

現金部分：

赤金元寶一百個（每個重一千兩，估銀一百五十萬兩）、白銀元寶一百個（每個重一千兩）、生金沙二萬餘兩（估銀十六萬兩）、赤金五百八十萬兩（估銀八千七百萬兩）、元寶銀九百四十萬兩、白銀五百八十三萬兩、蘇元銀三百一十五萬四百六十餘兩……

位於北京「中軸線」上的和珅府，被先後賜予慶王永璘與恭親王奕訢，現為恭王府遺址

不動產：

御賜花園一所，亭榭樓臺二十座，新添十六座……花園一所，亭臺六十四座。田地八千頃。銀號十處，本銀六十四萬兩。當鋪十處，本銀八十萬兩。

珍稀玩物：

漢銅鼎一座、古銅鼎十三座、玉鼎十三座，宋硯十方、端硯七百十餘方，玉磬二十架、古劍二把、大自鳴鐘十架、小自鳴鐘三百餘架、洋錶二百八十餘個、玉馬一匹（高一尺二寸、長四尺）、珊瑚樹八株（高三尺六寸）……白玉大冰盤十六個、碧玉茶碗九十九個、玉湯碗一百五十三個、金碗碟三十二桌（共四千二百八十八件）、銀碗碟三十二桌（共四千二百八十八件）、白玉酒杯一百二十個、水晶杯一百二十個、金鑲玉箸二百副、金鑲象箸二百副、赤金吐盂二百二十個、白銀吐盂二百餘個、赤金面盆四十三個、白銀面盆五十六個、白玉鼻煙壺三百七十四個、漢玉鼻煙壺二百七十六個、鏤金八寶大屏十六架、鏤金八寶床四架（單夾紗帳俱全）、鏤金八寶炕屏三十六架、赤金鏤絲床二頂、鏤金八寶炕床二十四張、嵌玉炕桌二十四張、嵌玉炕桌十六張。金玉珠翠首飾大小二萬八千餘件。

其他產業：

當鋪七十五座、銀號四十二座、古玩鋪十五座、玉器庫兩間、綢緞庫四間、瓷器庫二間、洋貨庫二間、皮張庫二間（元狐十二張、色狐一千五百二十張、雜狐三萬六千張、貂皮八百餘張）、銅錫庫六間（共二萬六千九百三十七件）、珍饋庫六間、鐵梨紫檀庫六間、玻璃器庫一間（共八百八十餘件）。

這些數字加起來大約有八億兩白銀（也有說二億兩，但和單子對不上），二〇〇一年，《華爾街日報》因此稱和珅為「千年來世上最富之人」，這個數字在大清朝完全不應該和「貪汙腐敗」結合起來，用「富可敵國」來形容和大人都是一種侮辱，那時清朝歲入最多約七、八千萬兩銀子，乾隆朝晚年可能沒那麼多，五千萬兩出頭，等於和珅家裡放著清朝十幾年的財政收入，因此有人說「和珅跌倒，嘉慶吃飽」，「二皇帝」太照顧新皇帝了，登基送了這麼大一份厚禮。

當所有的王公貴族為了這個數字歡呼時，極少有人能意識到，這個龐大而赤裸裸的數字已經把清朝的盛世畫卷撕了個粉碎，這個數字背後隱藏著已經不可調和的社會危機。

這裡必須先明確兩點。

首先，再次重申，和珅不是貪官，顯琰弄個二十大罪狀出來，裡面沒貪汙，也就是說，和珅沒對不起愛新覺羅家族，起碼國庫裡的錢，人家絲毫不取。

其次，和珅不是權臣，權臣的標誌是黨羽，顒琰收拾和珅這麼順利，就是因為和珅無黨羽。當時顒琰問軍機大臣吳熊光，說和珅這個人比起古代的王莽、曹操怎麼樣？意思就是暗示和珅是不是有不軌之心。吳熊光這麼看和珅不順眼的人都接不下去了，表示「凡懷不軌者，必收人心，和珅則滿、漢幾無歸附者，即使中懷不軌，誰肯從之」，說一般人想搞事情，肯定要收買人心，和珅在朝廷上把能得罪的滿、漢臣子全得罪一遍，他想造反，有人跟嗎？

一個人不是權臣，不是貪官，撈了八個億，他撈錢的十幾年裡，皇帝除了辦宴席就是外出巡遊，國庫照常運轉，誰替這筆錢買單了呢？毫無疑問，在紫禁城外看不到的地方，無數的普通家庭早已不堪重負，這也是乾隆末年清朝開始進入衰落的原因，在弘曆得意洋洋的盛世之下，隱藏著千瘡百孔的弊政。

參

顒琰一開始希望修復這一切，但很快就發現，收拾和珅不是新政的起點，而是新政的巔峰，「由奢入儉難」，他無法再像祖父胤禛那樣提起屠刀，再次革新大清朝的命運。他的老爹弘曆打破滿、漢平衡的惡果逐漸顯露出來，整個官僚團隊已經不再具備大規模換血的能力，而這種沉悶腐朽的風氣迅速蔓延開來，也讓滿族引以為傲的軍隊戰鬥力迅速下降，甚至連皇帝邊上的太監和侍衛都受到影響。

震驚嘉慶朝的「陳德刺殺案」和「天理教禁門之變」，就是在這種背景下發生。

陳德原來是跟著包衣們在內務府做事的下人，做了三年後出宮，宮裡的繁華看得比較多，心理本來就有點不平衡，加上表姊病故，以及老母癱瘓在床，滿腦子報復社會的念頭。

嘉慶八年（一八〇三年），他被打工的大戶人家孟家辭退，加上求籤時有人告訴他「將來我必有朝廷福分」，最後在酒館裡和人吵了一架，腦袋一熱，正巧看到北京城裡有黃土墊道，知道是皇帝要回宮，就去東安門酒鋪子裡喝了兩碗酒，準備幹一票大的。

嘉慶八年閏二月二十日這天，根據後來陳德的供述，他是「進東華門，穿過協和門、熙和門，走西夾道，到了神武門內，混在神武門內西廂房南面的人群之中」，看見皇帝的車駕就往外衝，順便掏出隨身的小刀。不過北京城那時好熱鬧，圍觀皇上的人很多，等陳德衝過去時，顒琰已經進了順貞門，不知道後面有什麼。

殿後的御前侍衛全都傻了，清朝開國快二百年，沒見過刺殺的事，一群軍士完全沒拉住陳德，直到他都到眼前了，才由御前侍衛和幾個王爺赤手空拳將其攔住，搏鬥之中，侍衛丹巴多爾濟挨了三刀，定親王綿恩袖子被劃破，之後陳德被擒住。

後知後覺的顒琰知道這件事後氣壞了，神武門外頭滿滿的八旗兵，到最後連個伸手的都沒有，還是御前侍衛靠肉搏把人擋住，這是神武門又不是天橋，朕養你們是為了捧人場嗎？而且陳德說本來就是求死，打算讓侍衛們把自己「亂刀剁死」，沒想到這群老爺兵連刀都不出。

事後陳德自然被凌遲處死，但這件事暴露出的後遺症卻讓顒琰心頭一涼，他把這件事和明朝萬曆時期的「梃擊案」相提並論，看作是宮禁鬆動的標誌，並處理神武門外的八旗軍官。但很顯然，這是個治標不治本的舉動，接下來發生的「天理教禁門之變」證明了這一點。

天理教是白蓮教的分支，宋朝就有，而且傾向非常專一，就是反政府。元朝時搞「重開大宋青天」的人裡面就有他們，明朝那時和老朱家作對，這時又和愛新覺羅家對上。

當時天理教有個首領叫林清，琢磨著要幹一票大的，正好他們的活動範圍在京津附近，有些太監、侍衛因生活太苦也入教，等於林清在宮裡有內應。

說幹就幹，林清找了二百個人，分成兩隊，一路走東華門，一路走西華門，約定在「酉之年、戌之月、寅之日、午之時」行動，說了一大堆，其實就是嘉慶十八年（一八一三年）九月十五日。

這一天，兩邊各一百人，東邊在太監劉金、劉得財帶領下，率先往裡走。沒想到這批人成事不足、敗事有餘，在東華門外面和宮裡的運煤車吵了

神武門

隆宗門上的箭頭

起來，一群人經過一番爭執後，天理教徒沒忍住，掏出刀子，就此暴露，大多數人被擋在東華門外面。

東邊不亮西邊亮，西邊那隊明顯比東邊的智商高一點，悄悄地幹活，跟著太監楊進忠，全部混了進來，關閉城門後大打出手，繞開三大殿直撲養心殿，一路殺到內廷的隆宗門外才被侍衛攔住，可見那時紫禁城裡的防衛鬆懈到什麼地步，人家扔個磚頭都可能砸到養心殿的院子裡。

後知後覺的王公大臣們都反應過來了，把軍隊和火器營調集到宮內，雙方在隆宗門外展開激戰，天理教徒四散而逃。至今，隆宗門的牌匾上依然保存著一枚箭頭，就在「宗」字的邊上，依稀可以從中想像當年戰況的慘烈。

幸運的是天理教的情報落後了，顒琰當時在木蘭圍場打獵，沒在紫禁城裡待著。倒是後來的接班人道光帝皇次子旻寧（當時還叫綿寧，繼位後改為「旻」）正好在上書房讀書，一聽外面有動靜，立刻有了精神。清朝皇子教育擺在那裡，能文能武，難得有個機會翹課，旻寧抓起平時打獵用的火槍，三步併作兩步來到養心殿前，親手擊斃兩名天理教徒。

稍後，旻寧派人一面快馬加鞭去聯繫老爹，一面下令關閉城門，讓軍隊繼續追擊四散在宮裡的其他天理教徒，自己則到後宮安撫母妃，初步展現帝王的氣概。後來老爹顒琰也承認「大內平定，實皇次子之力也」。

顒琰知道這件事後，震驚到無以復加，人還沒到，「罪己詔」已經到了，清朝皇帝之前極少有罪己詔的情況，除非是地震這種天災人禍，沒辦法才下一個。這份詔書裡，顒琰清醒地認識到「變起一時，禍積有日」，這種危機其實早就在醞釀了，並認為這次事件實在是「漢、唐、宋、明未有之事」。

俗話說，千里之堤毀於蟻穴。紫禁城的防衛雖然是小事，卻非常能反映出國家政治掌控力的問題，明朝發生「梃擊案」時，整個國家也是在動盪和腐敗之間徘徊，才能讓王大臣拎著棗木棍大搖大擺地走進來。如今在嘉慶朝，一個拎著小刀臨時起意的醉漢居然可以衝擊天子車駕，一群沒有經過正規軍事訓練的亂匪竟然一路砍殺到隆宗門，說明那時清朝的軍隊和官僚從裡到外全爛透了。

二十多年後，鴉片戰爭爆發，遠道而來的英國兵從廣州打到南京，本土作戰的清兵卻抵抗不力，最終被迫簽訂屈辱的《南京條約》，徹底扯下帝國最後的遮羞布。

一段漫長而屈辱的歷史，即將被紫禁城所見證。

道光三十年的黃昏

搖搖欲墜的紫禁城迎來清朝的第七個皇帝愛新覺羅·旻寧，「道光」這個年號響徹中國長達三十年之久，而「平庸」、「軟弱」、「搖擺不定」也成為這位皇帝無法擺脫的代名詞。遺憾的旻寧在道光三十年（一八五〇年）時迎來人生的終點，這一年前後發生的一系列事情，將徹底奏響一個帝國黃昏的樂章。

壹

旻寧和顒琰一樣，在清朝皇帝裡都算是倒楣帝王，登基時就不順，一上來就趕上所謂的「鐍匣案」。

嘉慶二十五年（一八二〇年）七月，顒琰在避暑山莊逝世，這回和前幾個皇帝一樣，屬於暴斃，可能是顒琰人比較胖，再加上喝了點酒，死於腦溢血一類的疾病。

皇帝一駕崩，大臣們就開始找放著繼承人名字的盒子，叫「鐍匣」，這盒子一般有兩個，一個在「正大光明」匾額的後面，一個由皇帝隨身帶著。結果一打聽，「正大光明」匾後面沒有，傻了，紫禁城、頤和園加避暑山莊，三地亂成一鍋粥（從官多失措）。

國不可一日無君，宮裡覺得這樣不行，皇后（應該是皇太后）鈕鈷祿氏斟酌一下，認為旻寧的優勢太大，畢竟天理教進宮叛亂時有平亂之功，不好意思大著膽子立自己的兒子，下了懿旨，由皇次子智親王旻寧繼位。

懿旨還在路上，避暑山莊也傳出來消息，說在內侍手上找到一個金盒子，上著鎖卻沒鑰匙，顒琰去世時身邊沒鑰匙，這個內侍之前沒說話，因為他也不知道盒子裡是什麼。大家把鎖擰開後，果不其然是「鐍匣」，裡面也是詔令旻寧繼位，和後到的懿旨湊在一起了，才讓旻寧登基。

從這能看出來，「鐍匣」這東西有點靠不住，所謂一式兩份，乾清宮那份到底有沒有，誰都不知道，皇帝親自帶著的這份，不可能像遛鳥一樣天天在手裡提著，得給身邊的人保管，很容易被動手腳。歷史上，旻寧的繼位多少有些爭議，就是因為「鐍匣」被發現得太晚，理論上算是被懿旨推上去的。

被盒子搞了一把的旻寧，登基後才發現這把龍椅坐起來遠沒有想像中舒服。

最早的時候，旻寧拿的是爺爺弘曆的劇本，和弘曆被玄燁寵愛一樣，弘曆也特別喜歡這個孫子。之後老爹顒琰當了皇帝，旻寧接受的也是最傳統的宮廷教育。

乾隆往後，清朝宮廷教育的問題慢慢暴露出來，說白了皇子都是生產線產品，就像現在孩子一樣，到什麼年紀報什麼才藝班，期末考試全部都是品學兼優的好學生。這樣的結果就是培養出來的繼承人按部就班，沒什麼缺點也沒什麼優點，對變革這件事缺乏興趣和手段。

胤禛是玄燁有目的地培養挑出來的，你老爹我玩命打地盤，你上來給我整頓內部，整頓完，你兒子弘曆接著打地盤。可從弘曆開始，這種迴圈斷了，往後選繼承人就沒有站在國家的宏觀角度去思考，我看這孩子順眼，很好，就你了。

什麼樣的孩子順眼？聽話的孩子。明、清都號稱「以孝治天下」，弘曆當初為何沒立皇長子，因為皇長子在後媽富察皇后的葬禮上哭得不用心，繼承人就沒他的分。旻寧能繼位，也是和他的聽話有關，但這種「聽話」如果大而化之，就變成政治思路上的延續，做不到康熙、雍正、乾隆三朝一代人做一代人的事了。這就導致乾隆朝挖坑，本來下一代人應該回填，選的繼承人卻只知道「聽話」，覺得我爹說得對，接著挖，最後就得把自己埋了。

旻寧所書「鶴算千年壽，松齡萬古春」

旻寧就屬於被坑的那一代，自己也不想著回填，畢竟老爹就是按「聽話」的標準挑人，當皇子時，旻寧堪稱完美。

品德上，旻寧平時「珍奇玩好之物，略不關懷」，沒有任何不良嗜好，後來《清史稿》稱他「恭儉之德，寬仁之量，守成之令辟也」，是個好好先生。

他不光能拎著火槍打人，學習上也沒落下，潛心讀書，著有《養正書屋詩文集》四十卷，「養正書屋」是顒琰在登基後賜給旻寧的書房，現在北京故宮裡藏的御窯瓷器中，有些帶有「養正書屋」的款號，典型的道光朝私人訂製。

這麼說吧，中國歷史上百分之八十以上的皇帝，要是能有旻寧這麼一個文武雙全、品學兼優的繼承人，估計能笑著從棺材裡爬出來。

只可惜，當皇上和當皇子是兩碼子事，登基後，旻寧雖然推出諸多改革措施，例如改革鹽稅和吏治，平定邊疆的叛亂等，可有兩大方面他先天缺失，已經無法再調整。

一方面是手裡沒兵，八旗和「綠營」全爛透了，軍隊變成滿洲貴族撈錢的地方，嘉慶朝時抄和珅家弄出來的銀子，被平定「三苗」的軍費全都耗空，讓旻寧手裡缺乏「改革的刀」。

另一方面，世界格局也不同了。在這之前，涉及領土問題時，能和清朝打交道的就只有俄國，清朝人的思維還停留在斷掉對面貿易進而讓敵國虧錢的層面上，沒承想旻寧碰上當時號稱「日不落帝國」的英國，打輸了鴉片戰爭，整個南方的民族矛盾開始被迅速激化。

大廈將傾，旻寧卻已然回天乏術。道光三十年年初，在圓明園的慎德堂中，旻寧抱憾而終，留下的是一個千瘡百孔的爛攤子。

貳

老皇帝離世，就該是小皇帝繼位，號稱清朝最沒譜的繼承人之一的奕詝就此登場。

旻寧規規矩矩了一輩子，到了晚年，開始為繼承人的問題發愁。一共兩個孩子，一個皇四子奕詝，一個皇六子奕訢。

最早的時候還有一個皇長子奕緯，本來有希望即位，奈何早逝。裡面還有個故事，是晚清時期太監回憶。當初奕緯在上書房讀書時，小夥子脾氣不太好，和老師頂撞了一下，隨口來了句，我要是當了皇上，先殺你這個老不死。

這回把老師氣著了，馬上找家長，向旻寧告狀。旻寧一輩子推崇的是儒家的「仁義孝道」，聽完這件事後火冒三丈，把奕緯叫過來罵，罵著罵著踹了一腳，旻寧可是正經八百練過的，一腳下去踢到要害，奕緯捂著小腹就躺那兒了，回去後沒多久就死了。

能和這個故事相佐證的是武英殿邊上的一座「斷虹橋」，這是現在紫禁城裡最老的一座橋，也是為數不多剩下的元代建築。後來旻寧從橋上走，看見橋上漢白玉石柱上刻著的石獅子裡，有一隻剛好是捂著小腹部的，想起誤傷的大兒子，就用紅布蓋住這座石獅子，以免睹物思人。

無論這個傳說是不是真的，至少不是空穴來風，說明旻寧本質上是個很傳統的人，而且很講究儒家標準那一套，這為後來奕詝繼位給出理由。

放到今天的標準來看奕詝和奕訢兩兄弟，只要不是瞎子，都知道壓根無法比。

奕訢是無可爭議的文武雙全，而且文武雙全得有點不像話。文的話，治國理政是一把好手，說起國家政策頭頭是道；武的話，能夠發明「槍法二十八勢、刀法十八勢」，穩穩的武學宗師級別，放到武俠小說裡早就開宗立派。

而奕詝文不成武不就，還因為曾從馬上摔下來，是個跛子，後來北京城有個說法叫「瘸龍病鳳掌朝堂」，「瘸龍」說的就是奕詝。

這個時候，奕詝的師傅杜受田站了出來，開始為自己的好學生出謀劃策，而在杜受田的授意下，奕詝做了許多得到老爸認可的事情。

《清史稿．杜受田傳》有個段子，某一次在南苑，眾皇子都去打獵，比誰獵得多。要是按正常情況走，奕詝肯定不行，奕訢自然而然地「獲禽最多」，天上飛的、地上跑的，沒有他打不著的，估計放到現在，奕訢獵到的這些保育動物加起來都夠判上二十年。

但奕詝一箭不發，老爹旻寧奇怪了，說你怎麼不射箭？奕詝按照老師杜受田的教導，來了一句：「不忍傷生，以干天和。」就是說我這人太善良，不忍心傷害小動物。

奕訢在邊上嘴巴都快笑歪了，心想你這理由太扯了，你倒是想「傷生」，夠得著嗎？沒承想還沒等笑出聲來，旻寧聽了奕詝的話，激動地說：「此真帝者之言！」這才是皇帝說的話，打獵誰不會，這孩子不忍殺生，將來一定是仁君，儲君之位就這麼愉快地決定了。

奕訢在一旁風中凌亂，這是什麼爹，您當年靠著隆宗門上開槍坐的皇位，現在轉過頭來信佛了。

《清朝野史大觀》還記了一件小事，旻寧晚年時，把幾個兒子叫過去，問朝廷對策來決定儲君。杜受田告訴奕詝：「阿哥如條陳時政，智識萬不敵六爺。」論智商你和弟弟無法比，怎麼辦呢？進去之後，如果皇上「自言老病」，你什麼話都別說，「惟伏地流涕，以表孺慕之誠而已」，哭就完事了，會哭的孩子有糖吃。

等奏對時，皇六子奕訢進去，老爹問什麼說什麼，人家上書房天天學的就是這個，經天緯地扯一大堆，而奕詝進去後就按老師說的，嚎啕大哭，知道的是進去奏對，不知道的還以為在奔喪。但旻寧聽完居然很開心，覺得這小子孝順，像我，才把皇位傳給奕詝。

旻寧在繼承人問題上，又犯了祖輩和父輩的錯誤，完全沒考慮國情，那時清朝的問題已經都擺在明面上，需要的是一把快刀，而不是「孝子賢孫」。

之後三十年的歷史將會證明，旻寧在繼承人問題上的糊塗也許是他一生中最大的錯誤。

參

旻寧逝世的數月後，也是這一年，遠在紫禁城數千里之外，一位老人在潮州的會館中病逝。

老人的名字叫林則徐，在那個時代，他被看作「鴉片戰爭」的「罪魁禍首」，而之後的時代，他和那句「苟利國家生死以，豈因禍福避趨之」成為一個民族的脊梁。

因「鴉片戰爭」被革職發配新疆後，林則徐開啟鮮為人知的人生苦難，先是在新疆的冰天雪地裡做了幾年，期間，他深刻認識到新疆局勢的不樂觀，後來和小老弟左宗棠的聊天中，他說：「西定新疆，舍君莫屬。」

囑咐完左宗棠，林則徐就緊急南下，因為中國南邊又出現問題，新登基的咸豐帝奕詝在杜受田的推薦下，把林則徐調回兩廣一帶當欽差，主要為了剿滅在當地迅速發展的反叛團體，名叫「拜上帝會」，領袖是洪秀全，後來掀起赫赫有名的「太平天國運動」。

洪秀全的發家史和《大明紫禁城》講的李自成有得比。他是廣西人，中國古代講究「耕讀」，種地攢點錢就去讀書考試，洪秀全實在不是讀書的料，連著在廣州府試考了三回，回回不及格，和魯迅筆下的孔乙己有一拚，連半個秀才都沒撈到，這下洪秀全急了。

剛好碰上鴉片戰爭前後，很多外國人進來傳教，他看了一本名叫《勸世良言》的傳教冊子，順便做了一個夢，夢見上帝向他傳道，就此發明神奇的「拜上帝會」，進而走上傳教的道路。

他把當地孔子的牌坊砸了，仗著自己識字，編了一些通俗的歌訣吸引教眾。我們透過史料很容易推斷出「拜上帝會」純粹是洪秀全拿來糊弄人的，因為當了「教父」後，洪秀全於道光二十四年（一八四四年）居然又去廣州參加一次府試，然後又落選了。這種情況下，洪秀全開始加緊傳教，準備發動起義。

仔細算下來，「拜上帝會」的起源完全沒那麼奇怪，清朝自從入關以來，這種亂七八糟的宗教就一直沒斷過，遠的有天地會、鐵槍會，近處來說天理教打進紫禁城也沒過去多少年，只不過廣西這個地方由於地理和歷史問題，政府的管控力一向比較差，再加上家族思想根深柢固，一個人信教一家人全信了，道光二十七年（一八四七年），洪秀全的教眾很快發展到幾千人。

人一多，當地政府反應過來了，不大對勁，自己擺不平了，趕緊向上面彙報。林則徐正是在這種情況下出任「救火隊員」，在這之前，他已經在雲、貴等地平息多起地方叛亂。

只是此時的林則徐已然重病在身，於老家福建養病。接到命令後，林則徐思索再三，毅然決定拖著病體前往廣西，最終病逝於路途之上。道光三十年年底，清朝在鞭長莫及的嶺南地帶，丟掉最鋒利的「神劍」。

次年，洪秀全於金田村起義，建號「太平天國」，開始自己的征途，兵鋒所指一路向南，腐朽的八旗軍和「綠營」這次連最後的遮羞布都沒了，被廣西湧出來的農民軍打得潰不成軍。洪秀全這條路不是很漫長，三年後，咸豐三年（一八五三年），太平軍就打下南京城，清政府入關後最大的危機來得比所有人想像中更快一些。

肆

讓我們把歷史的鏡頭稍微向前推動一下，道光三十年過完不久，咸豐元年（一八五一年），在紫禁城裡，剛上任的咸豐帝奕詝擺出一副「察納雅言」的姿態，希望大臣們就洪秀全起兵這件事提提意見。

官場上提意見是一門大學問，最起碼在當時的清朝來說，有的話能說，有的話不能說；這些能說的話裡面，很多話只有滿洲貴族能說，漢人不能說。奕詝擺明是上臺後的政治秀，沒想到真有個楞頭清，當時漢族的禮部侍郎（官職分滿、漢）上了一道摺子，叫《敬陳聖德三端預防流弊》，摺子很長，簡單概括一下。

第一，說清朝當今的禮法太瑣碎，「辨之不早，其流弊為瑣碎，是不可不預防」，這話從禮部侍郎說出來就很詭異，不過確實是大實話，國家都到這分上了，還在那窮講究。

第二，說廣西洪秀全這件事為什麼得不到解決呢？「其大者在位置人才，次在其審度地利，又其次在慎重軍需。今發往廣西人員不為不多，而位置之際未盡妥善」，用人、對策和軍隊都有問題，尤其是用人方面，全都是用人不當。

奕詝聽到這臉都綠了，誰用的人？你這摺子裡就差把朕的名字寫出來。

第三，奕詝之前發了一道諭旨，說：「黜陟大權，朕自持之。」意思就是抓權，關鍵是這話太赤裸，針對這一點，摺子裡說：「苟見皇上一言拒之，誰復肯干犯天威。」明擺著說奕訢吃相太難看，堵塞了忠臣發言之路。

摺子都沒看完，「覽奏，大怒，摔其摺於地，立召見軍機大臣欲罪之」，奕訢氣得把摺子往地上一摔，想讓軍機大臣把這個不知天高地厚的侍郎幹掉。周圍的人趕緊攔住，哪有皇上這麼做的呀，人家說實話，你就是不想聽也不能動手，以後再找機會收拾這小子。上了摺子後不久，這位名叫曾國藩的侍郎就被打發到江西當省級主考官，正好母親去世，他就回湖南老家了。

有些找死的事情，用不著馬後炮，在咸豐朝就得到應驗。

被踢出京城後，從江西回老家時，曾國藩接到命令，讓閒居在家的各位官員組織「團練」，抵抗太平天國。就是承認八旗軍不行，你們帶著鄉親們打打游擊。收到組織團練這個命令的大概有上百個官員，但只有一個曾國藩憑藉自己的實力闖了出來，最後滅掉「太平天國」，而他和手底下的一批人因此手握重兵，雄踞一方。

奕訢的祖輩們從來沒考慮過這個問題，當漢人手裡有兵，而八旗軍又提不動刀，清朝該是一個什麼光景。而這一切的變動實在太快，以至於奕訢完全沒琢磨明白，怎麼剛登基沒幾年，亂七八糟的事情都來了。

唐朝的白居易說過一段很經典的話，他認為天下興亡，「非一朝一夕之故也，其所由來者漸矣」，什麼事都得有個量變到質變的過程，清朝入關近二百年，經歷的農民起義起碼數以千計，只有一個洪秀全能在三年之內打下半壁江山。

歸根結柢，太平軍的成功不是因為他們強，而是清朝變弱了。變弱的原因，曾國藩已經歸納得很清楚，高層對漢人的不信任，加上用人不當，讓南方的漢民族開始對清政府離心離德，再加上清朝軍隊與官場上的

位於湖南的曾國藩故居

腐朽，才給了洪秀全機會。

風起於青萍之末，堤毀於蟻穴之間，晚清發生的許多事情也許都能在道光三十年前後的某個瞬間找到答案，例如某個皇帝的駕崩，某個欽差的離世，某個農民軍領袖的振臂一呼，再例如，摔在養心殿地上的一份奏摺……

第八章 太后垂簾

小印新攜同道堂

兵荒馬亂的歲月裡，奕詝度過做為皇帝的十年（一八六〇年），咸豐十年，英、法聯軍入侵打到北京城，奕詝成為清朝第一個逃出紫禁城的皇帝。次年八月，奕詝逝世，外有列強虎視眈眈，內則江河日下，一場新的風暴即將在後宮和朝堂上同時掀起，紫禁城的政治中心也將迎來第一位女性的身影。

壹

奕詝在位的十一年，北京城算是倒了血楣，先是咸豐三年太平軍北伐，幾個月就打到天津郊外，距離北京城咫尺之遙，幸好太平軍作戰不專業，補給不夠才無奈退兵，那時京城附近都空了。但到了咸豐十年，第二次鴉片戰爭中，英、法聯軍從天津上岸，進逼北京時，清朝就撐不住了。

見情勢不妙，奕詝扔下紫禁城和京城百姓，以打獵為名，跑到承德避暑山莊，把和列強談判的事情扔給好弟弟奕訢，沒找到咸豐的英、法聯軍惱羞成怒，連搶帶燒，把歷代君王苦心經營的圓明園付之一炬。

北京城裡，奕訢接到命令後開始準備和談。奕詝登基後，奕訢被封為恭親王（府邸就是以前和珅的老宅

避暑山莊圖，冷枚繪

子），這個親王不是奕詝封的，是老爹旻寧的遺詔，遺詔裡規定親王的名分，大清朝就這麼一例，看來老爹也知道對不起這個兒子，打算讓奕訢像雍正朝的胤祥一樣，做個一人之下萬人之上的王爺。

但事實上是，奕詝和奕訢兩人畢竟曾經當面鑼、對面鼓地搶過位子，沒多久，奕訢這個恭親王就被掛了起來，最慘的時候，被趕到上書房，快三十歲的人了，整天和侄子們一起讀書，屈辱可想而知。

第二次鴉片戰爭剛開始時，奕訢是很堅決的主戰派，當時他在清朝內部有個不太好聽的外號叫「鬼子六」，就是說他和洋人整天混在一起，對外國人足夠了解。英、法聯軍一登陸，奕訢就建議直接打，把態度表明，洋人都是欺軟怕硬，你不打就沒得談。但奕詝犯了和老爹一樣的毛病，猶豫不決，導致耽誤戰機，最後倉皇外逃，留下弟弟「鬼子六」和侵略的聯軍們談退兵的事，說白了就是背鍋。

事情到這一步，其實沒什麼好談，皇上都跑了，這時人家說什麼就是什麼，趕緊退兵就行，不然北京長期混亂，沒兩年全國就會崩盤，太平軍還在南邊盯著。

逼不得已的情況下，咸豐十年九月，奕訢簽下喪權辱國的《北京條約》，然後去避暑山莊交差。

也是這個時候，奕訢上了一封名叫《通籌夷務全域性酌擬章程六條摺》的奏摺，請求成立一個叫做「總理衙門」的特殊機構，其實就是加強版的「理藩院（外交部）」，當時兵荒馬亂，估計奕詝沒細看，覺得「鬼子六」就擅長這些事，便點頭同意，這就是「洋務運動」最早的開端。

值得一提的是，這個摺子是聯名的奏摺，同時參與的還有一批臣子，如軍機大臣桂良和文祥等，這些人由於共同的政治訴求，已經形成一個團體，即後來大名鼎鼎的「洋務派」，為後續的許多事情埋下伏筆。

此時，得知英、法退兵的奕詝，已經不急著回來，在他的身邊也有一批滿洲貴族伺候著，像內務府大臣肅順、怡親王載垣（胤祥的五世孫）等人，這些人做為一個小團體，是名副其實的天子近臣，整天和奕詝嘟囔祖宗章法那一套，等於是朝廷裡的「保守派」。

在即將到來的一場好戲中，兩方的演員都已經就位。打個比方，如果清朝是一家公司，「保守派」就是拿著乾股的董事，奕訢勉強算個「副董事長」，但已經被邊緣化，現在聯絡幾個部門主管，準備調整公司的經營方向（實行洋務運動），只是董事長和董事會都不樂意。

大戲開場的時間，和董事長奕詝的健康狀況有直接關係。

奕詝的身體從來到避暑山莊後一直不太妙，沒辦法，先天底子不足，平時都是靠喝鹿血等大補之物撐著，從北京城逃難時都沒忘帶上一批鹿，不愧是靠著「不忍傷生以干天和」的皇帝。而且奕詝各種不良嗜好，不光喜歡喝酒（文宗嗜飲，每醉必盛怒），還學會嗑藥，時不時得來點鴉片（道光季年，五口通商，洋藥弛禁，朝野上下，無不嗜之。文宗初立，亦常吸，呼為益壽如意膏），加上從北京出逃以後擔驚受怕，身體每況愈下，到了第二年八月，就已經病入膏肓。

咸豐十一年（一八六一年）八月二十二日，三十一歲的奕詝病逝於承德避暑山莊的煙波致爽殿，只留下一個男孩載淳，和當年順治帝福臨同年紀，這麼小的孩子怎麼能夠保證不被奪權呢？

奕詝是這麼設計的：安排八個顧命大臣（著派載垣、端華、景壽、肅順、穆蔭、匡源、杜翰、焦佑瀛，盡心輔弼），外加孩子的兩個媽（皇后和載淳的生母懿貴妃）共同輔政，賜給皇后和懿貴妃各一枚印章，皇后的是「御賞」，懿貴妃的是「同道堂」，並規定凡是顧命大臣擬出的上諭，得有這兩枚印章加印才作數，否則不算。

自以為聰明的奕詝立完「遺囑」，安心地去了，到生命的最後一刻，仍然防範著弟弟奕訢，而這直接導致他逝世後，好戲直接開場。

貳

奕詝駕崩立遺詔時，奕訢還在北京閒晃，倒不是不關心哥哥，實在是奕詝防著他，不讓他去避暑山莊。等拿到遺詔後，奕訢更崩潰了，八個顧命大臣，論親疏，我是小皇帝的親叔叔，論能力功勞，洋人都是我擺平的，現在你告訴我連董事會都進不去，這不是開玩笑嗎？

但現實就是遺詔定下了，董事會的權力擺在那裡，奕訢一個人勢單力薄，比不過八個顧命大臣，奕訢感覺到必須找個幫手過來。

他到避暑山莊後，儘管八大臣一直阻攔他和其他人接觸，但奕訢化裝成薩滿，還是想辦法和遺詔中的另外兩人（兩個嫂子）見了一面。那時兩個嫂子已經被尊為皇太后，皇后被尊為「母后皇太后」，懿貴妃則被尊為「聖母皇太后」，由於前者住在煙波致爽殿的東屋，後者則住在西屋，因此分別被尊為「東太后」和「西太后」。

這次歷史性的會面約兩個小時，這次會面中，奕訢意識到大嫂子「御賞（東太后）」不太行，反倒是小嫂子「同道堂（西太后）」是個絕對的聰明人，實際上在這之前，他就是透過內務府大臣寶鋆和西太后的心腹太監安德海接上頭，才有這次祕密會晤。

這位西太后，就是我們很熟悉的老佛爺慈禧太后，只不過當時的「老佛爺」還不老，年僅二十六歲。而她之前的經歷能寫一本後宮小說。

慈禧太后最早出身於鑲藍旗，屬於「葉赫那拉氏」，家裡算是官宦世家，她的外祖父最高混到歸化城（山西）副都統，是正二品的官，父親做過吏部文選司的主事，不過之後在地方上面對太平軍臨陣脫逃，被撤職了，慈禧太后則是家庭因素，被選秀女選到宮裡，入宮時虛歲十七歲，年紀已經偏大（正常為十三至十五歲），可能是在家多待了幾

儲秀宮

年，學習了宦官家中一些處理檔案和事務的能力。

慈禧最早的封號是「蘭貴人」（也有說法是「懿貴人」），被分到西六宮的儲秀宮，載淳也是在儲秀宮裡出生。

別誤會，之前介紹過，只有擺脫「貴人、常在、答應」三個等級，才能有自己獨立的寢宮，那時蘭貴人還沒混到老佛爺等級，住的是儲秀宮的西配殿，正殿「麗景軒」住的是「英嬪」，而且西配殿可能也不是老佛爺一個人住，根據記載，「麗貴人」、「伊貴人」等都住在這裡，屬於「合租」關係。

這麼多「貴人」裡，蘭貴人怎麼出頭的，歷史上比較有爭議。晚清宮廷裡有一個說法，據說入宮後的某一天，奕詝逛御花園，正巧蘭貴人也在，而且是夏天，慈禧老佛爺穿得比較「三俗」，簡單點說就是「緊薄漏透」，和維多利亞的祕密的模特兒有得比。奕詝以前沒見過這架勢，畢竟清朝妃子們的衣服都比較保守，登時就被迷住，隨後蘭貴人就有了身孕。

生下載淳後，蘭貴人的封號一路升級，從「懿嬪」再到「懿貴妃」，順風順水，直到掛上太后的名頭。但無論是「聖母皇太后」還是「母后皇太后」，此時都開心不起來，原本按照她們兩人的設想，應該是「共同執政」，要和八大臣一樣參與決策，尤其是小皇帝的親媽慈禧太后，提出一個說法叫「聽政」，就是輔政大臣向小皇帝彙報時，兩太后跟著聽，之後可以拿著朱筆參與「批紅」。

八個輔政大臣壓根沒把這兩個太后放在眼裡，提出「太后但鈐印，弗得改易」，讓太后蓋章就完事了，條擬的旨意一個字都不讓改。在他們看來，「聽政」就是個笑話，清朝開國多少年都沒有女性干政的例子，哪怕是當年的孝莊太后都不行。有人說聽政這說法是從孝莊太后開始的，其實不是，最早應該來自「太上皇」弘曆的「訓政」。

八個輔政大臣實在太強勢，不聯合的話，別說奕訢沒得玩，小皇帝都可能被他們給換一個，重壓之下，嫂子和小叔子站在一起，決定聯合解決掉這八個輔政大臣。

這一幕似曾相識，想當初，福臨六歲登基，老媽孝莊太后和小叔子多爾袞聯合，幹掉其他權臣，如今歷史轉了個圈，還是在差不多的地方打轉。

參

這場被後世稱之為「辛酉政變」的事件中，恭親王奕訢必須同時滿足「天時、地利、人和」三個條件，才有可能成功，否則等政局穩定下來，他這種在咸豐朝就不被待見的肯定挨刀。很巧的是，咸豐十一年九月，這三個條件剛好具備了。

先說天時，這時剛打完第二次鴉片戰爭，議政八大臣手裡的兵不是很多，加上倉促逃出北京，南邊和太平軍的戰鬥正打得如火如荼，清朝中央政府的力量之弱，已經是入關以來的最低點。

再說地利，這是最關鍵的一環，奕詝的梓宮當時停在避暑山莊。而紫禁城在過去數百年間，功能性不可替代，清朝皇帝即位在什麼地方都可以，但皇帝的葬禮必須在紫禁城舉行，否則這個「禮」就不能完成，新皇帝則會背負上「不孝」的罵名，絕對不允許發生。

參照嘉慶帝顒琰在避暑山莊逝世的例子（查照嘉慶二十五年成案），眾人一致決定，梓宮將於九月二十三日啟程返京。

避暑山莊被八大臣經營一年，插不上手，可到了京城，便成為主場作戰。也就是說，奕訢想改變「八大臣＋兩太后」的格局，還有最後一個機會，就是回到在紫禁城裡布置一個局，幹掉這八個人，完成絕世翻盤。

最後就是人和的問題，「鬼子六」在當時的清朝官場上明顯更吃得開，無論是和附近的駐軍（如僧格林沁所部），還是和外國的洋人們關係都不錯。而且在避暑山莊內，也有許多人支持奕訢。因為奕訢一進避暑山莊，對著哥哥的梓宮，馬上「伏地大慟，聲徹殿陛，旁人無不下淚」，不用管真的假的，起碼八大臣沒人家哭得狠，讓奕訢無形之中增加很多潛在的人望。

事情的波折開始於九月十日這天，一個八竿子打不著的官員——山東道監察御史董元醇遞了一道摺子上來，一下子引發軒然大波，這個摺子叫《奏請皇太后權理朝政並另簡親王輔政》，內容都不用講，看題目就讓人頭皮發麻，直接引爆兩太后與八大臣的矛盾。

摺子遞上去後，八大臣和兩太后就摺子怎麼批的問題開始爭執，畢竟最後要形成旨意下達。這時八大臣開始膨脹，公然聲稱「請太后看摺亦係多餘之事」，自行擬了聖旨讓兩位太后蓋章且和她們嚷嚷，聲音特別大，以至於「天子驚怖，至於啼泣，遺尿後衣」，小皇帝都嚇到尿出來了。

慈禧太后也害怕了，服個軟，說要不我們各自退一步，這摺子乾脆留著不發，來個沉默是金。

按理說人家堂堂太后都求到這分上，差不多就好了。

然而八大臣愈發張狂，乾脆明示「不開視，決意擱車」，擱車就是罷工，意思是妳要不同意，我就把車停這裡，不走了，反正妳老公的棺材在這兒放著，看著辦吧。最後沒辦法，太后們只能同意蓋印，發出來的諭旨裡是這樣寫的：「載垣等八人，令其盡心輔弼，朕仰體聖心，自有深意。」誇完自己後，還不忘加一句「奏請皇太后暫時權理朝政，甚屬非是……該御史……是誠何心！所奏尤不可行」。

這道諭旨一發出來，朝野上下都不樂意，你們明擺著不是「輔政」，而是「挾天子以令諸侯」。小皇帝不可能說我媽幫我是「甚屬非是」，一看就知道是你們這群叔叔大爺們欺負孤兒寡母。

這時候，八大臣的注意力已經被轉移，全都琢磨著怎麼限制太后的權力。有一個小細節是，「董元醇奏摺事件」發生在九月十日後，八大臣和兩位太后的爭吵發生在十四日，而九月十一日清晨，奕訢就已經回北京城布局，脫離八大臣的視線，沒有引起對方的注意。

而藉著爭吵，太后們帶著小皇帝提前兩天回到紫禁城，倒不是八大臣大意，葬禮的禮節就是如此，皇太子不能「護送」梓宮，必須要在宮裡等著梓宮回京。

慈禧太后一到京城外面，見了來接駕的官員們（主要是洋務派）就開始哭。京城這群官本來就和八大臣不對盤，看見太后如此委屈，當即拍胸脯表示皇太后您說句話，我們替您宰了這八個亂臣賊子，慈禧太后假裝問道：「彼為贊襄王大臣，可徑予治罪乎？」人家是輔政大臣，不太好吧。

都到這一步，大家都懂的，馬上說：「皇太后可降旨，先令解任，再予拿問。」只要有了旨意，我們就是合法隊伍。奕訢等人迅速控制城裡的軍隊，布置好天羅地網，就等魚上鉤。

兩天後，十一月一日，護送梓宮來到紫禁城的八大臣還沒見著皇上，就被下詔撤職逮捕。載垣和端華兩個人當時在值房，一聽說詔書，全傻了，還反問道：「我輩未入，詔從何來？」隨後看到恭親王奕訢才明白，被「鬼子六」算計了，認栽道：「焉有不遵？」肅順脾氣比較暴躁，被抓時還在咆哮說：「坐被人計算，乃以累我。」意思是被人下圈套了。最後這哥們最慘，拖到菜市口砍頭時都在爆皇家的黑料，罵得很難聽，據說被用大錘子砸斷腿才跪下，也算一名硬漢。

兩位太后（主要是慈禧太后）與恭親王奕訢等人的聯合下，對八大臣勢力的絞殺猶如手術刀一般精準而鋒利，短短六天後，紫禁城已然換了新天，皇帝還是那個皇帝，而年號已改，慈禧太后明顯對之前所擬定的年號「祺祥」不甚滿意，將之改為「同治」。

至此，「垂簾聽政」之路，已然是暢通無阻。

肆

垂簾聽政這個說法在歷史上算不得新鮮，漢朝時「少帝即位，太后即代攝政。臨前殿，朝群臣，太后東面，少帝西面」，太后和皇帝面對面。不過清朝肯定不能這麼做，禮教擺在那裡，得弄個東西擋著，就是所謂的「垂簾」。

之前明、清沒有「太后聽政」的說法，況且簾子後面一坐坐兩個，比較難搞。禮部官員費了些腦筋，政變結束後的十一月十六日，就拿出了《垂簾章程》。

根據這份章程，垂簾聽政的地點在養心殿的東暖閣（皇太后、皇上同御養心殿），只不過掛的不是真簾子，而是黃紗屏風，兩個太后在屏風後面坐下，慈安太后在南邊，慈禧太后在北邊。議政時，不是一窩蜂進來，因為養心殿東暖閣不大，比較窄，得一個一個進。

當然，做為大臣不能直接和太后接觸，這事傳出去有傷風化，所以在屏風外面的御榻邊上，一般會有兩個輔政大臣站著，即恭親王奕訢等人，小皇帝在御榻上朝西邊坐著，大臣們從外面進來，不能看太后，直接朝著皇帝行禮磕頭，再彙報。

彙報也有講究，如果是京官，一般摺子都批過了，讓你來肯定是摺子裡有說不清楚的事，這種叫「奏對」，太后們會隔著屏風問話，問完後再磕頭出去。地方官就沒這個運氣，有的官出京城時還是道光朝，完全沒什麼交情，得先把「綠頭牌」遞給恭親王或其他軍機大臣，再轉交給太后。「綠頭牌」有點像皇上在後宮翻的那個牌子，但宮裡那個是玉製的，等級比較高，地方官的則是木頭製成，交完牌子，遞上工作報告或摺子，再由兩太后批示後用印。

兩位太后之中，慈安太后對朝政不太感興趣，平時政務處理都是由慈禧太后來負責。畢竟處理朝政這種事不是誰上都行，經驗和精力缺一不可，而且慈安太后是個很明白大體的人。清朝歷史上很少有嫡子繼承的情況，一般都是兩個太后並存，做為名義上的正牌皇太后，怎麼和皇上親媽相處早就成為皇后的必修課，慈禧太后做為親媽肯定不會坑自己兒子，因此兩人各司其職。

《清朝野史大觀》評價「東宮優於德，而大誅賞大舉措實主之；西宮優於才，而判閱奏章，及召對時諮訪利」，兩位太后一個抓細節，一個掌控大局，不像外面傳的那樣，西風壓倒東風，慈禧太后一家獨大。

安德海的死可以很好地說明這個問題。

「辛酉政變」中出大力的太監安德海，「垂簾聽政」時期被慈禧太后重用，一路當到宮裡的總管大太監，之後愈發目中無人，連小皇帝和恭親王奕訢都開始不放在眼裡。同治八年（一八六九年），載淳準備大婚，寓意著可以親政，因此朝廷上下非常重視，安德海逮著機會，就對慈禧太后打報告，說要去南方替皇帝訂作龍袍。慈禧太后腦袋一熱，沒多想，就派他出去了。

這下安總管直接化身鋼鐵人，飛出紫禁城，打出龍鳳旗幟，沿著運河公然索賄，平時宮裡嚴，現在出來可使勁撈。安德海一路南下，在河北省還沒有人管，好歹算天子腳下，到了山東德州被人截住了。

當時德州知州叫趙新，看見一個太監打著欽差的名號要錢，登時感覺自己穿越了，心想我一個大清的五品官怎麼夢回明朝？順治朝時明文規定「寺人不過四品，凡繫內員非奉差遣。不許擅出皇城」，太監沒有特殊情況不能出皇城，你說你安總管是欽差，欽差到達前軍機處會提前下文件，天子使者到了，要提前打掃街道，再說了，欽差都有品級，哪有太監當欽差的。

不過這事太大了，趙新連忙報告給上司山東巡撫丁寶楨。丁寶楨是靠著硬仗打出來的官職，聽完這事二

養心殿東暖閣內景，「垂簾聽政」發生的地方

話沒說，把安德海抓起來，安德海威脅他道：「你們別給自己找麻煩（汝輩自速辜耳）。」剛說完，丁寶楨直接把他就地正法，殺完後才給京城兩個太后打報告，說：「宦豎私出，非制。且大臣未聞有命，必詐無疑。」語氣很硬，意思是這哥們出來不大合規矩，可能是假的，我替二位太后處理了。

接到丁寶楨的報告，慈禧太后就尷尬了，順治朝到那時都二百多年了，早忘記太監不能出宮這件事。關鍵時刻，慈安站了出來，諭令軍機處對丁寶楨進行嘉獎。後來丁寶楨沒有因為這件事被宮裡打擊報復，一直升到四川總督，在號稱「天府之國」的四川主政十幾年，死於任上。

從這件小事能看得出來，慈禧太后和慈安太后在宮中發揮的作用不一樣。

這種垂簾聽政的情況一直持續到同治皇帝載淳親政，載淳這皇上當得比較讓人不放心，同治十二年（一八七三年）親政，一年出頭就死了。慈禧太后又選了醇親王家的載湉做皇帝，即光緒皇帝，七年後，慈安太后逝世，慈禧太后繼續一個人「垂簾聽政」到了光緒十五年（一八八九年），前後實際執政二十八年。

這一段時間在史書上又叫「同光中興」，一場轟轟烈烈的洋務運動在兩位太后和奕訢、曾國藩、李鴻章等一批名臣的主持下開展，整整三十餘年，算得上是晚清歷史上極為濃墨重彩的一筆，但隨之而來的甲午海戰與庚子之亂，宛如滔天巨浪，淹沒最後的一縷餘暉，紫禁城歷史上最大的劫數即將到來。

宮廷內外話同光

同治加光緒兩朝近五十年的時間，紫禁城內外也發生著劇烈變動，不同於明朝滅亡前五十年的修修補補，在「清」這個漫長時代的盡頭，紫禁城依然保持著完整而龐大的規制，其中，宮廷的奢華、被侵略的屈辱、新政的朝氣、王朝的衰敗，這些雜亂而矛盾的碎片，刻畫出王朝末世的剪影。

壹

紫禁城在同治朝進入有些類似順治朝的運行模式，但其中存在的諸多變數，卻讓這個被稱為「中興」的時代平添許多波折。最大的變數就是同治皇帝載淳的不可靠。

按理來說，清朝上書房建了一百多年，教育體系絕對完美，兩位太后肯定不能把這孩子往歪路上帶，但無數史料都證明載淳壓根不是學習的料。當時替載淳請的老師是咸豐六年（一八五六年）的進士翁同龢，算是近代史上比較有爭議的一個人，可不用管什麼爭議，翁老師既然能考到狀元，學問上絕對沒問題，結果載淳在課堂上差點把翁老師搞崩潰了。

號稱「晚清四大日記」之一的《翁同龢日記》裡，經常能看到翁老師這樣記載：「膳後必有六、七刻倦怠，頗費口舌（吃完飯一個多小時不學習）」、「生書前後四日尚未成誦，難極矣（新學的課文四天都沒背過，我太苦了）」、「午初來，滿書極吃力，午正二始畢，講摺尤不著力，真無可如何也（滿文學不會，分析奏摺也聽不進去，我真不知道怎麼辦了）」。

翁同龢是傳統讀書人出身，平時寫日記肯定知道「為尊者諱」的說法，能這麼吐槽皇帝，實在是已經無可忍。自從入關後，清朝沒聽說哪個皇帝不愛學習，玄燁、胤禛是真文化人，弘曆、顒琰和旻寧這三位算是裝文化人，到了載淳這一代，連裝都不裝，老爹就生我一個，你還能廢了我不成？

同治十二年，載淳剛親政，就開始琢磨著敗家了，好的不學，先學著祖輩們建園子，說是要為兩位太后建一個退休後養老的地方。

但這倒楣孩子不知道怎麼想，非得要修復圓明園，老臣們聽完後就慌亂了，往事不堪回首，同時暗罵這孩子是不是沒有腦子，圓明園被燒毀才多少年，你不想著居安思危就罷了，還琢磨著大興土木。

更何況，那時清朝真沒有大興土木的本錢，左宗棠還在西北打仗，直隸永定河的大堤又決口，翻翻那一年的《清實錄》，全都是各地彙報哪裡缺錢。修園子這種事，很快就被大臣們批判，御史沈淮上書說要不省著點花？載淳年輕氣盛，肯定不樂意，想了一個特別誇張的招，不花國庫裡的錢，改為「總管內務府大臣設法捐修」，而內務府大臣，說的就是恭親王奕訢、醇親王奕譞這些叔叔大爺們。

一開始大臣們覺得小皇帝剛親政，總不能上來就吵架吧，每個人給了幾萬兩銀子，湊了幾十萬意思一下。但那時物價飛漲，幾十萬別說修園子，光買木頭都不夠，況且木頭也不好買，導致後續出現堪稱奇葩的「李光昭案」。

李光昭是商人出身，靠「輸捐（買官）」混到「知州」，聽到皇上缺木頭時，他靈機一動，把這事大包大攬下來，說可以提供三十萬兩的木頭給宮裡。載淳一聽，忠臣呀，就把這事託付給李光昭。李光昭拿了雞毛當令箭，去南方和法國人訂了三船木料，一共價值五萬出頭，回來報帳說三十萬，而且就交了十塊錢訂金，相當於空手套白狼。

等木材到了天津港，麻煩來了，皇宮裡的規矩嚴，這種事你想承包，必須自己先墊錢，可李光昭連五萬塊錢都湊不出來，法國人不幹了，拿著合同找到曾國藩的學生——當時擔任直隸總督的李鴻章。

李鴻章是「洋務派」出身，應付外國大使都是一把好手，想隨手打發法商，拿過合同，李鴻章覺得自己的世界觀都碎了，合同上簽的名字居然是「圓明園李監督代大清皇帝」，翻譯過來就是欠人家錢的是「大清皇帝」，李光昭是代簽合同。

涉及皇家顏面，李鴻章不敢自作主張，丟人都丟到法蘭西去了，回頭鬧大了，說不定明天法國報紙都能把「大清皇帝」當老賴的消息登出來，事不宜遲，李大人趕緊向宮裡做了彙報。

事情鬧到這分上，恭親王奕訢看不下去，侄子荒唐到不像話，就帶著一群大臣，包括帝師翁同龢、李鴻藻等人，遞個名為《敬陳先烈請皇上及時定志用濟艱危摺》的奏摺，從清朝開國一直說到現在，讓侄子把圓明園的工程停了，還順便爆了自家傻侄子一大堆黑料，例如平時微服出行等。

剛說了沒幾句，載淳便不耐煩，一拍桌子吼道：「此位讓你何如？」皇上我不當了，你們來。此言一出，群臣震驚，皇上說這種話，已經屬於不要臉的範疇。文祥當年政變都是一臉從容，這時直接跪在那裡開始哭，哭著哭著就暈過去了。奕訢心想這位子三十年前就該是我的，但不能真說出來，不然就成造反，所以也跪在那裡。載淳一看長輩們這反應，更生氣了，乾脆罷免所有人的職務。

消息傳到宮裡面，兩位太后趕緊出來救場，頒發諭旨說：「十年以來，無恭邸（恭親王）何以有今日？皇上少未更事，昨諭著即撤銷。」這才挽回局面。奕訢內心相當委屈，累死累活十幾年，養了個背骨仔出來。

不過奕訢沒委屈多久，就過了一年多，載淳莫名其妙地暴斃身亡，死因眾說紛紜，官方說法是天花，也有人說是小皇帝微服出去逛窯子，得了梅毒而死。而無論哪種說法都無法挽回一種結局，就是載淳沒有留下血脈，愛新覺羅帝系的直系就此斷了，一個處於中興之年的國家喪失培養十幾年的繼承人，使得朝堂上的局勢瞬間微妙起來。

這樣的背景下，出現同光時代的第二個變數——老佛爺慈禧太后開始一家獨大。

貳

載淳一死，最傷心也是最擔心的就是載淳親娘。之前，「東太后」和「西太后」是並列，但誰都不傻，

北京故宮收藏的《萬壽無疆賦》冊

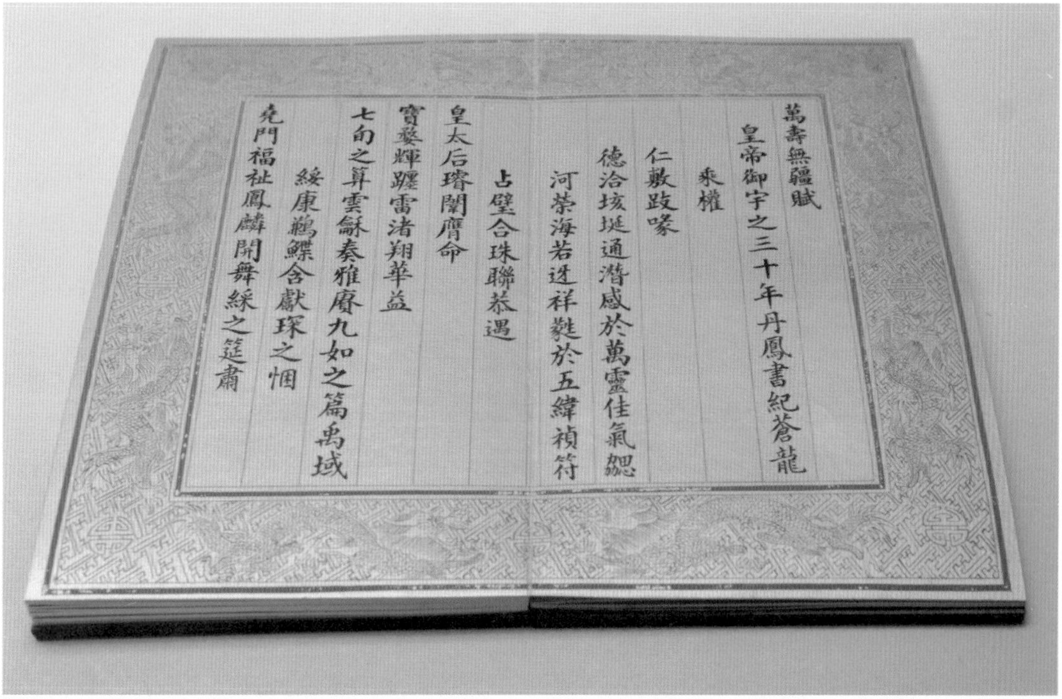

「東太后」是太后，因為是先帝爺的皇后；而「西太后」則是母憑子貴上位，現在兒子沒了，這個太后到底值不值錢還很難說。

基於以上情況，慈禧太后利用平時積累的威望，提出「溥字輩無當立者」（「載」字輩下一代為「溥」字輩），堅決否定立孫子輩的幾個候選人繼承皇位的可能，反而指定醇親王的兒子載湉做為新皇帝，並確立年號為「光緒」。立載湉為帝的消息甚至都沒通知載湉他爹，得到消息的奕譞在地上痛苦地撒潑打滾。怎麼看都不是什麼光宗耀祖的好事，從此之後，載湉就和自己沒什麼關係了。當年同治皇帝能被立是因為「幼年喪父」，自己要是不小心一點，老佛爺也能讓載湉「幼年喪父」。

慈禧太后之所以選擇載湉，是因為他的生母是自己的親妹妹，老佛爺得確保自己和新皇帝之間的血緣關係，才能確保晚年的安全。這種擔心並非空穴來風，慈禧太后平時也讀歷史，前朝嘉靖皇帝朱厚熜就是個例子，被張太后從遙遠的湖北弄到京城當皇上，當上以後就翻臉不認人，張太后連自己的親弟弟都沒保住，沒血緣關係，誰會把一個過氣的太后放在眼裡。前事不忘後事之師，慈禧太后絕對不會犯這種錯誤。

僅僅不到兩年，「垂簾聽政」又開始在紫禁城裡實行，只是這一次，簾後的慈禧太后明顯有了更敏感的心思和算計，慈安太后在光緒七年（一八八一年）去世後，她又於光緒十年（一八八四年）以中、法戰場失利為理由，藉口「委蛇保榮，辦事不力」，將恭親王奕訢等一干黨羽驅逐出軍機處。這次事件中的驚心動魄，不亞於一場宮廷政變，史稱「甲申易樞*」，至此，紫禁城空空蕩蕩，只剩下慈禧太后蒼老的女聲在宮廷中迴盪。

反對者消失，再加上對西北軍事的勝利，使大權獨掌的慈禧太后很快膨脹起來，開始以自己的意願對紫禁城進行一系列改建。

慈禧太后在歷史上以「太后」的身分為人們熟知，但我們看她掌權後一系列宮殿建設，多多少少有一些補償心理，當初做妃子時待遇不行，現在好不容易「母儀天下」，怎麼高興怎麼做。

本著這種心理，慈禧太后對當年住過的儲秀宮進行改建，從前儲秀宮都不能獨占，現在敞開住吧。光緒十年，慈禧太后五十大壽，為了慶賀壽辰，決定移居儲秀宮，之前這地方是同治皇后阿魯特氏的居所，逼死兒媳婦後，這處宮殿就沒人敢住。正常來說，皇太后要住壽康宮，不過自從咸豐朝開始，後宮人數極少，再加上同光兩朝都是少年天子繼位，後宮大多數時間面臨住不滿的情況。

搬進來之前，慈禧太后砸了六十三萬兩銀子把儲秀宮與前面的翊坤宮後堂連起來，中間建了一個穿堂殿，名曰「體和殿」，前院還叫儲秀宮，在原來是翊坤宮的後殿部分，掛著慈禧太后親筆寫的匾額「有容德大」。慈禧太后的書法在清代後宮中屬於很不錯的了，起碼批奏摺沒問題，《清稗類鈔》說她「喜作大字，用丈餘庫臘箋，書龍虎松鶴等字，歲多至數百幅」，在題字方面和乾隆爺有得比。

後面原本儲秀宮的後殿「思順齋」更名為「麗景軒」，而慈禧太后原本住過的西配殿則特意改為「猗蘭館」，以紀念自己「蘭貴人」的名號。

在細節上，因為是賀壽的緣故，開門及窗格上都用了楠木材質，在當時是一件相當奢侈的事情，遊廊的牆壁則貼上以琉璃燒製的〈萬壽無疆賦〉，六十三萬兩不是白花的，許多奢華之處完全可以媲美乾隆時代。

＊編註：慈禧太后一生共發動三次政變，分別為辛酉政變、甲申易樞和戊戌政變。甲申易樞是指光緒十年四月八日，慈禧突然發布懿旨將以恭親王奕訢為首的軍機處大臣全部罷免。這一年是農曆甲申年，也稱「甲申易樞」。

慈禧執政時代對紫禁城的修建，大致上都是圍繞著後宮進行，沒有涉及前朝。無論權力多大，花錢多闊綽，慈禧太后依舊保持著內心的一份清明，即使是坐轎子，她也會避開前朝的中軸線，走西邊的小道進後宮，這種「不逾矩」應該是慈禧太后能夠成為政壇常青樹的重要原因。

參

宮殿修了，權力收了，紫禁城似乎又恢復昔日榮光，慈禧太后在榮華富貴和享受中一天天老去，小皇帝載湉也一天天成長著，而這個皇帝的存在卻是那個時代紫禁城裡的第三大變數。

帝師翁同龢經歷載淳的「摧殘」後，對載湉那是一百八十個滿意，讀書上進，聰明伶俐，除了有點口吃，其他沒什麼問題，絕對是資優生等級的存在，當載湉成長到可以親政時，已然是一個「春秋方富，抱大有為之志」的青年了。如果他面臨的是同治朝的局面，也許真的可以有一番作為，可時過境遷十幾年，朝堂上的勢力早已經亂成一鍋粥。

最顯眼的就是「保守派」和「洋務派」的爭執還在繼續，並且地方上，李鴻章等漢族官員羽翼已豐，只能小心駕馭而不能隨意調動，牽一髮而動全身。

以上這些官員還不見得都效忠於載湉，他們和慈禧太后都不對付。而且更關鍵的是，慈禧太后雖然名義上是載湉的「母親」，但很明顯老佛爺無法像信任親兒子那樣，老太太今天可以把你當兒子寵，明天也可以找一群侄子來當「兒子」，最後數著指頭算下來，只有翁同龢等一批「清流」讀書人，勉強算是載湉的心腹。

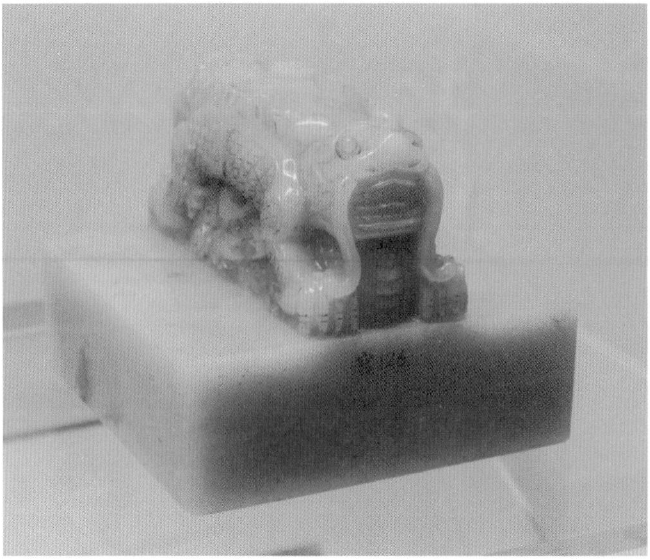

光緒御筆之寶

載湉很明白這一點，危機感特別強，「頤和園」就是為了讓敬愛的「母親」頤養天年才修建的。最早這園子是乾隆年間的「清漪園」，第二次鴉片戰爭時和圓明園一樣被英、法聯軍燒毀。

慈禧太后喜歡熱鬧，想修復起來自己住，正好載湉巴不得這老太太別在紫禁城裡閒晃，方便親政掌權，兩邊「母慈子孝」，共同頂著壓力，籌集大量銀兩，將頤和園修建起來，自從光緒十五年載湉親政以來，慈禧太后就一直住在頤和園中，將紫禁城讓給載湉，只是讓他不爽的是，隔三差五要去頤和園早請示、晚彙報，大事還抓在老太太手裡。

這時清朝官場上已經亂成一鍋粥，修園子要銀子，官場上自然除了貪汙就是腐敗，光緒二十一年（一八九五年）的甲午海戰失敗，就是清朝官場爆炸的體現。

論火藥武器，洋務運動搞的工廠，全都和內務府造辦處同一個套路，按照管衙門的辦法去管軍工廠，只要貴的不要對的，花裡胡哨的表面隱藏著各種華而不實，給老佛爺做的鼻煙壺可以搞這個套路，但火藥炮彈也這麼搞，一發炮彈打出去像沖天炮一樣，炸不炸全看天吃飯，打起仗來差不多就是等死。

論軍事戰略配合，在中央軍機處主政的是載湉親爹醇親王奕譞，做為大清朝頂級承包商，奕譞主政十幾年，最大的功勞就是侵吞國庫和挪用軍費，轉化為工程款去修頤和園。而打仗的主力交給建設北洋水師的李鴻章，李中堂是漢族文官加地方軍事勢力的代表，平時把北洋水師看作寶貝，戰場上奉行的是能動口的絕對不動手，生怕自己這點家底子沒了被中央政府清算，最後因為太懦弱，導致北洋水師全軍覆沒。

載湉是個熱血青年，看見打敗仗就急了。他這輩子最崇拜的人就是康熙帝玄燁，從光緒朝的御窯瓷器就能看出來，和康熙朝的風格完全一致，甚至有些造型難辨真假，從這個細節不難看出，載湉是把自己所處的朝局比作康熙初年——外有強敵環伺，內有權臣離心，需要來一場轟轟烈烈的改革破開這個死局。

我們很熟悉的「戊戌變法」就是這麼來的，載湉帶著一群南方來的讀書人，糊里糊塗折騰一頓，打算把康熙帝時期的「懋勤殿」再利用起來，重新掌控大權進而實行變法。

最後想當然地失敗了，變法後的短短幾十天裡，載湉罷免許多六部高官，其中不乏皇親國戚。一群人被罷官，就跑到頤和園去跪成一排，請慈禧太后主持公道。慈禧太後坐著車回到紫禁城，見面就訓斥載湉，順便熄滅改革的火焰。

載湉沒看明白的是，改革和整頓局面的第一要素就是人，沒人就不用想了。張居正當年能成是因為把李太后、馮保外加內閣群臣都捆在自己的戰車上；康熙帝能成是先擺平滿洲傳統貴族；到了載湉這裡，八字還沒一撇，一張口就是變法，擺明就是得罪人。

還是同治朝的劇本，皇帝瞎搞，大臣罷官，太后出來調整局面，只不過慈禧太后對載湉實在是沒有對親兒子的耐心，直接把他囚禁到中南海邊上的「瀛臺」。

「雨洗蒼苔石獸閒，風搖朱戶銅蠡在」，從此開始，皇上和皇太后都不住在紫禁城，原本人就不多的宮城變得愈發蕭索。數年後，八國聯軍侵略的戰火燒到北京，慈禧太后倉皇逃到西安，昔日威嚴的紫禁城，第一次毫無保留地呈現在侵略者的眼中。當皇冠開始落地時，一個帝國的崩潰已然變得不可扭轉。

黃龍旗的降落

歷經庚子之亂的清朝，終於喪失最終一絲生氣，宮禁不再森嚴，老去的人和物隨著時間漸行漸遠，外界的風穿過朱漆的大門與漢白玉的欄杆，來到這座有著五百年歷史的皇宮之中。幼小的溥儀在啼哭聲中，成為紫禁城中最後一位帝王，他在成長中所見證的紫禁城，將是與祖輩們不同的風景。

壹

光緒三十四年（一九〇八年）十一月，號稱「五十年間天下母」的慈禧太后已然奄奄一息，在人生最後的十幾年裡，這位頗受爭議的老太太一直在花錢和鬥爭中來回折騰。

花錢是大家都看得見的，光修個頤和園就扔了幾百萬兩銀子進去，再弄個北洋水師都夠了，更不要提五十、六十、七十歲三次大壽和平時的各類花銷，換算下來，差不多是拿著清朝的國庫在燒錢玩，即使是庚子年（一九〇〇年）的逃難中，慈禧太后到西安後也保持奢華的排場。

鬥爭上，和洋人鬥，老佛爺基本上沒贏過，但和光緒皇帝載湉的鬥爭中，慈禧太后還是安排得清清楚楚，不光一直囚禁著載湉，臨終前，順便提前把自己的大外甥帶走，載湉的死期比慈禧太后早了一天，根據屍體化驗，在載湉的頭髮裡發現大量的砷，證明是砒霜致死。

人生的最終時刻，老太太一邊操心著大外甥什麼時候殯天，一邊開始為下一代考慮。一回生二回熟，老佛爺手裡都換過兩個皇帝了，經過深思熟慮後，慈禧太后選擇醇親王奕譞的孫子溥儀來做皇帝，說起來奕譞也是晚清神奇的存在，兒子（載湉）和孫子（溥儀）全是皇帝，自己卻替慈禧太后當了大半輩子的奴才。溥儀當時才三歲，被抱到皇宮裡，關於這一段，溥儀在回憶錄《我的前半生》記載得比較詳細：

> 光緒三十四年舊曆十月二十日的傍晚，醇王府裡發生一場大混亂。這邊老福晉不等聽完新就位的攝政王帶回來的懿旨，先昏過去。王府太監和婦差丫頭們灌薑汁的灌薑汁，傳大夫的傳大夫，忙成一團，那邊又傳過來孩子的哭叫和大人們哄勸聲。攝政王手忙腳亂地跑出跑進，一會兒招呼著隨他一起來的軍機大臣和內監，叫人給孩子穿衣服，這時他忘掉老福晉正昏迷不醒，一會被叫進去看老福晉，又忘掉軍機大臣還等著送未來的皇帝進宮。這樣鬧騰好大一陣，老福晉甦醒過來，被扶送到裡面去歇了，這裡未來的皇帝還在「抗旨」，連哭帶打地不讓內監過來抱他。內監苦笑著看軍機大臣怎麼吩咐，軍機大臣則束手無策地等攝政王商量辦法，可是攝政王只會點頭，什麼辦法也沒有……

這裡的攝政王是指溥儀的父親載灃，把孩子抱到宮裡，慈禧太后看了孩子一眼，等到光緒帝逝世後，慈禧太后就下詔書冊立小皇帝。那時老太后已經病入膏肓，冊立完不久就在中南海的儀鸞殿裡逝世。臨走前，慈禧太后也知道這些年所作所為問題很大，留下遺訓：「此後，女人不可預聞國政。此與本朝家法相違，必須嚴加限制。尤須嚴防，不得令太監擅權。明末之事，可為殷鑑！」

只是大家明白有些東西歷經五十年的風雨滄桑，已經不可能回去了，當傳統的政治偏離紫禁城的中軸線時，許多錯誤已然不可避免。

老佛爺一死，紫禁城內外瞬間亂成一鍋粥，慈禧太后的死和光緒皇帝的死就差一天，宮裡同時要辦兩場葬禮和一場登基儀式，非常麻煩，上一任皇帝載湉雖然是十一月十四日逝世，但溥儀的登基大禮一直拖到十二月，在清朝極少見。主要是那時紫禁城已經很久沒舉行過大典，上次搞大場面還是光緒皇帝大婚的時候。

電影《末代皇帝》對登基這段拍得比較寫實，參考一個小細節，當時正好是十二月，天氣特別冷，登基儀式這種事比祭祖麻煩，不是說大家磕幾個頭就完事。從中和殿準備好，再到太和殿的寶座上，三歲的溥儀早就不耐煩，開始哭鬧起來，高喊：「我不挨這兒！我要回家！我不挨這兒！我要回家！」一旁的攝政王載灃相當尷尬，只能寬慰兒子說：「別哭別哭，快完了，快完了。」

這話被周圍大臣聽到，腦門的汗都出來了，老百姓過年說話還講究一下，登基大典您來了一個「快完了」，這不是瘋狂暗示大清要完了嗎？

攝政王載灃當時真沒想這麼多，醇親王家族很大程度上能代表清朝最後皇族的態度，事不關己高高掛起，除了想混混日子也沒其他追求，慈禧太后從這一支裡面挑皇帝還是有原因的，其他有追求的都死了。後來徐世昌*說過：「大清之亡，不是亡於革命黨，而是亡在一班『小爺們』身上。」這種「小王爺」的出現應該要從「奕」字輩算起，做皇帝的奕詝與政壇常青樹的奕譞都是其中的代表人物，到了載灃這一輩，基本上被發揚光大了。

載灃的這種「爛好人」性格，當其混合在歷史中時，我們很難評價好壞。但就載灃的遭遇來說，未必是一件壞事。袁世凱威逼清帝遜位時，做為父親和攝政王的載灃開始和老袁談判，畢竟兒子才六歲，什麼都不要就說不過去了。

最後袁世凱和載灃兩位鬥了好幾年的政敵互相退後一步，談妥以下幾個條件：

一、紫禁城不能給，小皇帝要住，以後長大可以搬到頤和園。

二、不光活人的房子留著，歷代祖宗的那些陵寢也不能碰。

三、最關鍵的一條，遜位後，清王室每年可以領四百萬兩銀子，做為日常開銷。

等袁世凱點了頭，載灃很痛快地簽字。

慈禧太后去世三年後，同樣是一個冬天，一九一二年二月十二日，北京城的百姓見證了象徵清政府的黃龍旗在紫禁城中緩緩降下。在冰冷的寒風中，人們開始意識到這不僅是一個二百六十八年朝代的結束，而是近二千年的帝制時代在這一天告別中國政治的中心。

貳

留在紫禁城裡幼小的溥儀還沒明白，這位被他視為「最失敗」的老爹，留了一份什麼樣的遺產給他。

隨著成長，溥儀開始慢慢發現錢不夠用。

造成這種情況的客觀原因之一，是自從清帝遜位後，北京城的老大像跑馬燈一樣地換，這四百萬兩銀子，只有第一年給足，到了第二年就剩下二百八十萬，之後逐年遞減，幾年後只剩下一百六十萬左右。

按理說銀子雖然打了折，溥儀一個人也不應該花這麼多，但紫禁城舊有的規制擺在那裡，加上亂七八糟

＊編註：清末民初北洋政府官僚，曾任慶親王內閣的協理大臣（副總理）。

的貪汙，溥儀小朝廷經常處在入不敷出的處境。

以看得見的「吃」為例，紫禁城裡照樣保留「御膳房」和皇上用餐的規矩。清朝的御膳房正常分為兩處，一直在景運門外，叫「外御膳房」，皇上不吃這個，一般宮裡大宴才由這裡掌勺。皇上還有一個「養心殿御膳房」，才是真正意義上做「御膳」的地方。

這個御膳房雖然只為皇帝一個人服務，但規格上一點都不小，下面設五個局：葷局（肉菜）、素局（素菜）、掛爐局（烤肉、烤鴨等）、點心局（如清宮常吃的「餑餑」）、飯局（粥、飯），林林總總加起來近百人，還沒算內務府其他一些和「吃」有關的機構，像內務府「廣儲司」下面儲存茶葉的「茶房」、「掌儀司」下面存水果的「果房」、「慶豐司」圈養的牛羊牧群等。

這些人平時都不閒著，皇上吃飯的排場在那裡。清朝皇帝都是「日食兩餐」，中間穿插各類點心，只不過時間不固定，康、雍、乾三朝養成的習慣都是批奏摺批累了再吃，皇上這邊喊一聲「傳膳」，幾分鐘內，一直被溫著的菜餚就必須被端上來。皇上吃飯講究的是精細和快捷，正常皇帝吃飯時間不會多於二十分鐘。

而且有個規矩，叫「菜不過三匙」，無論菜好不好吃，皇上不能吃超過三次，不然萬一有刺客覺得皇上喜歡這個，下回給您加點「料」，那就麻煩了。當然，皇上要是真多下了幾筷子，伺候的太監們也不敢多嘴，只不過三個月內，皇上肯定見不著這道菜。

這一套程序走下來，菜的味道怎麼樣就不說了，起碼數量擺在那裡，許多菜即使是擺在那裡做樣子，也少不了花銷。正常來說，溥儀那時已經用不著防刺殺，但規矩這種東西立起來就不好破，慈禧太后執政時一桌上有百道菜，溥儀小朝廷沒那麼多，至少也得幾十道，一年下來光「飯錢」就是天文數字。

巨額的花銷，再加上還有一大堆宗室遺老，時不時來宮裡撈一筆，小朝廷經常處於入不敷出的狀態，從很小的時候開始，溥儀就得琢磨從哪裡搞錢。

他把目光放到宮裡的珍玩古董上。

參

約一九二〇年前後，溥儀開始大量倒賣北京故宮裡的文物，而實際上，圍繞北京故宮所展開的文物倒賣工作則要遠比這早得多。後來負責整理北京故宮古物的吳敬恆先生寫了一篇文章，名為〈冤哉溥儀先生，危哉溥儀先生〉，裡面提到溥儀周圍圍繞著三種「動物」，其中之一就是「鱷魚」，即各類古董販子。

清帝遜位後，宮裡依舊保留大量太監，保守估計可能有上千名之多，已經是落地鳳凰的內務府無法再管控這些太監，有些太監甚至公然在地安門附近開設古玩

溥儀在宮裡所用的網球拍，建福宮燒掉之後，溥儀將空地改成了網球場

店，溥儀從英文老師莊士敦那裡聽到這個消息，深深感受到宮裡愈發猖獗的盜竊，因為大婚後不久，皇后頭冠上的首飾就被換成贗品，基於以上種種，溥儀決定對整個內務府進行整頓，清點一下位於建福宮的藏寶庫數目。

沒承想，就在一九二三年六月二十六日晚上，紫禁城的西北處突然燒起大火，由於紫禁城當時處於封閉狀態，救火不及時，建福宮和其中無數珍寶古董全被付之一炬。

明面上，這次火災的原因是電線漏火導致（溥儀喜歡在宮中看電影），但大家都不是傻子，當時《申報》很明確地指出：「宮中起火，係某太監平日將宮內所存御用實物，私自運出盜賣，價值數十萬之多，因慮某太監揭發……預施此計，暗下火種，以為滅跡之計。」

根據事後統計，這次大火共燒毀房屋一百二十餘間，金佛二千六百六十五尊，字畫一千一百七十五件，古玩四百三十五件，古書幾萬冊，事實上，這串冰冷的數字遠不能說明這次火災的損失，自從乾隆帝弘曆營建建福宮花園以來，清宮數代帝王的珍寶積澱皆在此處，其中不乏國寶級別的文物存在。儘管缺乏證據，溥儀還是被太監們的膽大妄為給震驚了，隨後下令遣散大量太監，只是大多數珍寶再也無法挽回。

當然，溥儀沒什麼資格對太監們發脾氣，當時紫禁城裡第一號文物販子，就是宣統皇帝本人。為了換錢，溥儀曾多次以「賞賜」和「抵押」的名義，將北京故宮中的文物大批賣給外界，換來錢財，販賣的文物裡，甚至包括冊封皇太后的金冊和愛新覺羅家族的「玉牒」，可能清西陵離紫禁城有點遠，不然說不定能把陪葬品也刨出來。

賣的時候膽子大，運文物的手法也很高明。

那時溥儀和弟弟溥傑都在毓慶宮上學，溥傑是溥儀的伴讀，每天放學出宮時，人們就看著溥傑背個大書包，裡面全是「御賜」的物品，一天一趟，時間久了就有人問這些都是「御賜」的嗎？可能溥傑不好意思，再「御賜」也得有個限度，現在弄得和搬家差不多，就說有些是「御賜」，有些是「借」，反正從沒還過。後來清查毓慶宮檔案時，光是「賞溥傑」的物品，就「皆屬琳琅祕笈，縹緗精品，天祿書目所載，寶笈三編所收，擇其精華，大都移運宮外」，主要以書畫和珍貴的宋版書為主。

這種倒賣文物的惡劣行為一直持續到溥儀離開紫禁城。一九二四年，軍閥馮玉祥的手下大將鹿鐘麟，將廢帝溥儀驅逐出宮，隨後成立的「清室善後委員會」入駐紫禁城，這座籠罩著神祕色彩的宮城，第一次毫無保留地呈現在世人面前。

經過委員會一年的辛苦清點，一部皇皇二十八冊的《故宮物品點查報告》出爐，按宮殿分布，總共分為六編，各類珍貴文物共計一百一十七萬餘件，這批文物成為「北京故宮博物院」成立的基礎。

而事實上，受限於人手和時間，這份報告的六編中只有「樂壽堂」、「閱是樓」、「南三所」等地方，不是紫禁城文物的全部，根據估算，即使經歷過清末民初的種種天災人禍，北京故宮中的文物至少有數百萬件之多，堪稱中華文明史上一座不朽的寶庫，這樣的文化結晶，若以私人名號加之其上，實在是一種莫大的侮辱，正如驅逐清室的鹿鐘麟在後來宣告的那樣：「清宮古物非清室之私產，乃我中華歷代文化藝術之結晶。凡屬中國國民，人人無私有之權，人人有保護之責。」

一九二五年的「雙十節（十月十日）」，「北京故宮博物院」正式舉辦成立儀式，院長李石曾親書「故宮博物院」的匾額懸於神武門之上，無數人穿梭於紫禁城中，第一天的參觀人數就有上萬之多。

終章

文化殉節與皇城奧義

紫禁城的「史事」在北京故宮博物院成立後，慢慢化作歷史的餘暉，但一百餘年來，對這座宮殿的研究卻從未停止。時光荏苒，明、清易代，當初雄偉的皇城已然走過六百年的春秋，拋開紅牆黃瓦建築和金銀玉石的收藏，紫禁城的文化和歷史意義究竟意味著什麼，也許我們可以從王國維之死的歷史疑案中，窺得一絲半縷的玄機。

壹

一九二七年六月二日，五十歲的國學大師王國維在頤和園魚藻軒前徘徊良久，隨後投湖自沉而死，這位被梁啟超譽為「不獨為中國所有而為全世界所有之學人」的國學大師，遺書中聲稱「五十之年，只欠一死。經此世變，義無再辱」，他提出的「辱」字和他的死因成為中國近代文化史上的一樁公案。

要理解王國維之死與紫禁城之間千絲萬縷的聯繫，我們必須要追溯他的身世。

光緒三年（一八七七年），王國維出生於海寧的書香門第，與發掘「大內密檔」的羅振玉為至交好友，兩人互相結為兒女親家，並一起留學日本。這期間，王國維開啟宛如神話一般的學術研究，不但對甲骨文、宋元戲曲、古代鐘鼎銘文的領域有開創性的發展，更在哲學、美學、文學等方面大有建樹，是中國近代第一批真正意義上「貫通中西」的學者，我們很熟悉的《人間詞話》就是王國維以西方美學思想透析中國傳統文學的典範。郭沫若曾評價王國維：「留給我們的是他知識的產物，那好像一座崔嵬的樓閣，在幾千年的舊學城壘上，燦然放出一段異樣的光。」

王國維與紫禁城的緣分，起源於清帝遜位後，經羅振玉等人推薦，他加入溥儀的「教師團隊」，被賜予「南書房行走」的稱呼。清朝前的規矩是，非「翰林（一甲二甲進士）出身」不能擔任「南書房行走」，溥儀那時不管什麼規矩，王國維雖然是「秀才」出身，但得以享受這個「榮譽」。

這個時段的王國維體現了「忠君」和「開放」兩方面的特點，他曾在留學日本期間剪掉辮子，但清亡後又續了起來，這是其本人忠的地方；而另一方面，他曾遞過摺子給溥儀，裡面提道：「今有一策，有保安皇室之利而無其害者，臣愚以為莫若開放禁城離宮之一部為皇室博物館，而以內府所藏之古器、書畫陳列其中，使中外人民皆得觀覽，如此則禁城之內，民國所轄地面，既有文淵閣之四庫全書，文華、武英諸殿之古器、書畫，皆我皇室之重器，而皇室所轄地面，復有皇室博物館陳列內府之重器，是禁城一隅，實為全國古今文化之所萃，即與世界文化有至大之關係。」

這話有沒有被溥儀聽進去，不清楚，很可能是沒有，溥儀那時剛經歷建福宮火災，看誰都像太監，生怕被別人弄走。不過他沒糾結太久，一年後，「北京政變」發生，溥儀被趕出紫禁城，王國維結束他的「南書房行走」生活。

溥儀出宮後，王國維和朋友們做了一件在當時和現在人看來都覺得不可思議的事情，他們相互約定在神武門外的御河內投水自盡，只是因家人的阻攔而未能成行。

一年後，在北伐軍隆隆的炮聲中，已經是「清華國學院」導師的王國維，乘著小車來到頤和園的昆明湖，在這裡，王國維抽完人生的最後一支菸，安靜地離開人世。他青少年時期正是慈禧太后坐鎮頤和園的時候，在他的心中，頤和園也許是紫禁城的另一種延伸。

貳

中國歷朝歷代的文人逢國破家亡、天下革新之際，都會有類似「投水」的舉動，遠者有屈原，近者如陸秀夫，皆是如此。而王國維的死之所以成謎，是他的自殺所殉節的對象，是一種模糊不清的概念，而非如史可法之「數點寒梅亡國淚」，譚嗣同之「我自橫刀向天笑」。

說王國維「殉清」，於情理上說不通，他沒有參與任何復辟活動，溥儀被趕出宮後，王國維也沒有跟隨，郭沫若認為：「當時時局即使危迫，而遜帝溥儀還安然無恙，他假如真是一位愚忠，也應該等溥儀有了三長兩短後，再來死難也不遲。」但王國維卻選擇令人完全意想不到的時間節點，似乎對於他而言，紫禁城中「有人」，要比這個人是誰更為重要。

王國維的好友、學者陳寅恪給王國維的〈王觀堂先生輓詞並序〉提出著名的「文化殉節說」，他認為「凡一種文化值衰落之時，為此文化所化之人必感苦痛，其表現此文化之程量愈宏，則其所受之苦痛亦愈甚；迨既達極深之度，殆非出於自殺無以求一己之心安而義盡也」。

無獨有偶的是，和王國維同樣學貫中西的一代怪傑辜鴻銘在看遍西方文明後，反而脫下一身西裝，穿起

頤和園昆明湖

長袍馬褂，留起長辮，王國維的「殉節」與辜鴻銘的辮子，也許都是陳寅恪所謂「文化衰落」時無可奈何的體現。

這種被陳寅恪所謂的「已然衰落的文化」，並非傳統的「仁義禮智」或「忠君愛國」所能限定，但無可爭辯的是，在明、清兩代五百餘年的歷史中，紫禁城無疑是這種「文化」最宏大和集中的一個載體，這座昔日皇宮的每一處都曾是歷史鮮活的見證：

在五鳳樓頭，曾有朱棣金戈鐵馬，滌蕩漠北。

在太和殿上，曾有于謙功成不居，自稱「國家多難，臣子何敢自安」，聲徹朝野。

在左順門旁，曾有楊慎振臂一呼「國家養士百五十年，仗節死義，正在今朝」，挺直一個時代最後的脊梁。

在乾清宮裡，曾有少年玄燁臨危不懼，平三藩而收臺灣，定西北以拓疆土，成就一代帝業。

在養心殿內，曾有胤禛老驥伏櫪，殫精竭慮，成為那個時代最出色的「糊裱匠」。

……

從永樂朝的興建到多爾袞志得意滿馳入滿是廢墟的紫禁城，再到今天遊客如織的北京故宮博物院，時光的鏡頭與文化的厚重感在這些古老的建築上層層疊疊，共同造就紫禁城這座不朽豐碑的地位。

或許正如王國維詩中感慨：「定陵松柏鬱青青，應為興亡一拊膺。」人與物，生與死，在輪回中兜兜轉轉，終究不過是王朝興亡的一聲長嘆。

參考文獻

一、基本史料

1. （明）宋濂等著：《元史》，北京：中華書局，一九七四年。
2. （宋）李誡編：《營造法式》，北京：中國建築工業出版社，二〇〇六年。
3. （清）張廷玉等著：《明史》，北京：中華書局，一九七四年。
4. 《明實錄》，中國社會科學院，一九八三年。
5. （義）色伽蘭、郭魯柏著，馮承鈞譯：《馬可・波羅遊記》，上海：上海古籍出版社，二〇二〇年。
6. （明）沈德符著：《萬曆野獲編》，北京：中華書局，一九八〇年。
7. （清）于敏中等編：《日下舊聞考》，北京：北京出版社，二〇一八年。
8. （清）谷應泰著：《明史紀事本末》，北京：中華書局，一九七七年。
9. （明）王世貞著：《弇山堂別集》，北京：中華書局，一九八五年。
10. （明）楊士奇著：《三朝聖諭錄》，左都御史張若淮家藏本影印。
11. （明）尹直著：《謇齋瑣綴錄》，《國朝典故》本影印。
12. （元）熊夢祥著，李志忠等輯校：《析津志輯佚》，北京：北京古籍出版社，一九八三年。

13. （元）陶宗儀著：《南村輟耕錄》，北京：中華書局，二〇〇四年。
14. （明）申時行等編：《明會典》，北京：中華書局，一九八九年。
15. （清）龍文彬著：《明會要》，北京：中華書局，一九九八年。
16. （明）蕭洵著：《故宮遺錄》，北京：北京出版社，二〇一八年。
17. （明）王鏊著：《震澤長語》，上海：商務印書館，一九三七年。
18. （明）王世貞著：《觚不觚錄》，《四庫全書》本。
19. （清）計六奇著：《明季北略》，北京：中華書局，一九八五年。
20. （清）孫承澤著：《春明夢餘錄》，北京：北京古籍出版社，一九九二年。
21. （明）談遷著：《國榷》，北京：中華書局，一九五九年。
22. （清）查繼佐著：《罪惟錄》，杭州：浙江古籍出版社，二〇一二年。
23. （清）鄂爾泰、張廷玉等編：《國朝宮史（上下）》，北京：北京古籍出版社，一九八七1987年。
24. 趙爾巽著：《清史稿》，北京：中華書局，一九九八年。
25. （清）昭槤著：《嘯亭雜錄》，北京：中華書局，一九八〇年。
26. 《清實錄》，北京：中華書局，一九八七年。
27. （清）徐珂著：《清稗類鈔》，北京：中華書局，一九八四年。

二、專著、譯著

1. 孟森著：《明史講義》，上海：上海古籍出版社，二〇〇八年。

2. 陳高華、史衛民著：《元代大都上都研究》，北京：中國人民大學出版社，二〇一〇年。
3. 姜舜源著：《故宮史話》，北京：社會科學文獻出版社，二〇一二年。
4. 孫克勤著：《一個人的紫禁城》，北京：清華大學出版社，二〇一八年。
5. 葉兆言著：《南京傳》，南京：譯林出版社，二〇一九年。
6. 祝勇著：《故宮六百年》，北京：人民文學出版社，二〇二〇年。
7. 林徽因著：《中國建築常識》，北京：北京理工大學出版社，二〇一七年。
8. 周良霄著：《元史》，上海：上海人民出版社，二〇一九年。
9. 閻崇年著：《大故宮六百年風雲史》，青島：青島出版社，二〇二〇年。
10. 晁中辰著：《明成祖傳》，北京：人民出版社，一九九三年。
11. 孟凡人著：《明代宮廷建築史》，北京：紫禁城出版社，二〇一〇年。
12. 單士元著：《從紫禁城到故宮：營建、藝術、史事》，北京：北京出版社，二〇一七年。
13. 趙汝珍著：《古玩指南大全集》，西安：陝西師範大學出版社，二〇一〇年。
14. 景德鎮市陶瓷考古研究所編：《成窯遺珍——景德鎮出土成化官窯瓷器》，一九九三年。
15. 李燮平著：《明代北京都城營建叢考》，北京：紫禁城出版社，二〇〇六年。
16. 楊新華、盧海鳴著：《南京明清建築》，南京：南京大學出版社，二〇〇一年。
17. 黃仁宇著：《萬曆十五年（精裝版）》，上海：三聯書店，二〇一五年。
18. 劉敦楨編：《中國古代建築史》，北京：中國建築工業出版社，二〇〇八年。
19. （日）內藤湖南著，武瓊譯：《清史九講》，上海：華文出版社，二〇一九年。

20. 施展著：《樞紐：三千年的中國》，南寧：廣西師範大學出版社，二〇一八年。
21. （美）魏斐德著，陳蘇鎮等譯：《洪業：清朝開國史》，北京：新星出版社，二〇一七年。
22. 劉敦楨：《中國古代建築史》，北京：中國建築工業出版社，二〇〇八年。
23. （美）羅威廉著，李仁淵、張遠譯：《哈佛中國史 最後的中華帝國：大清》，北京：中信出版社，二〇一六年。
24. 吳十州著：《紫禁涅槃：從皇宮到故宮博物院》，北京：社會科學文獻出版社，二〇一八年。
25. 鄭天挺著：《清史探微》，北京：北京大學出版社，二〇一一年。
26. 孟森著：《清初三大疑案考實》，南寧：廣西師範大學出版社，二〇一〇年。
27. 故宮博物院編著：《清宮藏傳佛教文物》，北京：紫禁城出版社，一九九八年。
28. （美）羅友枝著，周衛平譯：《清代宮廷社會史》，北京：中國人民大學出版社，二〇〇九年。
29. 信修明等著：《太監談往錄》，北京：紫禁城出版社，二〇一〇年。
30. 愛新覺羅．溥儀著：《我的前半生》，北京：群眾出版社，二〇〇三年。

三、期刊、論文

1. 方志遠：《「傳奉官」與明成化時代》，《歷史研究》二〇〇七年第一期。
2. 劉新園：《明宣宗與宣德官窯》，《南方文物》二〇一一年第一期。
3. 陳紹棣：《論徐杲——兼及明代的「匠官」》，《史學月刊》二〇一八年第五期。
4. 劉渝龍：《明代文職大臣廷推制度探略》，《湘潭大學學報》一九九二年第一期。

5. 張金奎：《明錦衣衛侍衛將軍制度簡論》，《史學月刊》二〇一八年第五期。
6. 李燮平：《「五門三朝」與明代宮殿規劃的若干問題》，《中國紫禁城學會論文集（第二輯）》，一九九七年。
7. 李元龍：《明嘉靖皇帝朱厚熜與北京皇家祭祀建築》，《科學發展：文化軟實力與民族復興——紀念中華人民共和國成立六十周年論文集（下卷）》，二〇〇九年。
8. 李文傑：《清代的「早朝」——御門聽政的發展及其衰微》，《故宮博物院院刊》二〇一六年第一期。
9. 李軍：《析清代紫禁城坤寧宮仿瀋陽清寧宮室內格局及陳設的意義》，《文物世界》二〇一三年第六期。
10. 劉璐：《清帝大婚禮儀小考》，《紫禁城》一九九六年第四期。
11. 石利鋒：《清代宮廷教育綜述》，《多維視野下的清宮史研究——第十屆清宮史學術研討會論文集》，二〇一一年。
12. 白新良：《康熙擒鰲拜時間考》，《滿族研究》二〇〇五年第三期。
13. 陳鋒：《清代造辦處作坊的匠人待遇與銀兩來源》，《故宮學刊》二〇一七年第一期。
14. 張學渝、李曉岑：《清宮造辦處成立若干問題新探》，《廣西民族大學學報（自然科學版）》二〇一五年第四期。
15. 鐘景超：《清代皇貴妃制度研究》，《神州》二〇一二年第二十九期。
16. 崔欣：《清前期帝王與藏傳佛教信仰研究》，《青藏高原論壇》二〇一九年第三期。
17. 項旋：《清代內府銅活字考論》，《自然科學史研究》二〇一九年第二期。
18. 汪凌川：《乾隆四年的唐英與「唐窯」——雍乾時期督陶官制度的建立及其影響》，《景德鎮學院院報》

二〇一六年第一期。

19. 鄭凱旋：《癸酉之變：天理教攻襲紫禁城事件始末》，《蘭臺世界》二〇一七年第六期。

20. 王開璽：《辛酉政變與正統皇權思想——慈禧政變成功原因再探討》，《清史研究》二〇〇二年第四期。

21. 張恆：《淺析清朝幼帝皇權的代行與回歸制度》，《世紀橋》二〇一一年第一期。

22. 滕德永：《清宮御膳房若干問題考實》，《四川旅遊學院學報》二〇一七年第五期。

23. 李曉丹：《康乾時期玻璃窗和玻璃製品探究》，《清史研究》二〇〇七年第三期。

24. 張小李：《乾隆帝學習民族語言述略》，《西部蒙古論壇》二〇一二年第一期。

25. 張宏、張晨怡：《建福宮失火事件》，《出版參考》二〇〇六年第三十五期。

26. 張學渝：《技藝與皇權：清宮造辦處的歷史研究》，北京科技大學博士學位論文，二〇一七年。

27. 鄭南：《清代宮廷御膳禮制演變述論——清宮〈御茶膳房〉檔案的文化史研究》，黑龍江大學碩士學位論文，二〇〇三年。

28. 鄭碩：《雍正朝滿文朱批奏摺再研究》，河北大學碩士學位論文，二〇一四年。

29. 張美娜：《清代後宮制度論述》，貴州大學碩士學位論文，二〇〇九年。

HISTORY 094

大清紫禁城：從愛新覺羅稱霸華夏到王朝輓歌

作　者—翟晨旭
主　編—邱憶伶
責任編輯—陳映儒
行銷企畫—林欣梅
封面設計—兒日
內頁排版—張靜怡

編輯總監—蘇清霖
董事長—趙政岷
出版者—時報文化出版企業股份有限公司
一〇八〇一九臺北市和平西路三段二四〇號三樓
發行專線—（〇二）二三〇六—六八四二
讀者服務專線—〇八〇〇—二三一—七〇五
（〇二）二三〇四—七一〇三
讀者服務傳真—（〇二）二三〇四—六八五八
郵撥—一九三四四七二四時報文化出版公司
信箱—一〇八九九臺北華江橋郵局第九九信箱

時報悅讀網—http://www.readingtimes.com.tw
電子郵件信箱—newstudy@readingtimes.com.tw
時報出版愛讀者粉絲團—https://www.facebook.com/readingtimes.2
法律顧問—理律法律事務所　陳長文律師、李念祖律師
印　刷—華展印刷有限公司
初版一刷—二〇二二年六月二十四日
定　價—新臺幣四五〇元
（缺頁或破損的書，請寄回更換）

時報文化出版公司成立於一九七五年，
一九九九年股票上櫃公開發行，二〇〇八年脫離中時集團非屬旺中，
以「尊重智慧與創意的文化事業」為信念。

大清紫禁城：從愛新覺羅稱霸華夏到王朝輓歌／翟晨旭著. -- 初版. -- 臺北市：時報文化出版企業股份有限公司, 2022.06
304 面；17×23 公分. --（History 系列；94）
ISBN 978-626-335-491-3（平裝）

1. CST：中國史　2. CST：通俗史話

610.9　　111007572

ISBN 978-626-335-491-3
Printed in Taiwan